GOLDMANN
Lesen erleben

Buch

Als Pamela Druckerman in Paris ein Kind zur Welt bringt, stellt sie bald fest, dass sich französische Kinder ganz anders verhalten als ihre eigene Tochter: Viele Babys schlafen schon mit zwei, drei Monaten durch, Kleinkinder bleiben ruhig am Tisch sitzen, essen, was ihnen vorgesetzt wird, und bekommen auf dem Spielplatz keine Tobsuchtsanfälle. Trotzdem sind französische Kinder genauso ausgelassen, neugierig und kreativ wie andere Kinder. Sie können sich bloß besser benehmen. Und noch etwas fällt Druckerman auf: Französinnen sind auch mit Kindern immer sexy und gelassen. Es ist überhaupt nicht *en vogue*, als frischgebackene *maman* dauergestresst zu sein und kein eigenes Leben mehr zu haben. Doch wie schafft es ein ganzes Land, Kinder zu braven Schläfern und guten Essern zu machen und dabei völlig entspannt zu bleiben? Mit dem Laptop in der Windeltasche macht sich Pamela Druckerman auf, um hinter die Geheimnisse der französischen Erziehung zu kommen.

Autorin

Pamela Druckerman studierte Internationale Beziehungen an der Columbia University und arbeitet mittlerweile als freiberufliche Journalistin. Davor war sie Redakteurin bei *The Wall Street Journal* und schrieb für *The New York Times, The Washington Post* und *Marie Clair*e. Sie lebt mit ihrem englischen Ehemann und ihren drei Kindern in Paris.

Von Pamela Druckerman außerdem im Programm:
Was französische Eltern besser machen (auch als E-Book erhältlich)

Pamela Druckerman

Warum französische Kinder keine Nervensägen sind

Erziehungsgeheimnisse aus Paris

Aus dem Amerikanischen
von Christiane Burkhardt

GOLDMANN

Hinweis: Einige Namen und Personenangaben wurden geändert,
um die Privatsphäre der Betreffenden zu schützen.

Verlagsgruppe Random House FSC® N001967
Das für dieses Buch verwendete FSC®-zertifizierte Papier *Classic 95*
liefert Stora Enso, Finnland.

Dieses Buch ist auch als E-Book erhältlich.

1. Auflage
Vollständige Taschenbuchausgabe November 2015
Wilhelm Goldmann Verlag, München,
in der Verlagsgruppe Random House GmbH
© 2013 Wilhelm Goldmann Verlag, München,
in der Verlagsgruppe Random House GmbH
© 2012 der Originalausgabe Pamela Druckerman
Originaltitel: Bringing Up Bébé
Originalverlag: The Penguin Press, New York
Umschlaggestaltung: Uno Werbeagentur, München, unter Verwendung eines Entwurfs
von Eisele Grafik-Design nach einer Vorlage von R. Shailer/TW
Umschlagillustration: Nellie Ryan
Redaktion: Dagmar Rosenberger
Satz: Uhl + Massopust, Aalen
Druck und Bindung: GGP Media GmbH, Pößneck
KW · Herstellung: IH
Printed in Germany
ISBN 978-3-442-17578-9
www.goldmann-verlag.de

Besuchen Sie den Goldmann Verlag im Netz

Für Simon,
der das Leben erst lebenswert macht

Les petits poissons dans l'eau
nagent aussi bien que les gros.

Die kleinen Fischlein im Wasser
schwimmen genauso gut wie die großen.

Französisches Kinderlied

Inhalt

Französische Kinder
werfen nicht mit Essen

Als meine Tochter Bean anderthalb Jahre alt ist, beschließen mein Mann und ich, gemeinsam in den Sommerurlaub
zu fahren. Wir entscheiden uns für einen Küstenort, der nur
wenige Zugstunden von unserer Wahlheimat Paris entfernt
ist. (Ich bin Amerikanerin, mein Mann ist Brite.) Wir buchen ein Hotelzimmer mit Kinderbett. Noch ist Bean unser
einziges Kind, kein Wunder dass wir so naiv sind zu denken:
So schwer kann das doch nicht sein!

Wir frühstücken im Hotel, aber das Mittag- und Abendessen müssen wir in den Fischlokalen um den alten Hafen
einnehmen. Wir merken schnell, dass es die Hölle ist, zweimal täglich mit einem Kleinkind ins Restaurant zu gehen.
Bean interessiert sich nur am Rande für Essbares: für ein
Stück Brot oder für etwas Frittiertes. Es dauert nur wenige
Minuten, und sie beginnt, Salzstreuer umzuwerfen oder
Zuckertütchen aufzureißen. Dann will sie unbedingt aus
ihrem Hochstuhl gehoben werden, damit sie durchs Lokal
rennen und den Anlegestegen am Kai gefährlich nahe kommen kann.

Unsere Strategie besteht darin, möglichst schnell zu
essen. Wir bestellen schon, bevor man uns einen Platz zugewiesen hat, und flehen den Kellner an, uns rasch etwas Brot
und unser Essen zu bringen – Vorspeise und Hauptgericht

bitte gleichzeitig. Während mein Mann ein paar Bissen von dem Fisch nimmt, passe ich auf, dass Bean nicht von den Kellnern umgerannt wird oder ertrinkt. Anschließend tauschen wir die Rollen. Wir geben eine Unmenge von Trinkgeld, um uns für die zerfetzten Servietten und die überall herumliegenden Calamari zu entschuldigen.

Auf dem Rückweg zum Hotel schwören wir uns, dass wir nie wieder verreisen und nie wieder ein Kind bekommen werden. Diese »Ferien« beweisen uns einmal mehr, dass unser Leben nie mehr so sein wird, wie es vor Bean war. Ich weiß auch nicht, warum uns das dermaßen erstaunt.

Nach mehreren Restaurantbesuchen fällt mir auf, dass die französischen Familien überhaupt nicht so aussehen, als litten sie Höllenqualen. Seltsamerweise sehen sie sogar wirklich so aus, als machten sie Ferien. Französische Kinder in Beans Alter sitzen zufrieden in ihren Hochstühlen und warten aufs Essen. Oder sie essen Fisch, ja sogar Gemüse. Sie kreischen und quengeln nicht. Die Gänge werden nacheinander serviert, und die Tische sehen auch nicht komplett zugemüllt aus.

Obwohl ich bereits seit einigen Jahren in Frankreich lebe, kann ich mir das nicht erklären. In Paris sieht man in Restaurants eher selten Kinder. Und wenn, habe ich nicht auf sie geachtet. Bevor ich selbst ein Kind hatte, habe ich nie auf fremde Kinder geachtet. Und auch jetzt achte ich zwangsläufig hauptsächlich auf mein eigenes. Doch angesichts unseres Urlaubsstresses muss ich feststellen, dass es anscheinend auch anders geht. Aber wie funktioniert das? Sind französische Kinder einfach von Geburt an ruhiger als unsere? Wurden sie bestochen (oder bedroht), dass sie so brav sind? Sind sie das Produkt veralteter, kruder Erziehungsmethoden?

Eigentlich machen sie nicht den Eindruck. Die französischen Kinder sehen nicht eingeschüchtert aus, sie sind fröhlich, lebhaft und neugierig. Ihre Eltern sind liebevoll und aufmerksam. An ihren Tischen, ja vermutlich in ihrem gesamten Leben, scheint eine unsichtbare, zivilisatorische Kraft zu walten, die uns abgeht.

Kaum habe ich damit angefangen, mir über französische Erziehungsmethoden Gedanken zu machen, merke ich, dass nicht nur die Mahlzeiten anders ablaufen. Plötzlich habe ich jede Menge Fragen. Wie kommt es beispielsweise, dass ich in Hunderten von Stunden auf französischen Spielplätzen kein einziges Kind mit einem Tobsuchtsanfall erlebt habe (außer meinem eigenen natürlich)? Warum müssen meine französischen Freundinnen nie abrupt auflegen, wenn wir gerade telefonieren, weil ihre Kinder irgendwas von ihnen wollen? Warum geben in ihren Wohnzimmern keine Tipis und Kinderküchen den Ton an, so wie bei uns?

Und das ist noch längst nicht alles! Warum ernähren sich so viele Kinder bei uns dermaßen einseitig, nämlich ausschließlich von Nudeln, weißem Reis oder einer schmalen Auswahl von Kindergerichten, während die kleinen französischen Freundinnen meiner Tochter Fisch, Gemüse und eigentlich so gut wie alles essen? Und wie kommt es, dass französische Kinder, bis auf einmal am Nachmittag, nicht naschen?

Ich war nicht darauf gefasst, die Franzosen für ihre Kindererziehung zu bewundern. Sie ist längst nicht so *en vogue* wie französische Mode oder französischer Käse. Niemand fährt nach Paris, um sich etwas von der natürlichen Autorität französischer Eltern abzuschauen oder um zu lernen, nicht ständig ein schlechtes Gewissen zu haben. Im Gegenteil: Die amerikanischen Mütter, die ich in Paris treffe, sind entsetzt darüber, dass Französinnen öffentlich stillen und ihre Vierjährigen noch mit Schnuller herumlaufen lassen.

Aber warum verschweigen sie, dass viele französische Babys bereits im Alter von zwei, drei Monaten nachts durchschlafen? Warum bleibt unerwähnt, dass französische Kinder nicht ständig um Aufmerksamkeit betteln und sogar das Wort »Nein« hören können, ohne einen Nervenzusammenbruch zu kriegen?

Niemand findet das außergewöhnlich. Aber so langsam dämmert mir, dass französische Eltern heimlich, still und leise Erfolge erzielen, die ein ganz anderes, ein entspanntes und friedliches Familienleben ermöglichen. Bekommen wir Besuch von Amerikanern, sind die Erwachsenen ständig damit beschäftigt, Streit unter den Kindern zu schlichten, hinter dem eigenen Nachwuchs herzurennen, der Runden um die Kücheninsel dreht, oder auf der Erde herumzukrabbeln und Legodörfer zu bauen. Es wird ununterbrochen geweint und getröstet. Kommen Franzosen zu uns zu Besuch, trinken wir Erwachsenen in aller Ruhe Kaffee, während die Kinder fröhlich zusammen spielen.

Franzosen sind sehr besorgt um ihre Kinder.[1] Sie wissen Bescheid über Pädophile, Allergien und Erstickungsgefahren und sie ergreifen vernünftige Vorsichtsmaßnahmen, aber sie werden nicht hysterisch. Wegen ihrer größeren Gelassenheit, fällt es ihnen leichter, Grenzen zu setzen, ihren Kindern aber gleichzeitig Freiheiten zu lassen.

Ich bin mit Sicherheit nicht die Erste, der auffällt, dass viele Eltern in Amerika, aber auch in Deutschland ein Erziehungsproblem haben. Dieses Problem wurde bereits in Hunderten von Büchern und Artikeln ausgiebig beschrieben und kritisiert. Es gibt sogar schon Begriffe dafür wie *Over-Parenting* oder Helikopter-Eltern. Eine Autorin schreibt, man schenke den Kindern einfach mehr Aufmerksamkeit als ihnen guttut.[2] Judith Warner dagegen spricht von einer *»culture of total motherhood«*. (Dass diese Kultur der absoluten Mutterschaft ein Problem ist, fiel Warner übrigens erst nach ihrer Rückkehr aus Frankreich auf.) Niemand scheint sich mit dem gnadenlosen, unglücklich machenden Stress dieses Erziehungsstils wohlzufühlen, und schon gar nicht die betroffenen Eltern selbst.

Aber warum praktizieren wir ihn dann? Wozu diese Erziehung, die unsere Generation regelrecht verinnerlicht hat – selbst wenn sie, wie ich, ins Ausland gegangen ist? Diese Entwicklung begann in den 1980er-Jahren. Damals wurden eine Unmenge von Daten erhoben, und anschließend hieß es, arme Kinder seien schlechter in der Schule, weil sie nicht von klein auf genügend gefördert würden. Daraus schlossen Mittelschichtseltern, dass ihre Kinder ebenfalls von mehr Förderung profitieren müssten.[3]

Ungefähr zur selben Zeit wurde die Kluft zwischen Arm und Reich immer größer: Plötzlich schien man sich ganz besonders um die Kinder kümmern zu müssen, wenn sie zur zukünftigen Elite gehören sollten. Auf einmal sollten die eigenen Kinder so früh wie möglich an die richtigen Dinge herangeführt werden, um gegenüber Gleichaltrigen im Vorteil zu sein.

Gleichzeitig setzte sich die Auffassung durch, dass Kinder psychisch labil sind. Die jungen Eltern von heute sind die am meisten psychoanalysierte Generation überhaupt. Sie haben die Überzeugung verinnerlicht, dass alles, was wir tun, unsere Kinder potenziell schädigen kann. Darüber hinaus sind wir alle in den 1980er-Jahren groß geworden, als sich mehr Paare scheiden ließen denn je, mit der Folge, dass wir selbstloser sein wollen als unsere eigenen Eltern.

Wir haben als Eltern das Gefühl, in einer hochgefährlichen Welt zu leben und ständig wachsam sein zu müssen. All diese Faktoren haben dazu geführt, dass wir einen anstrengenden, völlig aufreibenden Erziehungsstil pflegen. Aber in Frankreich habe ich erlebt, dass es auch anders geht. Das hat mich in mütterliche Verzweiflung gestürzt, aber auch meine journalistische Neugier geweckt. Nach unserem katastrophalen Strandurlaub habe ich beschlossen zu recherchieren, was französische Eltern anders machen. Warum werfen französische Kinder nicht mit Essen? Und warum werden ihre Eltern nicht laut? Was ist das für eine unsichtbare, zivilisatorische Kraft, die sich die Franzosen zunutze gemacht haben? Kann ich mich umprogrammieren und meinen Nachwuchs gleich mit?

Dass das ein echt heißes Thema ist, merke ich, als ich auf eine Studie stoße, die ein Wirtschaftswissenschaftler der Princeton University durchgeführt hat.[4] Ihr zufolge empfinden Mütter aus Columbus, Ohio, die Kinderbetreuung als doppelt so anstrengend wie Mütter aus dem französischen Rennes. Das deckt sich mit meinen Beobachtungen, die ich in Paris, aber auch auf Reisen in meine Heimat machen konnte: Etwas an der Art, wie Franzosen ihre Kinder erziehen, sorgt dafür, dass es weniger anstrengend ist und deutlich mehr Spaß macht.

Ich bin fest davon überzeugt, dass sich die Geheimnisse der französischen Kindererziehung lüften lassen. Es hat nur noch niemand versucht. Ich stecke also meinen Laptop in die Wickeltasche. Bei jedem Arztbesuch, bei jeder Party, bei jeder Spielverabredung und bei jeder Marionettenaufführung nutze ich die Gelegenheit, französische Eltern zu beobachten, um herauszufinden, welchen ungeschriebenen Gesetzen sie folgen.

Anfangs ist das schwer zu sagen. Französische Eltern scheinen ständig zwischen zwei Extremen hin- und herzuschwanken: Zum einen sind sie unglaublich streng und zum anderen erschreckend locker. Hakt man nach, bringt das auch nicht viel, denn die meisten Eltern, mit denen ich spreche, glauben, bei der Kindererziehung gar nichts Besonderes zu machen, im Gegenteil: Sie sind fest davon überzeugt, dass Frankreich unter dem »*Enfant-roi*«-Syndrom leidet und die Eltern all ihre Autorität verloren haben. (Dazu kann ich nur sagen: »Ihr habt unsere *kleinen Tyrannen* noch nicht gesehen.«)

Mehrere Jahre lang, in denen ich in Paris noch zwei weitere Kinder bekomme, suche ich nach Hinweisen. Ich befrage Dutzende von Experten und Eltern. Ich belausche sie schamlos, wenn ich die Kinder in den Kindergarten bringe oder im Supermarkt einkaufe. Und irgendwann glaube ich zu wissen, was die französischen Eltern anders machen.

Wenn ich von »den französischen Eltern« spreche, ist das natürlich eine grobe Verallgemeinerung. Jedes Elternpaar ist anders. Die meisten Eltern aus meinem Bekanntenkreis leben in Paris und Umgebung, sind Akademiker und verdienen überdurchschnittlich gut. Sie sind nicht superreich und gehören auch nicht zur Elite. Aber es sind gebildete Menschen aus der (oberen) Mittelschicht. Dasselbe gilt für die Amerikaner, mit denen ich sie vergleiche.

Trotzdem fällt mir auf meinen Reisen durch Frankreich auf, dass sich die Erziehungsansichten einer Pariserin aus der Mittelschicht nicht groß von denen einer Mutter aus der Arbeiterschicht, die mit ihrer Familie in der Provinz lebt, unterscheiden. Ich finde es erstaunlich, dass französische Eltern angeblich nicht wissen, was sie tun, dabei allerdings alle mehr oder weniger das Gleiche tun. Gut betuchte Anwälte, Erzieherinnen in Tageseinrichtungen, Lehrer an öffentlichen Schulen und alte Damen, die mich im Park zurechtweisen – sie alle nennen mir genau dieselben Prinzipien. Sie stehen auch in jedem französischen Erziehungsratgeber oder in jeder französischen Elternzeitschrift. Schnell wird klar, dass man sich in Frankreich nicht einer bestimmten, dogmatischen Erziehungsphilosophie verschreiben muss. Jeder hält ein paar grundlegende Regeln für selbstverständlich, und allein das nimmt einem schon so manche Sorge ab.

Warum ausgerechnet Frankreich? Ich bin wirklich niemand, der Frankreich verherrlicht. *Au contraire*, ich weiß nicht mal, ob ich gern hier lebe. Und eines möchte ich auf keinen Fall, nämlich dass aus meinen Kindern arrogante Pariser werden. Aber trotz allem ist Frankreich das perfekte Vorbild, wenn es um heutige Erziehungsprobleme geht. Einerseits leben die Franzosen nach Werten, die mir sehr bekannt vorkommen: Sie lieben es, von ihren Kindern zu erzählen, sie vorzuzeigen und ihnen aus Büchern vorzulesen.

Sie bringen sie zum Tennisunterricht, zum Malkurs und nehmen sie in interaktive Technikmuseen mit.

Andererseits schaffen sie es jedoch, sich um ihre Kinder zu kümmern, ohne es zu übertreiben. Sie finden nicht, dass gute Eltern ständig nur für ihre Kinder da sein müssen, und haben auch kein schlechtes Gewissen, wenn sie es nicht tun. »Ich finde, die Abende sind den Eltern vorbehalten«, sagt mir eine Pariser Mutter. »Meine Tochter kann uns Gesellschaft leisten, aber ab dieser Uhrzeit sind die Erwachsenen dran.« Französische Eltern wollen ihre Kinder fördern, aber nicht ständig. Während manche amerikanischen oder deutschen Kleinkinder schon vor der Einschulung Lesen und Mandarin lernen, tun französische Kinder, was Kleinkinder eigentlich tun sollten: ungestört miteinander spielen.

Und es sind viele Kinder, die in Frankreich so erzogen werden: Während die Nachbarländer unter einem Bevölkerungsrückgang leiden, erleben die Franzosen einen regelrechten Babyboom. In der EU haben nur die Iren eine höhere Geburtenrate.[5]

Die Franzosen bekommen viel Unterstützung vom Staat, was es attraktiver und leichter macht, Kinder zu haben. Eltern zahlen nichts für die Vorschule, sie müssen sich keine Sorgen wegen der Krankenversicherung machen und auch nicht für die Uni sparen.

Aber das allein ist keine Erklärung. Die Franzosen scheinen einen ganz anderen *cadre* für Kindererziehung zu haben, einen ganz anderen Bezugsrahmen. Wenn ich französische Eltern frage, wie sie es schaffen, ihre Kinder zu disziplinieren, brauchen sie eine Weile, bis sie verstehen, was ich damit meine: »Ah, Sie meinen, wie wir sie erziehen?«, fragen sie dann. »Disziplin«, so merke ich bald, ist ein viel zu eng gefasster, in Frankreich selten gebrauchter Begriff, der eher nach Bestrafung klingt. »Erziehung« dagegen ist etwas, um das sie sich ihrer Meinung nach ohnehin ständig kümmern.

Seit Jahren macht der Niedergang unserer Kindererziehung Negativschlagzeilen. Es gibt Dutzende von Ratgebern mit hilfreichen Theorien. Ich dagegen kann keine Theorie anbieten. Was ich hier in Frankreich vor mir sehe, ist eine funktionierende Nation von kleinen Durchschläfern und Gourmets und von völlig entspannten Eltern. Davon ausgehend forsche ich nach, wie die Franzosen das geschafft haben. Wie sich bald herausstellt, braucht man dafür nicht nur eine andere Erziehungsphilosophie, sondern muss auch die Kinder mit anderen Augen sehen.

»Erwarten Sie ein Kind?«

Es ist zehn Uhr morgens, als mich der Verlagsleiter in sein Büro ruft und mir sagt, ich solle besser meine Zähne noch mal grundreinigen lassen. Meine von der Firma getragene Zahnzusatzversicherung ende nämlich mit dem letzten Arbeitstag, und der wäre in fünf Wochen.

An diesem Tag verlieren mehr als zweihundert Kollegen mit mir ihren Job. Die Nachricht lässt den Aktienkurs unserer Muttergesellschaft kurzfristig emporschnellen. Ich besitze ein paar Firmenanteile und überlege, sie zu verkaufen – eher aus Zynismus als aus Profitgier, um sozusagen an meiner eigenen Entlassung zu verdienen.

Doch stattdessen laufe ich wie betäubt durch Manhattan. Passenderweise regnet es. Ich stelle mich unter und rufe den Mann an, mit dem ich abends verabredet bin.

»Ich wurde soeben gefeuert«, sage ich.

»Bist du nicht am Boden zerstört?«, fragt er. »Willst du trotzdem mit mir essen gehen?«

In Wahrheit bin ich sogar erleichtert: Endlich bin ich den Job los, den ich nach fast sechs Jahren bloß nicht gewagt habe zu kündigen. Ich war Auslandsreporterin bei einer New Yorker Zeitung und habe über Wahlen und Finanzkrisen in Lateinamerika berichtet. Oft wurde ich ohne Vorankündigung ins Ausland geschickt und musste dann wochenlang aus dem Koffer leben. Eine Zeitlang erwarteten meine Chefs große Dinge von mir. Sie sprachen über zukünftige Leitungsfunktionen und bezahlten mir sogar einen Portugiesisch-Kurs.

Bis sie plötzlich gar nichts mehr von mir erwarten. Und seltsamerweise macht mir das nicht das Geringste aus. Ich habe Filme über Auslandskorrespondenten immer gemocht, aber es ist etwas vollkommen anderes, selbst einer zu sein. In der Regel war ich allein mit zähen Recherchen beschäftigt und musste mich am Telefon mit meinen Herausgebern herumschlagen, die nie zufrieden waren. Meine männlichen Kollegen schafften es wenigstens, Costa-Ricanerinnen und Kolumbianerinnen aufzugabeln, die sie anschließend auf ihren Reisen begleiteten. Bei ihnen stand zumindest das Essen auf dem Tisch, wenn sie sich spätabends nach Hause schleppten. Die Männer, mit denen ich anbandelte, waren weniger fürsorglich. Außerdem blieb ich nur selten lang genug in einer Stadt, um es bis zum dritten Date zu schaffen.

Obwohl ich froh bin, der Zeitung den Rücken kehren zu können, bin ich nicht darauf gefasst, dass man mich plötzlich meidet. In der Woche nach der Kündigung, in der ich nach wie vor ins Büro gehe, behandeln mich meine Kollegen, als hätte ich eine ansteckende Krankheit. Leute, mit denen ich jahrelang zusammengearbeitet habe, schweigen oder machen einen Riesenbogen um meinen Schreibtisch. Eine Kollegin lädt mich zum Abschied zum Mittagessen ein, will aber anschließend beim Betreten des Bürogebäudes nicht mit mir gesehen werden. Lange nachdem ich meinen Arbeitsplatz geräumt habe, will mein Vorgesetzter, der verreist war, als die Entscheidung fiel, dass ich für ein demütigendes Abschlussgespräch zurückkomme. Bei dem er mir vorschlägt, mich auf eine niedrigere Position zu bewerben, um dann anschließend zum Mittagessen zu eilen.

Auf einen Schlag werden mir genau zwei Dinge klar. Erstens: Ich will nicht mehr über Politik und Geld schreiben. Und zweitens: Ich will einen Freund. Ich stehe gerade in meiner winzigen Küche und überlege, was ich mit dem Rest meines Lebens anfangen soll, als Simon anruft. Wir haben uns vor einem halben Jahr in Buenos Aires kennen gelernt, als ihn ein gemeinsamer Freund zu einem Auslandskorrespondententreffen mitbrachte. Er ist ein britischer Journalist, der ein paar Tage in Argentinien war, um einen Artikel über Fußball zu schreiben. Ich war entsandt worden, um über den wirtschaftlichen Zusammenbruch des Landes zu berichten. Wie es der Zufall so wollte, saßen wir im selben Flieger nach New York. Für ihn bin ich die Frau, die den Abflug verzögert hat, weil mir erst auf der Gangway auffiel, dass ich meine Duty-free-Einkäufe in der Abflughalle vergessen hatte, und darauf bestand, sie zu holen. (Damals erledigte ich meine Besorgungen überwiegend auf Flughäfen.)

Simon war genau mein Typ: dunkel, muskulös, clever. Ich kannte ihn erst wenige Stunden, als ich begriff, dass »Liebe auf den ersten Blick« bedeutet, sich auf Anhieb wohl in Gegenwart des anderen zu fühlen. Doch damals sagte ich nur: »Wir dürfen auf keinen Fall miteinander schlafen.«

Simon war gerade vom Londoner Immobilienmarkt geflohen und hatte sich eine günstige Wohnung in Paris gekauft. Ich pendelte zwischen Südamerika und New York hin und her. Eine Fernbeziehung mit jemandem, der auf einem dritten Kontinent lebt, war mir dann doch ein bisschen zu kompliziert. Wir schrieben uns hin und wieder eine E-Mail. Aber ich ließ nicht zu, dass mehr daraus wurde, und hoffte auf dunkle, clevere Männer in meiner eigenen Zeitzone.

Als Simon sieben Monate später völlig überraschend anruft und erfährt, dass ich soeben gefeuert wurde, macht er kein Drama daraus und behandelt mich auch nicht wie ein rohes Ei. Im Gegenteil, er scheint sich zu freuen, dass ich jetzt plötzlich mehr Zeit habe. Er meint, wir hätten da doch noch etwas »in der Schwebe«, und er würde mich gern in New York besuchen.

»Das ist keine gute Idee«, sage ich. Was soll das? Er kann nicht nach Amerika ziehen, weil er über europäischen Fußball schreibt. Und ich spreche kein Französisch und habe noch nie davon geträumt, in Paris zu leben. Obwohl ich auf einmal ziemlich flexibel bin, möchte ich mich lieber nicht in das Universum eines Fremden saugen lassen.

Simon taucht in derselben abgewetzten Lederjacke bei mir in New York auf, die er schon in Argentinien anhatte. In der Hand hält er einen Bagel mit Räucherlachs, den er im Deli unweit meiner Wohnung gekauft hat. Einen Monat später lerne ich seine Eltern in London kennen. Ein halbes Jahr später verkaufe ich fast alle meine Besitztümer und lasse den Rest nach Frankreich verschiffen. Sämtliche Freunde sagen, ich handle viel zu überstürzt. Ich höre nicht auf sie und verlasse mein mietgebundenes New Yorker Miniapartment mit drei Riesenkoffern und einer Dose südamerikanischer Münzen. Die schenke ich dem pakistanischen Taxifahrer, der mich zum Flughafen fährt.

Und schwupp! bin ich Pariserin. Ich ziehe zu Simon, in seine Zweizimmer-Junggesellenwohnung. Sie liegt in einem früheren Handwerkerviertel im Pariser Osten. Da ich noch Arbeitslosengeld beziehe, gebe ich endlich mein Dasein als Finanzjournalistin auf und recherchiere für ein eigenes Buch. Simon und ich arbeiten zu Hause, jeder in einem anderen Zimmer.

Unsere Romanze verliert jedoch rasch ihren Glanz, hauptsächlich, weil wir uns über die Einrichtung streiten. Ich habe mal in einem Feng-Shui-Ratgeber gelesen, dass haufenweise auf dem Boden herumliegende Gegenstände auf eine Depression schließen lassen. Doch Simon scheint einfach nur eine Abneigung gegen Regale zu haben. Er hielt es für schlau, in einen riesigen, unbehandelten Holztisch zu investieren, der beinahe das ganze Wohnzimmer einnimmt, sowie in eine primitive Gasheizung, die dafür sorgt, dass wir ab und zu mit warmem Wasser rechnen können. Besonders stört mich seine Angewohnheit, das Wechselgeld aus seinen Hosentaschen auf dem gesamten Fußboden zu verteilen, wo es sich irgendwie in den Zimmerecken sammelt. »Schaff dieses Geld weg!«, flehe ich ihn an.

Außerhalb der Wohnung finde ich auch kaum Trost. Obwohl es sich bei Paris um die Welthauptstadt der Gastronomie handelt, weiß ich einfach nicht, was ich essen soll. Wie die meisten Amerikanerinnen bin ich mit sehr speziellen Ernährungsgewohnheiten nach Paris gekommen. (Ich bin Low-Carb-Vegetarierin.) Auf meinen Spaziergängen fühle ich mich regelrecht umzingelt von Bäckereien und fleischlastigen Restaurants. Eine Weile ernähre ich mich ausschließlich von Omelette und Salat mit Ziegenkäse. Wenn ich die Kellner bitte, mir das Dressing separat zu servieren, sehen sie mich an, als wäre ich nicht ganz dicht. Ich verstehe nicht, warum französische Supermärkte alle amerikanischen Frühstücksflocken vorrätig haben, nur nicht meine Lieblingssorte mit Trauben und Nüssen. Geschweige denn, warum man in Cafés keine fettarme Milch bekommen kann.

Ich weiß, es klingt undankbar, nicht von Paris zu schwärmen. Vielleicht finde ich es auch bloß dämlich, sich nur deshalb in eine Stadt zu verlieben, weil sie so schön aussieht. Die Städte, die mich bis dahin begeistert haben, waren alle ein bisschen... na ja, düsterer: São Paolo, Mexiko City, New York. Die lehnen sich nicht bequem zurück und lassen sich bewundern.

Der Teil von Paris, in dem wir wohnen, ist nicht mal besonders schön. Und der Alltag voller kleiner Enttäuschungen. Niemand erwähnt, dass der »Pariser Frühling« nur deshalb eine solche Berühmtheit genießt, weil es in den sieben Monaten davor eiskalt und grau ist. Und obwohl ich fest davon überzeugt bin, mich noch gut an mein Schulfranzösisch erinnern zu können, haben die Pariser einen anderen Namen für die Sprache, die ich spreche: Spanisch.

Es gibt aber auch Vieles, das ich an Paris mag: Mir gefällt, dass die Metrotüren sich schon wenige Sekunden, bevor der Zug steht, öffnen. Das lässt darauf schließen, dass die Stadt ihre Einwohner wie Erwachsene behandelt. Mir gefällt auch, dass nach einem halben Jahr so gut wie sämtliche Freunde und Bekannte aus Amerika bei uns zu Besuch waren, darunter Leute, die ich später als »Facebook-Freunde« verbuche. Irgendwann entwickeln Simon und ich strikte Zugangsbeschränkungen sowie ein Bewertungssystem für unsere Gäste. (Nur ein kleiner Tipp am Rande: Wer eine Woche bleiben will, sollte ein Geschenk dalassen.)

Die berüchtigte Pariser Ruppigkeit macht mir nichts aus, denn die beruht auf Gegenseitigkeit. Mehr zu schaffen macht mir die französische Gleichgültigkeit. Bis auf Simon scheint sich niemand über meine Anwesenheit zu freuen. Und der ist oft unterwegs, um in seinen eigenen Paris-Fantasien zu schwelgen, die so schlicht sind, dass sie überlebt haben. Soweit ich das beurteilen kann, war Simon noch in keinem einzigen Museum, beschreibt das Zeitunglesen im Café allerdings als eine fast transzendentale Erfahrung. Eines Abends gerät er in einem Ecklokal unglaublich ins Schwärmen, als der Kellner eine Käseplatte vor ihn hinstellt.

»Genau das ist der Grund, warum ich in Paris lebe!«, verkündet er. Wenn ich ihn liebe, und er Käse liebt, heißt das anscheinend, dass ich wegen dieser stinkenden Käseplatte in Paris leben muss.

Aber ich will nicht ungerecht sein und denke, dass das wohl eher an mir als an Paris liegen muss. In New York mag man neurotische Frauen. Sie dürfen gern ein intellektuelles, charmantes, kompliziertes Chaos um sich herum verbreiten wie Meg Ryan in *Harry und Sally* oder Diane Keaton in *Der Stadtneurotiker*. Obwohl sie nichts Schlimmeres als Liebeskummer haben, geben viele meiner New Yorker Freunde mehr Geld für den Therapeuten als für die Miete aus.

Solche Menschen gedeihen nicht in Paris. Die Franzosen mögen zwar Woody-Allen-Filme, aber im wirklichen Leben ist die Pariserin gelassen, diskret, leicht unterkühlt und extrem entscheidungsfreudig: Sie bestellt, was auf der Speisekarte steht. Sie spricht nicht über ihre Kindheit oder über Diäten. Während es in New York nur so wimmelt von Frauen, die über die neuesten Katastrophen in ihrem Leben und ihre Selbstfindungsaktivitäten reden, geben in Paris Frauen den Ton an, die nichts bereuen – zumindest nach außen hin. In Frankreich besitzt das Wort »neurotisch« keine selbstironische Note. Das ist nichts, womit man angeben kann, sondern eine Krankheit.

Sogar Simon, der bloß Brite ist, staunt über meine Selbstzweifel und mein zwanghaftes Bedürfnis, über unsere Beziehung zu reden.

»Woran denkst du?«, frage ich ihn immer wieder, meist wenn er gerade Zeitung liest.

»An holländischen Fußball«, sagt er dann jedes Mal.

Ich weiß nicht, ob er das ernst meint. Ich habe festgestellt, dass Simon ständig ironisch ist. Alles was er sagt, selbst »Ich liebe dich«, geht mit einem kleinen Grinsen einher. Nur Lachen tut er fast nie, nicht einmal wenn ich versuche, einen Witz zu machen. (Es gibt enge Freunde, die nicht mal wissen, dass er Lachgrübchen hat.) Simon besteht darauf, es sei typisch britisch, nicht zu lachen. Aber ich bin mir sicher, schon einmal lachende Engländer gesehen zu haben. Außerdem finde ich es entmutigend, wenn mir jemand, mit dem ich endlich Englisch reden kann, gar nicht richtig zuhört.

Seine Weigerung zu lachen, verweist auf eine weitere kulturelle Kluft zwischen uns: Als Amerikanerin muss ich immer alles klipp und klar gesagt bekommen. Auf der Heimfahrt von Simons Eltern frage ich ihn, ob sie mich wohl mögen.

»Natürlich mögen sie dich, merkst du das denn nicht?«, fragt er.

»Aber haben sie dir auch gesagt, dass sie mich mögen?«

Um neue Kontakte zu knüpfen, treffe ich mich mit Freunden von Freunden aus Amerika. Die meisten sind ebenfalls Expats, und keiner klingt begeistert, wenn er von einem weiteren Neuankömmling hört. Viele scheinen aus der Tatsache, dass sie in Paris leben, eine Art Beruf gemacht zu haben, denn genau so lautet in der Regel ihre Antwort auf meine Frage: »Und was machst du so?«. Viele kommen zu spät, so als wollten sie mir beweisen, wie gut sie sich schon eingelebt haben. (Später erfahre ich, dass Franzosen bei Zweiertreffen in der Regel pünktlich sind. Nur bei Gruppenevents gilt es als chic, zu spät zu kommen, dazu zählen allerdings auch Kindergeburtstage.)

Meine Versuche, französische Freunde zu finden, gestalten sich noch frustrierender. Auf einer Party unterhalte ich mich angeregt mit einer Kunsthistorikerin in meinem Alter, die hervorragend Englisch spricht. Aber als ich sie zum Tee besuche, stellt sich heraus, dass wir unter »sich anfreunden« etwas ganz Unterschiedliches verstehen. Als Amerikanerin bin ich ganz wild auf Geständnisse unter Freundinnen, darauf, »Ich auch, ich auch!« zu rufen. Doch sie serviert formvollendet Petit Fours und spricht über Kunsttheorien. Als ich gehe, bin ich immer noch hungrig und weiß noch nicht mal, ob sie einen Freund hat.

Das einzige »Ich auch!«, das mir vergönnt ist, bescherte mir Edmund White, ein amerikanischer Schriftsteller, der in den 1980er-Jahren in Frankreich lebte. Er ist der Erste, der mir bestätigt, dass es völlig normal ist, sich niedergeschlagen und verloren zu fühlen, wenn man in Paris lebt. »Stellen Sie sich vor, Sie sind gestorben und überaus dankbar, weil sie in den Himmel gekommen sind, doch eines Tages (oder

Jahrhunderts) dämmert Ihnen, dass Ihre hauptsächliche Stimmung die der Melancholie war, obwohl Sie die ganze Zeit überzeugt schienen, das Glück würde gleich hinter der nächsten Ecke auf Sie warten. Etwas Vergleichbares spürt man, wenn man Jahre oder sogar Jahrzehnte in Paris lebt. Es ist eine sanfte Hölle, so gemütlich, dass sie einem erscheint wie der Himmel.«

Trotz meiner Zweifel an Paris habe ich an Simon keine Zweifel. Ich habe mich damit abgefunden, dass »dunkel« zwangsläufig mit »unordentlich« einhergeht. Außerdem lerne ich langsam, seine Mikro-Mimik zu interpretieren. Ein Lächeln, das kurz über sein Gesicht huscht, bedeutet, dass er meinen Witz verstanden hat. Ein breites, wenn auch seltenes Lächeln bedeutet großes Lob. Manchmal sagt er sogar monoton: »Das war lustig.«

Ermutigend finde ich auch, dass Simon für einen Griesgram ziemlich viele nette, langjährige Freunde hat. Vielleicht, weil er hinter seiner ironischen Maske rührend hilflos ist. Er kann nicht Auto fahren, keinen Luftballon aufblasen und auch keine Kleidung zusammenfalten, ohne seine Zähne zu Hilfe zu nehmen. Er füllt unseren Kühlschrank mit unangebrochenen Konservendosen. Weil es so praktisch ist, gart er alles auf höchster Flamme. (Später erzählen mir Collège-Freunde, dass er für Hähnchenschlegel bekannt ist, die außen verkohlt und innen roh sind.) Als ich ihm zeige, wie man aus Öl und Essig ein Salatdressing macht, notiert er sich das Rezept und holt es Jahre später immer noch hervor, wenn er das Abendessen zubereitet.

Für Simon spricht auch, dass ihn nichts, was mit Frankreich zu tun hat, zu stören scheint. Als Ausländer ist er ganz in seinem Element. Seine Eltern sind Anthropologen, die ihn überall auf der Welt großgezogen und von Geburt an daran gewöhnt haben, die jeweiligen nationalen Gepflogenheiten zu lieben. Mit zehn hatte er bereits in sechs verschiedenen Ländern gelebt. Er erwirbt Sprachen, wie ich Schuhe erwerbe.

Simon zuliebe beschließe ich, Frankreich eine echte Chance zu geben. Wir heiraten vor den Toren von Paris in einem Château aus dem 13. Jahrhundert. Es ist von einem Burggraben umgeben (eine Symbolik, die ich ignoriere). Um des lieben Ehefriedens willen mieten wir uns eine größere Wohnung. Ich bestelle Regale bei IKEA und versuche, mich auf meine praktischen Fähigkeiten statt auf meine Neurosen zu konzentrieren. Ich lerne, in Restaurants Gerichte direkt von der Speisekarte zu bestellen, und knabbere hin und wieder an etwas *foie gras*. Mein Französisch hört sich nicht mehr nach hervorragendem Spanisch, sondern nach furchtbarem Französisch an. Es dauert nicht lange, und ich habe mich mehr oder weniger eingelebt: Ich arbeite von zu Hause aus, habe einen Buchvertrag, ja sogar ein paar neue Freunde.

Simon und ich haben das Kinderthema angesprochen. Wir wollen beide Kinder, ich für meinen Teil sogar drei. Mir gefällt die Vorstellung, sie in Paris zu bekommen, wo sie automatisch zweisprachig aufwachsen. Ich habe Angst, nicht schwanger werden zu können. Beinahe mein ganzes Erwachsenenleben lang habe ich höchst erfolgreich versucht, nicht schwanger zu werden. Ob ich im Gegenteil ebenso gut bin, weiß ich nicht. Doch wie sich herausstellt, geht bei uns alles genauso schnell wie unser Kennenlernen. Kaum habe ich »Wie wird man schwanger?« gegoogelt, starre ich auch schon auf zwei rosa Linien auf einem französischen Schwangerschaftstest.

Ich bin begeistert. Aber nicht nur Glücksgefühle, sondern auch Ängste überrollen mich. Mein Entschluss, mich weniger an Carrie Bradshaw, dafür mehr an Catherine Deneuve zu orientieren, lässt sich nicht durchhalten. Das ist kein guter Zeitpunkt, mich in eine waschechte Französin zu verwandeln. Ich bin von der Vorstellung besessen, meine Schwangerschaft kontrollieren und alles perfekt machen zu müssen. Wenige Stunden nachdem ich Simon die freudige Nachricht überbracht habe, gehe ich ins Internet, um mir alle möglichen Schwangerschaftsseiten anzusehen. Ich sause los und kaufe mir in der englischen Buchhandlung beim Louvre einen Stapel Ratgeber zu Schwangerschaft und Geburt. Ich möchte in meiner eigenen Sprache lesen, worauf ich mich gefasst machen muss.

Wenige Tage später schlucke ich vorsorglich Vitaminpillen, bin süchtig nach allen Infos über mögliche Gefahren und Risiken während der Schwangerschaft und bin Dauergast in zahllosen Eltern-Blogs. Ist es in der Schwangerschaft unbedenklich, etwas anderes als Biolebensmittel zu essen? Ist es vertretbar, ständig am Computer zu sitzen? Ist es ungefährlich, Schuhe mit hohen Absätzen zu tragen, sich mit Halloween-Süßigkeiten vollzustopfen oder Urlaub hoch über dem Meeresspiegel zu machen?

Die Amerikanerinnen aus meinem Bekanntenkreis finden auch, dass eine Schwangerschaft – und die anschließende

Mutterschaft – mit zahlreichen Hausaufgaben verbunden ist. Die erste Aufgabe besteht darin, sich zwischen unzähligen Erziehungsstilen zu entscheiden. Jede, mit der ich spreche, schwört auf einen anderen Ratgeber. Ich kaufe eine Unmenge davon. Doch statt das Gefühl zu haben, damit besser vorbereitet zu sein, werden mir Babys durch die vielen widersprüchlichen Informationen immer rätselhafter und unergründlicher. Was das für Wesen sind und was sie brauchen, scheint ganz davon abzuhängen, welches Buch man liest.

Meine Freundinnen und ich entwickeln uns auch zu Experten für alles, was schiefgehen kann. Eine schwangere New Yorkerin, die sich Paris ansieht, verkündet beim Mittagessen, das Risiko für eine Totgeburt sei fünf zu eintausend. Sie wisse, es sei fürchterlich und nutzlos, das zu sagen, aber sie könne einfach nicht anders. Eine andere Freundin, die leider Medizin studiert hat, verbringt den Großteil des ersten Schwangerschaftstrimesters damit herauszufinden, wie hoch das Risiko ist, dass sich das Baby alle möglichen Krankheiten holt.

Dass solche Ängste auch bei anderen Nationalitäten sehr verbreitet sind, merke ich, als wir Simons Familie in London besuchen. (Ich habe beschlossen zu glauben, dass seine Eltern begeistert von mir sind.) Ich sitze gerade in einem Café, als mich eine gut gekleidete Frau anspricht und sagt, eine neue Studie habe ergeben, dass ein hoher Koffeinkonsum das Risiko für eine Fehlgeburt steigere. Um ihre Glaubwürdigkeit zu unterstreichen, behauptet die Frau, mit einem Arzt verheiratet zu sein. Dabei ist mir vollkommen egal, was ihr Mann beruflich macht. Mich ärgert nur, dass sie zu glauben scheint, ich hätte noch nicht von dieser Studie gehört. Natürlich habe ich das! Ich versuche, deshalb ja auch, mit einer Tasse Kaffee pro Woche auszukommen.

Bei so viel Hausaufgaben und Ängsten kommt mir das Schwangersein zunehmend wie ein Vollzeitjob vor. Ich arbeite immer seltener an meinem Buch, das ich abgeben muss, bevor das Baby kommt. Stattdessen kommuniziere ich mit anderen Schwangeren in »Bald ist es so weit«-Chatrooms. Genau wie ich sind diese Frauen daran gewöhnt, dass sich alle nach ihren Bedürfnissen richten, und sei es nur, dass sie Sojamilch in ihren Kaffee wollen. Und genau wie ich müssen sie begreifen, dass sich die primitive Säugetierentwicklung, die in ihnen vor sich geht, erschreckenderweise ihrer Kontrolle entzieht. Viele Schwangerschaftszeitschriften konzentrieren sich deshalb auf das Einzige, was eine Schwangere eindeutig kontrollieren kann, nämlich ihre Nahrungsaufnahme. »Vor dem Essen sollten Sie überlegen: Ist dies das optimale Essen für mein Baby? Können Sie mit ›Ja‹ antworten, dann dürfen Sie munter kauen ...«.

Ich weiß sehr wohl, dass die Verbote in diesen Ratgebern nicht alle gleich wichtig sind: Zigaretten und Alkohol sind eindeutig schädlich, während Schalentiere, rohes Fleisch, rohe Eier und Rohmilchkäse nur gefährlich sind, wenn sie mit so seltenen Bakterien wie Listerien oder Salmonellen verseucht sind. Um auf Nummer sicher zu gehen, nehme ich jedoch jedes Verbot wörtlich. Es fällt mir nicht weiter schwer, auf Austern und *foie gras* zu verzichten. Aber da ich nun mal in Frankreich lebe, habe ich Panik vor Käse. »Ist der Parmesan auf meiner Pasta pasteurisiert?«, frage ich die verblüfften Kellner. Simon erträgt tapfer meine geballten

Ängste. Jeder Bissen scheint potenziell gefährlich zu sein. Ganz zu schweigen von Hunger: Sollte ich gegen Ende des Tages zu wenig Proteine zu mir genommen haben, muss ich mir laut diesem Buch kurz vor dem Schlafengehen noch eine Portion Eiersalat einverleiben.

Dabei hatte ich das Diätmachen eigentlich aufgegeben. Nach Jahren voller Reduktionsdiäten ist es aufregend, nun eine Diät zu machen, um zuzunehmen. Das kommt mir vor wie eine Belohnung für all die Jahre, in denen ich dünn genug sein musste, um einen Ehemann abzubekommen. In meinen Online-Foren wimmelt es nur so von Frauen, die rund zwanzig Kilo mehr zugenommen haben als empfohlen. Natürlich würden wir alle lieber so aussehen wie diese kompakten Promi-Schwangeren in Designerroben. Ein paar Frauen aus meinem Bekanntenkreis sehen auch tatsächlich so aus. Doch die freundliche Autorin von *Beim ersten Kind gibt's tausend Fragen: Alles, was Ärzte nicht sagen, Männer nicht wissen und nur die beste Freundin verraten kann,* das ich seit Neuestem mit ins Bett nehme, rät: »Los, ESSEN Sie«. So nach dem Motto, »Welche Freuden hält das Leben für uns Schwangere denn sonst parat?«

Bezeichnenderweise ist es während der Schwangerschaftsdiät erlaubt, hin und wieder mit einem Cheeseburger oder einem zuckergussüberzogenen Donut zu »sündigen«. Eine Schwangerschaft scheint in unserem Land eine einzige Sünde zu sein: Die Auflistung von Schwangerschaftsgelüsten liest sich wie eine Aufzählung all der Lebensmittel, die sich Frauen bei uns seit ihrer Pubertät versagen: Käsekuchen, Milchshakes, Makkaroniauflauf, Eistorten. Ich habe vor allem Lust auf Zitrone und auf riesige Brotlaibe.

Jemand erzählt mir, dass Jane Birkin, die britische Schauspielerin, die in Paris Karriere gemacht und den legendären französischen Sänger Serge Gainsbourg geheiratet hat, sich nie merken konnte, ob es nun *un baguette* oder *une baguette* heißt, weshalb sie einfach immer *deux baguettes* (zwei Baguettes) verlangte. Ich kann das Zitat nirgendwo finden, aber immer wenn ich zum Bäcker gehe, übernehme ich ihre Strategie. Doch anders als die zierliche Birkin esse ich sie auch wirklich beide auf.

Ich verliere während meiner Schwangerschaft nicht nur meine gute Figur, ich verliere auch mich selbst – die Frau, die sich einst zum Abendessen verabredet und sich Sorgen um die Palästinenser gemacht hat. Inzwischen verbringe ich meine gesamte Freizeit damit, nach den neuesten Kinderwagen Ausschau zu halten und mögliche Gründe für Koliken bei Säuglingen auswendig zu lernen. Diese Entwicklung von der »Frau« zur »Mutter« scheint unausweichlich zu sein. Eine Modestrecke in einer Schwangerschaftszeitschrift, die ich mir auf einer Reise in die Heimat kaufe, zeigt dickbäuchige Frauen in weiten Blusen und Männerschlafanzughosen. Dieses Outfit könne man angeblich den ganzen Tag tragen. Als Vermeidungsstrategie, nicht an meinem Buch weiterschreiben zu müssen, ergehe ich mich in Tagträumen, in denen ich den Journalismus aufgebe und eine Ausbildung zur Hebamme mache.

Richtiger Sex ist der letzte symbolische Dominostein, der fällt. Obwohl Sex theoretisch erlaubt ist, gehen Bücher wie *Ein Baby kommt* davon aus, dass Sex in der Schwangerschaft grundsätzlich riskant ist, auch wenn rhetorisch gefragt wird:

»Warum sollte nun dieser Vorgang, durch den Sie schwanger wurden, jetzt zu einem Ihrer größten Probleme werden?«. Dann zählen die Autorinnen achtzehn Faktoren auf, die das Liebesleben beeinträchtigen können, einschließlich der Angst, dass der Penis eine Infektion verursacht. Ertappt sich frau dennoch dabei, Sex zu haben, empfehlen sie einen neuen absoluten Tiefpunkt des Multitaskings: Man solle den Sex nutzen, um die Beckenbodenmuskeln zu trainieren und sich so auf die Geburt vorbereiten.

Ich kann mir nicht vorstellen, dass es Frauen gibt, die alle diese Ratschläge beherzigen. Wahrscheinlich geht es den meisten wie mir: Sie verinnerlichen einfach nur den besorgten Tonfall und die dazugehörige Geisteshaltung. Selbst wenn man im Ausland lebt, ist das ansteckend. Angesichts der Tatsache, dass ich extrem beeinflussbar bin, kann ich froh sein, eine gewisse räumliche Distanz dazu zu haben. Vielleicht hilft mir das, die Elternschaft aus einer anderen Warte zu betrachten.

Schon jetzt dämmert mir, dass das Aufziehen eines Kindes in Frankreich völlig anders aussehen wird. Sitze ich mit Babybauch in Paris im Café, springt niemand herbei, um mich vor den Gefahren von Koffein zu warnen. Im Gegenteil, man zündet sich direkt neben mir eine Zigarette an! Das Einzige, was mich Fremde fragen, wenn sie meinen Bauch bemerken, ist: »*Vous attendez un enfant*«? Ich brauche eine Weile, bis ich begreife, dass sie nicht glauben, ich sei mit einem sechsjährigen Schulschwänzer verabredet.

Ich erwarte ein Kind. Wahrscheinlich ist das das Bedeutendste, was ich je getan habe. Trotz meiner Zweifel an Paris hat es auch seine Vorteile, an einem Ort schwanger zu sein, an dem ich praktisch immun gegen Einmischung von außen bin. Obwohl Paris eine der kosmopolitischsten Städte der Welt ist, bin ich dort irgendwie komplett außen vor: Mit französischem Namedropping kann ich nichts anfangen, genauso wenig wie mit irgendwelchen Schulnamen oder anderen kleinen Hinweisen, die einem Franzosen sofort die soziale Stellung und Bedeutung seines Gegenübers signalisieren. Und da ich Ausländerin bin, kann man meinen sozialen Status ebenfalls nicht einschätzen.

Als ich meine Sachen gepackt habe und nach Paris gezogen bin, habe ich nicht geglaubt, dass das von Dauer ist. Jetzt mache ich mir langsam Sorgen, dass Simon etwas zu gern Ausländer ist. Da er in so vielen verschiedenen Ländern aufgewachsen ist, ist das für ihn völlig selbstverständlich. Er gesteht mir, dass er sich vielen Menschen und Städten verbunden fühlt und kein offizielles Zuhause braucht. Er bezeichnet seinen Lebensstil als »freistehend«, so als sei er eine Immobilie.

Einige unserer englischsprachigen Freunde haben Frankreich bereits wieder verlassen, meist weil sie den Job gewechselt haben. Aber unsere Jobs erfordern nicht, dass wir hier leben. Von der Käseplatte einmal abgesehen, gibt es keinen Grund, hier zu sein. Und »kein Grund« plus ein Baby kommt mir bald vor wie der wichtigste Grund überhaupt.

Eine Amerikanerin in Paris

Unsere neue Wohnung ist kein Pariser Postkartenidyll. Sie liegt in einem chinesischen Textilviertel und geht von einer engen Gasse ab, in der uns ständig Männer anrempeln, die Müllsäcke voller Klamotten mit sich herumschleppen. Nichts weist darauf hin, dass wir in derselben Stadt leben, in der sich auch der Eiffelturm, Notre Dame oder die sich elegant dahinschlängelnde Seine befinden.

Und trotzdem fühlen wir uns in dem Viertel wohl. Simon und ich ziehen uns jeden Morgen in unser jeweiliges Lieblingscafé um die Ecke zurück, um die angenehme Ruhe zu genießen. Auch hier gehorcht die Kontaktaufnahme mir unbekannten Regeln. Es ist erlaubt, mit der Bedienung zu scherzen, nicht aber mit den anderen Gästen (außer sie sitzen an der Bar und scherzen ebenfalls mit dem Personal). Eines Morgens versuche ich, mit einem anderen Stammgast ins Gespräch zu kommen – mit einem Mann, den ich seit Monaten täglich sehe. Ich sage, dass er mich an einen Amerikaner erinnert, den ich kenne, und meine das vollkommen ernst.

»An wen? An George Clooney vielleicht?«, fragt er abfällig. Wir reden nie mehr miteinander.

Mit unseren neuen Nachbarn mache ich schon mehr Fortschritte. Der schmale Bürgersteig vor unserem Haus geht in einen kopfsteingepflasterten Innenhof über, in dem sich niedrige Häuser und Wohnungen gegenüberstehen.

Die Mieter sind eine Mischung aus Kreativen, Berufseinsteigern, rätselhaft unterbeschäftigten Menschen und älteren Frauen, die gefährlich über das unebene Pflaster klettern. Wir leben alle so dicht zusammen, dass man sich gar nicht ignorieren kann, obwohl einigen sogar das gelingt.

Es ist hilfreich, dass meine Nachbarin von nebenan, eine Architektin namens Anne, zwei Monate vor mir ein Kind bekommen wird. Obwohl ich vollauf mit Essen und Mir-Sorgen-Machen beschäftigt bin, komme ich nicht umhin festzustellen, dass Anne und andere Französinnen aus meinem Bekanntenkreis ganz anders mit ihrer Schwangerschaft umgehen.

Zunächst einmal betrachten sie die Schwangerschaft nicht als Forschungsprojekt. Es gibt jede Menge französische Erziehungsratgeber, Elternzeitschriften und entsprechende Websites. Aber man muss sie nicht lesen, und niemand scheint sie zu verschlingen. Und erst recht niemand ist auf der Suche nach einer bestimmten Erziehungsphilosophie oder kann die diversen Stile beim Namen nennen. Es gibt keine Neuerscheinung, die man unbedingt gelesen haben muss, und sogenannte Experten auf diesem Gebiet haben nicht solche Macht über Eltern wie bei uns.

»Solche Ratgeber sind hilfreich für Leute, denen das nötige Selbstvertrauen fehlt. Aber ich glaube nicht, dass man ein Kind mit Büchern erziehen kann. Man muss auf seinen *Instinkt* hören«, sagt eine Pariser Mutter.

Die Französinnen aus meinem Bekanntenkreis sind kein bisschen *blasé*, was ihr zukünftiges Mutterdasein oder das Wohlbefinden ihrer Babys angeht. Sie sind beeindruckt, interessiert und wissen, dass sich ihr Leben von Grund auf verändern wird. Aber sie zeigen es anders. Wir Amerikanerinnen zeigen unser Engagement, indem wir uns Sorgen machen und signalisieren, was wir alles zu opfern bereit sind – und das schon in der Schwangerschaft. Französinnen dagegen zeigen ihr Engagement, indem sie gelassen klarstellen, nicht auf Genuss und auf ihr Frausein verzichten zu wollen.

Eine Bildstrecke in der Zeitschrift *Neuf Mois* (»Neun Monate«) zeigt eine hochschwangere Brünette in Spitzendessous, die in Gebäckstücke beißt und sich Marmelade von den Fingern leckt. »In der Schwangerschaft sollten Sie Ihre innere Frau verwöhnen«, steht in einem anderen Artikel. »Widerstehen Sie unbedingt dem Drang, sich die Hemden Ihres Partners auszuleihen.« Eine Liste mit Aphrodisiaka für werdende Mütter enthält Schokolade, Ingwer... und Zimt (wir sind schließlich nicht umsonst in Frankreich).

Dass normale Französinnen diesen Ruf zu den Waffen durchaus ernst nehmen, merke ich, als Samia, eine Mutter aus meiner Nachbarschaft, mir ihre Wohnung zeigt. Sie ist als Tochter algerischer Einwanderer in Chartres aufgewachsen. Ich bewundere ihre meterhohen Decken und Kronleuchter, als sie einen Stapel Fotos vom Kaminsims nimmt.

»Auf dem bin ich schwanger, und auf dem auch. *Et voilà*, hier kommt mein dicker Bauch!« Sie reicht mir mehrere Bilder. Es stimmt, sie ist wahnsinnig schwanger auf den Fotos und gleichzeitig wahnsinnig oben ohne.

Ich bin schockiert. Zum einen, weil wir uns (noch) siezen und sie mir unbekümmert Nacktfotos von sich zeigt. Und zum anderen, weil die Bilder so umwerfend sind. Samia sieht aus wie eines von diesen Dessous-Models aus einer Modezeitschrift, *sans* einen wichtigen Dessousbestandteil.

Zugegeben, Samia ist ein glamouröser Typ. Wenn sie ihre Zweijährige in die Krippe bringt, sieht sie aus, als wäre sie einem *Film noir* entsprungen: eng gegürteter beiger Trenchcoat, schwarzer Eyeliner und frisch aufgetragener, glänzend roter Lippenstift. Sie ist die einzige Französin aus meinem Bekanntenkreis, die tatsächlich eine Baskenmütze trägt.

Trotzdem hat Samia nichts anderes getan, als die französische Binsenweisheit zu befolgen, dass man wegen der vierzigwöchigen Verwandlung in eine Mutter noch lange nicht weniger feminin sein muss. Französische Schwangerschaftszeitschriften schreiben nicht nur, dass Schwangere Sex haben dürfen, sie erklären auch detailliert, wie. *Neuf mois* zeigt zehn verschiedene Stellungen, einschließlich »Reiterin«, »Die verirrte Reiterin«, »Doggy Style« (angeblich ein *grand classique*) und »Schaukelstuhl«. Bei der »Bootsfahrt« ist eine Schritt-für-Schritt-Anleitung angegeben, die in folgendem Satz gipfelt: »Indem sie sich mit dem Oberkörper vor- und zurückwiegt, empfindet Madame eine köstliche Reibung ...«

Neuf Mois geht auch auf die Vorzüge ein, die diverse Sexspielzeuge für Schwangere haben können (Lustkugeln ja, Vibratoren und Elektrospielzeug nein). »Trauen Sie sich! Davon haben alle was, sogar das Baby. Beim Orgasmus spürt es den ›Jacuzzi-Effekt‹, ganz so, als bekäme es eine Unterwassermassage«, steht im dazugehörigen Text. Ein Pariser Vater warnt meinen Mann davor, sich während der Geburt vor den »Ort des Geschehens« zu stellen, damit mein weibliches Geheimnis erhalten bleibe.

In Frankreich sind werdende Eltern in puncto Sex offensichtlich deutlich gelassener. Sie sind es auch in Bezug auf Nahrungsmittel. Hört man Samia zu, könnte man meinen, ihr Gespräch mit dem Frauenarzt sei reinstes Kabarett:

»›Ich bin schwanger, Herr Doktor, aber ich liebe Austern. Was soll ich tun?‹ Woraufhin er sagt, ›Essen Sie Austern!‹, um mir dann zu erklären: ›Sie machen mir einen ziemlich vernünftigen Eindruck. Waschen Sie die Lebensmittel sorgfältig. Und wenn Sie Sushi essen gehen, dann in einem guten Restaurant.‹«

Das Klischee, dass schwangere Französinnen rauchen und trinken, ist längst überholt. Die meisten Frauen aus meinem Bekanntenkreis erzählen, dass sie höchstens hin und wieder ein Glas Champagner oder aber gar keinen Alkohol getrunken haben. Ich sehe in Paris genau ein Mal eine rauchende Schwangere auf der Straße. Vielleicht war es ihre einzige Zigarette pro Monat.

Es ist nicht so, dass in Frankreich alles erlaubt wäre. Die Französinnen sind einfach nur gelassener und vernünftiger. Im Gegensatz zu mir unterscheiden die Französinnen zwischen Dingen, die tatsächlich schädlich sind, und denen, die es nur sind, wenn man nicht aufpasst. Caroline, eine andere Frau aus der Nachbarschaft, ist Physiotherapeutin und im siebten Monat schwanger. Sie erzählt, ihr Arzt habe ihr überhaupt keine Lebensmittel verboten, und sie habe auch nie danach gefragt: »Besser, ich weiß es erst gar nicht!« Sie gesteht mir, dass sie *Steak tartare* isst und natürlich an Weihnachten mit ihrer Familie *foie gras* genossen hat. Sie achte nur darauf, solche Dinge in guten Restaurants oder bei sich zu Hause zu essen. Ihr einziges Zugeständnis besteht darin, beim Rohmilchkäse die Rinde abzuschneiden.

Ich persönlich habe nie eine Schwangere Austern essen sehen. Und wenn, hätte ich mich vielleicht verpflichtet gefühlt, mit meinem Riesenbauch dazwischenzugehen. Etwas, das mit Sicherheit Befremden hervorrufen würde. Kein Wunder, dass französische Kellner staunen, wenn ich sie zu den Zutaten eines jeden Gerichts verhöre. Französinnen machen in der Regel kein Aufhebens darum.

Die französische Schwangerschaftspresse hält sich nicht mit unwahrscheinlichen *Worst-Case*-Szenarios auf. *Au contraire*, sie schreibt, was werdende Mütter am dringendsten bräuchten, sei Gelassenheit. »Neun Monate Wellness!« lautet eine Überschrift in einer französischen Zeitschrift. In einer Gratisbroschüre für werdende Mütter, die vom französischen Gesundheitsministerium herausgegeben wird, steht, die darin genannten Ernährungstipps würden »das harmonische Wachstum des Kindes fördern« und Frauen sollten sich von den verschiedenen Aromen »inspirieren« lassen: »Die Schwangerschaft sollte eine Zeit des Glücks sein!«

Ist das alles unbedenklich? Anscheinend schon. Was die statistischen Daten zu Mutter-Kind-Gesundheit angeht, ist Frankreich den Vereinigten Staaten weit voraus: Die Kindersterblichkeit ist in Frankreich um 57 Prozent niedriger als in Amerika. Laut Unicef haben 6,6 Prozent aller französischen Babys ein zu niedriges Geburtsgewicht, in Amerika sind es 8 Prozent. Das Risiko für eine Amerikanerin, während der Schwangerschaft oder der Geburt zu sterben, ist 1 : 4800, in Frankreich 1 : 6900![6]

Doch was die französische Botschaft, dass man die

Schwangerschaft genießen sollte, am besten rüberbringt, ist weder eine Statistik noch eine Schwangere aus meinem Bekanntenkreis, sondern eine trächtige Katze. Die schlanke, grauäugige Katze, die in unserem Innenhof lebt, steht kurz davor, Junge zu bekommen. Ihre Besitzerin, eine hübsche Malerin um die vierzig, erzählt mir, dass sie die Katze sterilisieren lassen will, nachdem die Kätzchen da sind. Aber sie bringe es einfach nicht über sich, das zu tun, bevor die Katze einmal trächtig gewesen sei. »Ich will sie einfach nicht um diese wunderbare Erfahrung bringen«, so die Malerin.

Natürlich sind werdende Mütter in Frankreich nicht nur gelassener als wir, sondern genau wie die Katze auch schlanker. Wenn auch nicht alle: Einige Französinnen werden in der Schwangerschaft dick. Man kann generell sagen, dass der BMI zunimmt, je weiter man sich von der Pariser Innenstadt entfernt. Aber die Mittelschichts-Pariserinnen aus meiner Umgebung sehen den VIPs auf den roten Teppichen ähnlich. Sie haben basketballgroße Babybäuche und dünne Beine, Arme und Hüften. Von hinten merkt man meist gar nicht, dass sie ein Kind erwarten.

Es gibt so viele Schwangere mit solchen tollen Figuren, dass mir nicht länger die Kinnlade herunterfällt, wenn ich ihnen auf der Straße oder im Supermarkt begegne. Die französische Norm ist sehr streng. Laut amerikanischen Gewichtsrechnern darf ich bei meiner Größe und bei meinem Ausgangsgewicht 17,5 Kilo während der Schwangerschaft zunehmen. Französischen Berechnungen zufolge sollte ich nicht mehr als 13 Kilo zunehmen. (Aber als ich das lese, ist es bereits zu spät.)

Wie schaffen es die Französinnen, diese Norm einzuhalten? Sozialer Druck hilft. Freunde, Schwestern und Schwiegermütter verkünden unverblümt, eine Schwangerschaft sei keine Entschuldigung für Völlerei. (Das Schlimmste bleibt mir erspart, da ich keine französischen Schwiegereltern habe.) Audrey, eine französische Journalistin mit drei Kindern, erzählt mir, dass sie ihre deutsche Schwägerin zur Mäßigung ermahnt habe, die vorher groß und schlank war.

»Kaum war sie schwanger, wurde sie fett. Ich fand das monströs, aber sie meinte: ›Nein, alles bestens, ich darf mich gehen lassen. Ich darf dick werden. Das ist nichts Besonderes‹. Für uns Französinnen wäre so etwas undenkbar. Wir würden das *niemals* sagen.« Sie kann es nicht lassen, noch eine als soziologische Anmerkung verbrämte spitze Bemerkung draufzusetzen: »Ich glaube, Amerikaner und Deutsche haben ein viel lockereres Verhältnis zu ästhetischen Fragen.«

Jeder hier findet es selbstverständlich, dass Schwangere sich bemühen sollten, ihre gute Figur zu behalten. Während meine Fußpflegerin meine Füße bearbeitet, verkündet sie ungefragt, ich solle meinen Bauch mit Mandelöl einreiben, um Dehnungsstreifen zu vermeiden. (Ich tue das pflichtschuldig und bekomme wirklich keine.) Elternzeitschriften bringen lange Artikel darüber, wie man die Schäden begrenzt, die die Schwangerschaft dem Busen zufügt. (Nicht zu viel zunehmen und täglich kalte Brustduschen.)

Französische Ärzte betrachten die Gewichtszunahmegrenzen als sakrosankt. Ausländerinnen verschlägt es regelmäßig die Sprache, wenn ihre französischen Frauenärzte sie tadeln, sobald sie die Gewichtsgrenze auch nur knapp überschreiten. »Die französischen Männer versuchen bloß, ihre Frauen schlank zu halten«, murrte eine mit einem Franzosen verheiratete Britin, als sie an ihre Vorsorgeuntersuchungen in Paris zurückdenkt. Kinderärzte fühlen sich sogar dazu berechtigt, Kommentare über den Bauch einer frischgebackenen Mutter zu machen, wenn sie ihren Nachwuchs zur Kontrolluntersuchung bringt. (Meiner wirft nur einen besorgten Blick darauf.)

Der Hauptgrund, warum schwangere Französinnen nicht fett werden, ist der, dass sie sehr darauf achten, nicht zu viel zu essen. In französischen Schwangerschaftsratgebern sind nächtliche Eiersalat-Fressorgien nicht vorgesehen. Es gibt auch keine Empfehlung weiterzuessen, wenn man bereits satt ist, nur um den Fötus mit Nährstoffen zu versorgen. Frauen, die ein Kind erwarten, sollen sich genauso ausgewogen und kalorienbewusst ernähren wie jeder gesunde Erwachsene. In einem Ratgeber steht, eine Frau solle, wenn sie nachmittags Hunger bekomme, einen Extrasnack in Form eines Sechstelbaguettes mit einem Stück Käse und ein Glas Wasser zu sich nehmen.

Aus französischer Sicht sind Schwangerengelüste ein Ärgernis, dem man den Kampf ansagen muss. Französinnen reden sich nicht ein, dass der Fötus unbedingt ein Stück Käsekuchen braucht. In einem französischen Ratgeber für werdende Mütter steht, man solle den Gelüsten nicht nachgeben, sondern sich ablenken, indem man einen Apfel oder eine rohe Möhre esse.

Das ist längst nicht so genussfeindlich wie es klingt. Französinnen betrachten die Schwangerschaft nur nicht als Vorwand, sich zu überfressen. Das brauchen sie auch nicht, weil sie in ihrem Leben noch nie auf das verzichtet haben, was sie mögen, sich aber auch nicht heimlich damit vollstopfen. Wir dagegen essen viel zu oft heimlich, so Mireille Guiliano in ihrem klugen Buch *Warum französische Frauen nicht dick werden: Lebenslust macht schlank.* Das fördere weniger den Genuss, sondern vor allem das schlechte Gewissen. Wer zwanghaft versuche, sich bestimmte Genüsse ganz zu versagen, nehme sogar eher zu, als Pfunde zu verlieren.

Ein weiteres großes Problem besteht in der Frage, wie man gebären soll. Ich treffe in Rom eine Amerikanerin, die ihr Baby in einem italienischen Weinfass zur Welt gebracht hat (das allerdings mit Wasser und nicht mit Pinot Grigio gefüllt war). Eine Freundin aus Miami hat gelesen, der Geburtsschmerz sei nur ein kulturelles Konstrukt. Also hat sie trainiert, ihre Zwillinge ausschließlich mit Hilfe von Yoga-Atmung zur Welt zu bringen.

Wir erwarten, dass die Geburt des Kindes genau auf uns zugeschnitten wird, wie auch sonst alles in unserem Leben. Mein Frauenarzt erzählt mir, er habe von einer amerikanischen Patientin mal einen vierseitigen Geburtsplan bekommen. Der Plan sah vor, dass nach der Geburt die Klitoris der Frau massiert wird. Die Gebärmutterkontraktionen während des Orgasmus sollten dabei helfen, die Nachgeburt abzustoßen.

Bei dieser ganzen Kontrollsucht und Übervorsicht erwähnt niemand, dass das Gesundheitssystem Frankreichs in der neuesten WHO-Statistik an erster Stelle stand. Das sollte uns eigentlich ein Gefühl von Sicherheit geben. Stattdessen kritisieren wir, wie übermedizinisiert und unnatürlich das französische System sei. Ausländerinnen fürchten sich davor, dass französische Ärzte bei ihnen künstlich die Wehen einleiten, sie zu einer PDA zwingen und dann heimlich ihrem Baby die Flasche geben, damit sie nicht mehr stillen können. Wir alle kennen die zahlreichen Schwangerschaftszeitschriften, die die verschwindend geringen Risiken einer PDA hochspielen. Und diejenigen unter uns, die eine natürliche Geburt hinter sich haben, gebärden sich wie Kriegshelden.

Obwohl Dr. Fernand Lamaze, der Erfinder der Entspannungstechniken für eine schmerzarme Geburt, in Frankreich geboren wurde, ist hier die PDA inzwischen weit verbreitet. In den wichtigsten Geburtskliniken und -krankenhäusern von Paris bekommen durchschnittlich 87 Prozent aller Frauen eine PDA[7] (Kaiserschnitt-Patientinnen nicht miteingerechnet). In einigen Krankenhäusern sind es sogar 98 oder 99 Prozent.

Französische Mütter fragen mich oft, *wo* ich mein Kind zur Welt bringen will, aber nie, *wie*. Das scheint ihnen egal zu sein. In Frankreich folgt die Art der Geburt keinem bestimmten Wertekanon und sagt auch nichts darüber aus, welcher Typ von Eltern man sein will. Es geht einfach nur darum, das Kind sicher von der Gebärmutter in den Arm zu bekommen.

In Frankreich bezeichnet man eine Geburt ohne PDA nicht als »natürlich«, sondern einfach als »Geburt ohne PDA« (*accouchement sans péridurale*). Einige wenige französische Krankenhäuser und Geburtskliniken verfügen inzwischen über Geburtsbadewannen und riesige Gummibälle, die in den Wehen liegende Frauen umarmen können. Aber nur wenige Französinnen benutzen sie. Die ein oder zwei Prozent, die in Paris keine PDA wollen, sind entweder verrückte Ausländerinnen wie ich oder Französinnen, die es nicht rechtzeitig ins Krankenhaus geschafft haben.

Die naturverbundenste Französin, die ich kenne, heißt Hélène. Sie geht mit ihren Kindern zelten und hat sie über zwei Jahre lang gestillt. Aber selbst Hélène hatte bei jeder Geburt eine PDA. Für sie ist das kein Widerspruch. Manches mag sie lieber *au naturel*, anderes mit den Errungenschaften der Schulmedizin.

* * *

Die Unterschiede zwischen Frankreich und Amerika werden mir ganz besonders bewusst, als ich Jennifer und Eric kennen lerne, ein Paar um die dreißig. Sie ist Amerikanerin und arbeitet für einen internationalen Großkonzern in Paris. Er ist Franzose und arbeitet in der Werbeindustrie. Sie leben mit ihren beiden Töchtern etwas außerhalb von Paris. Als Jennifer zum ersten Mal schwanger war, ging Eric davon aus, dass man einen Frauenarzt sowie ein Krankenhaus aussuchen und das Baby bekommen würde. Aber Jennifer schleppte bergeweise Ratgeber an und zwang Eric, sie gemeinsam mit ihr durchzuarbeiten.

Eric kann heute noch nicht fassen, dass Jennifer die Geburt planen wollte. »Sie wollte auf einem Ball gebären, in einer Badewanne«, erinnert er sich. »Der Arzt hat ihr gesagt, sie sei hier weder im Zoo noch im Zirkus. Sie werde ihr Kind bekommen, wie alle anderen auch, und zwar auf dem Rücken mit gespreizten Beinen. Ganz einfach, weil er dann eingreifen könne, falls es Probleme gäbe.«

Jennifer wollte auch ohne Betäubung gebären, damit sie

spüren kann, wie sich eine Geburt anfühlt. »Ich habe noch nie von Frauen gehört, dass sie wahnsinnig leiden wollen, um ein Kind zu bekommen«, so Eric.

Was Eric und Jennifer so besonders macht, ist die »Croissant-Story«: Als Jennifer Wehen bekam, stellte sich schnell heraus, dass sie ihre ganzen Geburtspläne über den Haufen werfen musste: Sie brauchte einen Kaiserschnitt. Der Arzt schickte Eric ins Wartezimmer. Irgendwann bekam Jennifer ein gesundes Mädchen. Anschließend erwähnte Eric im Aufwachraum, dass er soeben ein Croissant gegessen habe.

Drei Jahre später gerät Jennifer immer noch in Rage, wenn sie an dieses Gebäckstück denkt: »Eric war während der gesamten Prozedur gar nicht wirklich im Warteraum. Er ist rausgegangen, um ein Croissant zu kaufen! Ich werde in den OP gefahren, und Eric verlässt die Klinik, geht in eine Bäckerei und kauft sich Croissants. Er kehrt zurück und isst seine Croissants.«

So hatte Jennifer sich das eigentlich nicht vorgestellt. »Mein Mann hätte nägelkauend dasitzen und denken müssen: Wird es ein Junge oder ein Mädchen?« Sie erwähnt auch, dass es einen Snackautomaten in der Nähe des Warteraums gab. Er hätte sich eine Tüte Erdnüsse ziehen können.

Erzählt Eric seine Version der Geschichte, regt er sich auch auf. Ja, es habe einen Snackautomaten gegeben. »Aber ich stand unter Stress und brauchte dringend Zucker«, sagt er. »Ich wusste, dass es um die Ecke eine Bäckerei gibt, doch dann war sie doch etwas weiter weg als gedacht. Aber sie ist um sieben in den OP geschoben worden. Ich wusste, dass sie eine Stunde zur Vorbereitung brauchen, und so habe ich mir ausgerechnet, dass sie gegen elf wieder da ist. Und in dieser langen Zeit habe ich doch tatsächlich eine Viertelstunde damit verbracht, mir etwas zu essen zu holen.«

Zunächst sehe ich in der »Croissant-Story« eine klassische »Männer sind vom Mars«-Geschichte. Aber schließlich wird mir klar, dass sie eine franko-amerikanische Parabel ist. Für Jennifer bedeutete Erics egoistischer Croissantkauf, dass er sein eigenes Wohl vor das seiner Familie und des Neugeborenen stellt. Sie hatte Angst, er könnte seine Vaterrolle nicht ernst genug nehmen.

Für Eric hat das nichts dergleichen bedeutet. Er hatte das Gefühl, genügend an der Geburt beteiligt zu sein, und ist ein extrem engagierter Vater. Aber in diesem Moment war er gelassen, distanziert und egoistisch genug, die Klinik zu verlassen. Er wollte Vater werden, aber auch ein Croissant essen. »In Amerika scheint es nicht weiter schwer zu sein, sich deswegen ein schlechtes Gewissen zu machen«, so Eric.

Ich sehe mich lieber als die Art Frau, der das mit dem Croissant nichts ausmacht, oder hoffe zumindest, dass Simon ein Mann ist, der die Krümel verstecken würde. Ich gebe einen Geburtsplan mit PDA-Wunsch ab und verfüge, dass Simon auf keinen Fall die Nabelschnur durchschneiden darf. Da ich schon schreie, wenn ich meine Beine waxen lasse, halte ich mich für keine besonders gute Kandidatin für eine natürliche Geburt. Ich fürchte, ich werde Schwierigkeiten haben, den Schmerz als rein soziales Konstrukt zu betrachten.

Ich mache mir mehr Sorgen darüber, ob ich es rechtzeitig ins Krankenhaus schaffen werde. Auf die Empfehlung einer Freundin hin habe ich mich in einer Klinik am anderen Ende der Stadt angemeldet. Beschließt das Baby, während der Rushhour zur Welt zu kommen, könnte das Probleme geben.

Vorausgesetzt ich bekomme überhaupt ein Taxi. Es kursieren Gerüchte unter meinen Freunden, dass sich französische Taxifahrer weigern, Frauen in den Wehen mitzunehmen – aus Angst, anschließend deren Plazenta vom Sitz schrubben zu müssen. Eine Geburt auf der Rückbank eines Taxis ist auch aus anderen Gründen nicht unbedingt ideal. Simon hat solche Angst davor, dass er sich weigert, die Anweisungen für eine Sturzgeburt in *Ein Baby kommt* auch nur durchzulesen.

Meine Wehen beginnen um acht Uhr abends, was bedeutet, dass ich das dampfende Thai-Essen, das wir uns gerade geholt haben, nicht mehr essen kann. Aber zumindest sind die Straßen frei. Simon ruft ein Taxi, und als ich einsteige, bin ich noch ganz ruhig. Soll der Fahrer – ein schnauzbärtiger Mann um die fünfzig – doch versuchen, mich rauszuwerfen!

Bedenken, die sich als völlig unbegründet herausstellen. Sobald wir losgefahren sind und er meine Schreie vom Rücksitz hört, ist er ganz aus dem Häuschen vor Begeisterung. Während seiner gesamten Taxifahrer-Laufbahn habe er auf so einen Moment gewartet. Das sei ja wie im Film!

Während wir im Dunkeln durch Paris fahren, löse ich den Sitzgurt und lasse mich wegen der zunehmenden Schmerzen stöhnend auf den Boden des Taxis gleiten. Das ist doch etwas anderes, als sich die Beine waxen zu lassen. Ich vergesse meine naiven Fantasien von einer natürlichen Geburt.

Simon lässt die Fenster herunter, entweder, damit ich mehr Luft bekomme, oder um meine Laute zu übertönen.

Währenddessen drückt der Fahrer aufs Gas. Ich sehe, wie die Straßenlaternen über meinen Kopf hinwegsausen. Er erzählt lauthals, wie sein Sohn vor fünfundzwanzig Jahren zur Welt kam. »Nicht so schnell, bitte!«, flehe ich ihn vom Boden aus zwischen zwei Wehen an. Simon ist schweigsam und blass und starrt stur geradeaus.

»Woran denkst du?«, frage ich.

»An niederländischen Fußball.«

Als wir die Klinik erreichen, hält der Taxifahrer vor der Notaufnahme, springt aus dem Wagen und eilt hinein. Er scheint uns bei der Geburt Gesellschaft leisten zu wollen. Kurz darauf ist er schwitzend und keuchend wieder da. »Man erwartet Sie bereits!«, ruft er.

Ich taumle hinein, überlasse es Simon, das Taxi zu bezahlen, und überzeuge den Fahrer zu gehen. Sobald ich eine Hebamme sehe, verkünde ich in meinem besten Französisch: »*Je voudrais une péridurale!*« (»Ich hätte gern eine PDA!«). Hätte ich Geld dabeigehabt – ich hätte mit einem Bündel Scheinen vor ihrer Nase herumgewedelt.

Trotz der französischen Vorliebe für PDAs stellt sich heraus, dass man sie nicht auf Bestellung bekommt. Die Hebamme nimmt mich mit in einen Untersuchungsraum, um meinen Muttermund zu kontrollieren. Dann sieht sie mich mit einem amüsierten Lächeln an. Er ist gerade mal drei von zehn möglichen Zentimetern geöffnet. Dafür holt sie den Anästhesisten bestimmt nicht von seinem thailändischen Imbiss weg.

Die Hebamme legt die beruhigendste Musik auf, die ich

je gehört habe (eine Art tibetisches Wiegenlied), und hängt mich an einen Tropf, der die Schmerzen lindert. Irgendwann schlafe ich erschöpft ein.

Ich erspare meinen Lesern die Details der hochmedizinisierten, hochangenehmen Geburt. Dank der PDA findet der Austreibungsprozess mit der Präzision und Intensität einer Yoga-Übung statt, ist aber dabei bedeutend bequemer.

Wie sich herausstellt, besteht das Team aus Anästhesistin, Hebamme und Ärztin – ausschließlich Frauen. (Simon, der sich weitab vom Ort des Geschehens positioniert hat, ist ebenfalls anwesend.) Als die Sonne aufgeht, kommt unser Baby zur Welt.

Ich habe gelesen, dass Babys dem Vater ähneln, wenn sie geboren werden, damit die Väter in Sachen Vaterschaft beruhigt und motiviert sind, auf die Jagd zu gehen (oder Investmentbanking zu betreiben), um die Familie zu ernähren. Als unsere Tochter das Licht der Welt erblickt, ist mein erster Gedanke: Sie sieht Simon nicht nur ähnlich, sie ist ihm wie aus dem Gesicht geschnitten.

Wir kuscheln eine Weile mit ihr. Dann zieht man ihr ein chices, schlichtes französisches Outfit an, das vom Krankenhaus gestellt wird und zu dem auch ein süßes kleines Beanie-Mützchen gehört. Wir geben unserer Tochter zwar einen anständigen Namen, aber dem Mützchen sei Dank nennen wir sie fast nur noch *Bean*.

Ich bleibe sechs Tage im Krankenhaus, was in Frankreich ganz normal ist. Ich wüsste auch nicht, warum ich es freiwillig vorher verlassen sollte: Es gibt zu jeder Mahlzeit frisches Baguette und einen sonnigen Garten, in den ich mich für kleine Spaziergänge davonstehle. Und die lange Liste mit Weinen, die man sich aufs Zimmer bestellen kann, verzeichnet auch Champagner. In Frankreich bekommt man für Kinder eine allgemeingültige Gebrauchsanweisung. Jedes Neugeborene erhält ein weißes Büchlein mit dem Titel *carnet de santé*. Es wird das Kind bis zum achtzehnten Lebensjahr begleiten. Die Ärzte tragen jede Kontrolluntersuchung und jede Impfung darin ein, sie vermerken die Größe, das Gewicht und den Kopfumfang des Kindes. Es stehen auch ein paar grundlegende Verhaltensregeln darin: Wie man Babys füttert und badet, wann die Kontrolluntersuchungen stattfinden und woran man gesundheitliche Probleme erkennt.

Das Buch bereitet mich jedoch nicht auf die Verwandlung vor, die Bean durchmacht. Nach der Geburt sieht sie so aus wie Simon mit dunkelbraunen Augen und dunkelbraunem Haar. Sie hat sogar seine Grübchen. Wenn hier irgendetwas zweifelhaft ist, dann, dass ich die Mutter bin. Meine hellhaarigen, blauäugigen Gene scheinen seinen dunklen, mediterranen schon in der ersten Runde unterlegen zu sein.

Doch im Alter von ungefähr zwei Monaten verändert sich Bean komplett: Ihr Haar wird blond, und ihre braunen Augen werden erstaunlicherweise blau. Auf einmal sieht unser mediterranes Kind aus wie eine kleine Schwedin.

Theoretisch gesehen ist Bean Amerikanerin. (Sie kann die französische Staatsbürgerschaft beantragen, wenn sie älter ist.) Aber ich bin mir sicher, dass ihr Französisch innerhalb weniger Monate besser sein wird als meines. Ich weiß nur nicht, ob wir eine kleine Amerikanerin oder eine kleine Französin großziehen werden. Gut möglich, dass wir gar keine Wahl haben.

Schlaf Kindlein, schlaf

Wenige Wochen, nachdem wir Bean nach Hause geholt haben, fragen mich Nachbarn: *»Elle fait ses nuits?«* (Wortwörtlich: »Macht sie ihre Nächte?«, sprich: »Schläft sie durch?«)

Dabei höre ich die französische Redewendung für »durchschlafen« zum ersten Mal. Erst finde ich sie tröstlich: Wenn es *ihre Nächte* sind, wird Bean sie unweigerlich einfordern. Sind es dagegen *unsere Nächte*, vielleicht weniger.

Doch dann finde ich die Frage irritierend. Natürlich schläft sie noch nicht durch! Sie ist zwei Monate alt (und dann drei, schließlich vier Monate). Jeder weiß, dass kleine Babys schlecht schlafen. Die meisten Eltern aus meinem Bekanntenkreis haben keine ungestörte Nachtruhe mehr, bis ihre Kinder ungefähr ein Jahr alt sind. Ja, ich kenne sogar Vierjährige, die nachts immer noch zu ihren Eltern ins Schlafzimmer kommen.

Meine angloamerikanischen Freunde akzeptieren das. Sie bevorzugen offene Fragen wie: »Wie schläft sie denn so?«. Und auch das ist nicht wirklich als Frage gemeint, sondern soll den erschöpften Eltern Gelegenheit geben, Dampf abzulassen.

Wir assoziieren Babys automatisch mit Schlafentzug. Eine Schlagzeile in der britischen *Daily Mail* lautet: »Eltern von Neugeborenen entgeht in den ersten zwei Lebensjahren ihres Kindes EIN HALBES JAHR Schlaf. Zitiert wird aus einer Studie, die eine Bettenfirma in Auftrag gegeben hat. Der Artikel liest sich durchaus plausibel. »Leider stimmt das«, kommentiert ein Leser. »Unsere einjährige Tochter schläft seit zwölf Monaten keine Nacht durch, wir können froh sein, wenn wir vier Stunden am Stück schlafen.« Rund die Hälfte der Kinder schläft nicht durch, aber die Eltern finden das normal.

Meine englischsprachigen Freunde gehen davon aus, dass ihre Kinder ein individuelles Schlafbedürfnis haben, dem man Rechnung tragen muss. Ich laufe mit einer befreundeten Britin durch Paris, als ihr kleiner Sohn auf ihren Schoß klettert, ihr unter der Bluse an die Brust greift und dann einschläft. Meiner Freundin ist sichtlich peinlich, dass ich Zeugin dieses Rituals geworden bin, aber wie sie mir flüsternd gesteht, kann der Kleine nur so sein Nickerchen machen. Sie trägt ihn die nächste Dreiviertelstunde in dieser Haltung mit sich herum.

Simon und ich hatten natürlich ebenfalls eine Schlafstrategie. Wir gingen davon aus, dass man ein Baby nach dem Stillen wach halten muss. Kaum ist Bean auf der Welt, unternehmen wir große Anstrengungen, um das zu erreichen. Soweit ich das beurteilen kann, bleibt es wirkungslos.

Schließlich verabschieden wir uns von dieser Theorie und probieren andere aus: Wir setzen Bean tagsüber ausschließlich hellem Tageslicht aus und lassen sie nachts im Dunkeln. Wir baden sie jeden Abend um dieselbe Uhrzeit und versuchen, die Pausen zwischen dem Stillen auszudehnen. Nachdem mir jemand erzählt hat, dass fettreiche Nahrungsmittel die Muttermilch gehaltvoller machen, esse ich tagelang nichts anderes als Cracker und Brie. Ein Bekannter aus New York, der uns besuchen kommt, sagt, wir sollten ein lautes Rauschen produzieren, um die Geräusche im Mutterleib nachzuahmen. Gehorsam lassen wir es stundenlang rauschen.

Nichts scheint irgendeine Wirkung zu haben. Als Bean drei Monate alt ist, wacht sie nachts immer noch mehrmals auf. In einem langwierigen Ritual wiege ich sie wieder in den Schlaf und halte sie dann noch mal eine Viertelstunde im Arm, damit sie nicht wieder aufwacht, wenn ich sie in ihr Bettchen lege. Simons vorausschauendes Denken wird plötzlich zum Fluch: Er bekommt nachts Depressionen und ist fest davon überzeugt, dass das niemals aufhören wird. Mein kurzfristiges Denken dagegen stellt sich plötzlich als wunderbare Erfindung der Evolution heraus. Ich denke nicht darüber nach, ob das noch ein halbes Jahr so weitergehen wird (ja, das wird es). Ich lebe einfach von Nacht zu Nacht.

Tröstlich ist auch, dass das zu erwarten war. Eltern von Säuglingen bekommen keinen Schlaf. Fast alle amerikanischen und britischen Eltern aus meinem Bekanntenkreis erzählen, dass ihre Kinder erst mit acht oder neun Monaten angefangen haben durchzuschlafen, wenn nicht sogar noch später. »Das war echt früh«, sagt ein Freund Simons aus Vermont und berät sich mit seiner Frau, wann ihr Sohn aufgehört hat, um drei Uhr morgens aufzuwachen. »Wann war das? Als er ein Jahr alt war?« Kristin, eine britische Anwältin, die in Paris lebt, erzählt mir, dass ihr Kind mit sechzehn Monaten durchgeschlafen habe, um dann hinzuzufügen: »Na ja, mit durchschlafen meine ich, dass sie zwei Mal aufgewacht ist. Aber jedes Mal nur für fünf Minuten.«

Ich finde es tröstlich zu hören, dass es Eltern gibt, die noch schlimmer dran sind als wir. Sie sind leicht zu finden. Meine Cousine, die mit ihrem zehn Monate alten Kind in einem Bett schläft, ist noch nicht wieder in ihren Beruf als Lehrerin zurückgekehrt, hauptsächlich deshalb, weil sie das Baby fast die ganz Nacht stillt. Ich rufe sie häufig an und frage: »Wie schläft sie denn so?«

Die schlimmste Geschichte überhaupt stammt von Alison, der Freundin einer Freundin aus Washington, D. C., deren Sohn sieben Monate alt ist. Alison erzählt mir, dass sie in den ersten sechs Lebensmonaten ihres Sohnes rund um die Uhr alle zwei Stunden stillen musste. Als er sieben Monate alt war, begann er vier Stunden am Stück zu schlafen. Alison, Marketingexpertin und Absolventin einer Eliteuniversität, ignoriert ihre Erschöpfung und die Tatsache, dass ihre Karriere leidet. Sie glaubt, keine andere Wahl zu haben, als sich nach dem gnadenlosen, seltsamen Schlafrhythmus ihres Babys zu richten.

Die Alternative zu den durchwachten Nächten lautet »Schlaftraining«, bei dem die Eltern ihre Kinder schreien lassen. Ich mache mich auch darüber schlau. Es scheint für Kinder infrage zu kommen, die mindestens sechs oder sieben Monate alt sind. Alison erzählt mir, dass sie es einmal versucht, aber gleich wieder aufgegeben hat, weil sie sich so grausam dabei vorkam. Online-Diskussionen über Schlaftraining arten schnell in Krieg aus, bei dem Gegner behaupten, das sei vollkommen egoistisch, ja grenze an Kindesmissbrauch. »Schlaftraining widert mich an!«, schreibt eine

Mutter im Chat, und eine andere: »Wenn du nachts durchschlafen willst, solltest du lieber keine Kinder bekommen. Oder einen Dreijährigen adoptieren.«

Obwohl das Schlaftraining furchtbar klingt, können Simon und ich es rein theoretisch befürworten. Aber wir haben den Eindruck, dass Bean noch zu jung für solchen Drill ist. Wir glauben, dass Bean nur deshalb nachts aufwacht, weil sie Hunger hat oder etwas von uns braucht. So sind Babys nun mal. Sie ist noch so klein, also geben wir ihr, was sie will.

Ich spreche auch mit Franzosen über das Schlafen. Dabei handelt es sich um Nachbarn, Arbeitskollegen und Freunde von Freunden. Sie behaupten alle, dass ihre Kinder schon viel früher durchgeschlafen haben. Samia sagt, ihre mittlerweile zweijährige Tochter habe mit sechs Wochen »ihre Nächte gemacht«. Sie habe sich sogar das genaue Datum notiert. Stephanie, eine dünne Steuerprüferin mit einer Wohnung zum Innenhof, wirkt beschämt, als ich frage, seit wann ihr Sohn Nino durchgeschlafen habe.

»Sehr, sehr spät!«, gesteht Stephanie. »Das war im November, er war damals schon vier Monate alt! Für mich war das sehr spät.«

Einige französische Schlafgeschichten klingen zu schön, um wahr zu sein. Alexandra, die in einer Kinderkrippe arbeitet und in einem Vorort von Paris lebt, sagt, ihre beiden Töchter hätten fast gleich nach der Geburt durchgeschlafen. »Schon auf der Entbindungsstation sind sie erst gegen sechs für ihr erstes Fläschchen aufgewacht.«

Viele dieser französischen Kinder bekommen die Flasche

oder eine Kombination aus Muttermilch und Säuglingsnahrung. Aber das scheint keinen großen Unterschied zu machen. Die gestillten französischen Kinder aus meinem Bekanntenkreis schlafen ebenfalls schon früh durch. Einige französische Mütter erzählen mir, dass sie mit dem Stillen aufgehört haben, als sie wieder anfingen zu arbeiten, also drei Monate nach der Geburt. Aber bis zu diesem Zeitpunkt schliefen ihre Kinder bereits durch.

Zunächst denke ich, dass ich es einfach mit ein paar vereinzelten Glückspilzen zu tun habe. Aber schon bald wird die Beweislage erdrückend: Ein Kind, das früh durchschläft, scheint in Frankreich die Norm zu sein. Auf einmal kommen mir meine Nachbarn gar nicht mehr so unausstehlich vor. Sie wollten mich nicht ärgern, sie dachten tatsächlich, dass ein zwei Monate altes Kind schon »seine Nächte macht«.

Französische Eltern erwarten nicht, dass ihre Kinder von Geburt an gut schlafen. Aber sobald die unterbrochenen Nächte unerträglich zu werden scheinen – was in der Regel nach zwei oder drei Monaten der Fall ist –, sind sie bei ihnen auch schon wieder vorbei. Französische Eltern betrachten durchwachte Nächte als ein vorübergehendes Problem, nicht als ein chronisches. Jeder, mit dem ich spreche, findet es selbstverständlich, dass Babys mit einem halben Jahr nachts acht oder neun Stunden am Stück schlafen können und es auch tun. Aber es gibt natürlich Ausnahmen. Deshalb existieren auch in Frankreich Ratgeber zu diesem Thema, ja Kinderärzte, die sich auf Schlafprobleme spezialisiert haben. Manche Babys, die schon mit zwei Monaten durchschlafen, beginnen Monate später erneut aufzuwachen. Ich höre von französischen Kindern, die ein Jahr brauchen, bis sie durchschlafen. Aber ehrlich gesagt, bin ich in all den Jahren, die ich in Frankreich lebe, keinem davon begegnet. Marion, die Mutter eines kleinen Mädchens, das Beans engste Freundin werden wird, sagt, ihr Sohn habe erst mit sechs Monaten durchgeschlafen. Das ist der späteste Zeitpunkt, den ich von meinen Pariser Freunden und Bekannten zu hören bekomme. Die meisten sagen dasselbe wie Paul, ein befreundeter Architekt, der erzählt, sein dreieinhalb Monate alter Sohn schlafe zwölf Stunden am Stück, von acht Uhr abends bis acht Uhr morgens.

Was mich ganz wahnsinnig macht, ist, dass französische Eltern einem zwar ganz genau sagen können, wann ihr Kind anfing durchzuschlafen, aber nicht, wie es dazu kam. Sie erwähnen keinerlei Schlaftraining. Und sie behaupten auch, ihre Kinder nie länger schreien zu lassen. Ja sie reagieren sogar reichlich empfindlich, wenn ich sie auf diese Technik anspreche.

Spricht man mit älteren Eltern, ist das auch keine große Hilfe. Eine französische Publizistin um die fünfzig – die in Bleistiftrock und Stilettos zur Arbeit geht – ist schockiert zu hören, dass meine Tochter Schlafprobleme hat. »Kannst du ihr nichts geben, damit sie schläft? Irgendeine Medizin oder so was?«, fragt sie. Und ich solle das Kind doch wenigstens mal abgeben und mich ein, zwei Wochen in einem Wellnesshotel erholen.

Doch niemand aus meinem Bekanntenkreis gibt seinen Kindern Medikamente, um sie zum Schlafen zu bringen, und niemand versteckt sich vor ihnen in der Sauna. Die meisten berichten, dass ihre Babys das Durchschlafen ganz von allein gelernt haben. Stephanie, die Steuerprüferin, sagt

63

auch, sie habe nicht viel dafür getan. »Ich glaube, das Kind beschließt selbst, wann es so weit ist.«

Dasselbe höre ich von Fanny, 33, Herausgeberin mehrerer Wirtschaftsmagazine. Fanny sagt, ihr Sohn Antoine habe mit etwa drei Monaten abrupt aufgehört, um drei Uhr früh gestillt werden zu wollen, und würde seitdem durchschlafen.

»Er hat einfach beschlossen zu schlafen«, so Fanny. »Ich habe nichts erzwungen. Man gibt ihm zu essen, wenn er etwas zu essen will. Er hat das selbst reguliert.«

Fannys Mann Vincent bestätigt, dass Fanny nach drei Monaten wieder arbeiten gegangen ist. Wie viele französische Eltern, mit denen ich spreche, sagt er, dieses Timing sei kein Zufall: Antoine habe verstanden, dass seine Mutter früh aufstehen und ins Büro gehen müsse. Vincent vergleicht Antoines Begriffsvermögen mit der Art, wie Ameisen über chemische Signale miteinander kommunizieren, die sie über ihre Fühler austauschen.

»Wir glauben stark an die Intuition«, so Vincent. »Wir gehen davon aus, dass Kinder Dinge schon sehr früh verstehen.«

Französische Eltern haben schon ein paar Schlaftipps für mich. Fast alle sagen, man solle die Kinder in den ersten Monaten tagsüber im Hellen lassen, auch wenn sie ein Nickerchen machen, und sie dann bei Anbruch der Dunkelheit zu Bett bringen. Fast alle erklären außerdem, ihre Kinder von Geburt an genau beobachtet zu haben, um sich dem »Rhythmus« des Kindes anzupassen. Französische Eltern reden so viel von Rhythmus, dass man meinen könnte, sie würden Rockbands gründen und keine Kinder großziehen.

»Im Alter von null bis sechs Monaten ist es das Beste, ihren Schlafrhythmus zu respektieren«, so Alexandra, die Mutter, deren Kinder praktisch von Geburt an durchgeschlafen haben. Ich beobachte Bean ebenfalls, oft gegen drei Uhr morgens. Warum gibt es in unserem Haus keinen solchen Rhythmus? Wenn andere Kinder »plötzlich einfach durchschlafen«, warum tut es dann unseres nicht?

Als ich Gabrielle, einer meiner neuen französischen Bekannten, mein Leid klage, empfiehlt sie mir ein Buch namens *L'enfant et son sommeil* (Das Kind und sein Schlaf). Die Autorin, Hélène De Leersnyder, sei eine bekannte Pariser Kinderärztin, die sich auf das Thema Schlaf spezialisiert habe.

Das Buch ist erstaunlich. Es beginnt mit einem Zitat von Marcel Proust und singt dann ein Loblied auf den Schlummer. Keine Spur vom typischen Ratgeberton:

»Schlaf sagt viel über das Kind und seine Familie aus«, so De Leersnyder. »Um zu Bett gehen und einschlafen, sich für einige Stunden von den Eltern trennen zu können, muss das Kind darauf vertrauen, dass sein Körper es am Leben erhält, auch wenn es ihn nicht bewusst kontrolliert. Und es muss gelassen genug sein, die seltsamen *pensées de la nuit*, die Gedanken, die einem nachts kommen, auszuhalten.«

In *L'enfant et son sommeil* steht auch, dass ein Baby nur dann gut schlafen kann, wenn es seine Isolation akzeptiert: »Die Entdeckung langer, ruhiger Nächte, die Akzeptanz der Einsamkeit – ist das etwa kein Anzeichen dafür, dass das Kind seinen inneren Frieden gefunden, sein Leid überwunden hat?«

Selbst die wissenschaftlichen Passagen dieses Buches

klingen existenzialistisch. Was wir »REM-Schlaf« nennen, bezeichnen die Franzosen als *sommeil paradoxal*, als paradoxen Schlaf, weil der Körper ruhig ist, aber der Geist extrem aktiv. »Schlafen lernen und leben lernen – ist das nicht ein und dasselbe?«, fragt De Leersnyder.

Ich weiß nicht recht, was ich mit dieser Information anfangen soll. Ich bin ja nicht auf der Suche nach einer Metatheorie, die mir erklärt, was ich von Beans Nächten halten soll. Ich will einfach nur, dass sie schläft. Wie kann ich herausfinden, warum französische Babys so gut schlafen, wenn es mir nicht mal deren Eltern erklären können und sich französische Schlafratgeber lesen wie kryptische Poesie? Was muss eine Mutter tun, um mal wieder eine ganze Nacht lang schlafen zu können?

Seltsamerweise habe ich einen Geistesblitz, was die französischen Schlafregeln betrifft, als ich gerade in New York bin. Ich bin nach Hause geflogen, um Freunde und Bekannte zu besuchen, aber auch, um ein Gefühl für die amerikanische Erziehung zu bekommen. Einen Teil meines Aufenthalts verbringe ich in Tribeca, dem Viertel in Lower Manhattan, in dem Fabrikbauten in schicke Lofts umgewandelt wurden. Ich halte mich dort auf einem Spielplatz auf und plaudere mit anderen Müttern.

Als das Gespräch darauf kommt, wie ihre Kinder schlafen, erwarte ich, dass die Mütter alle möglichen Theorien anführen, um dann die üblichen Klagelieder über Einjährige zu singen, die immer noch zwei Mal pro Nacht aufwachen. Aber dem ist nicht so. Stattdessen sagen sie, viele Babys in Tribeca schliefen mit etwa zwei Monaten durch.

Eine Mutter, eine Fotografin, erwähnt, sie und viele andere brächten ihre Kinder zu einem Kinderarzt namens Michel Cohen. Sie spricht seinen Vornamen »Mischell« aus.

»Ist er Franzose?«, wage ich zu fragen.

»Ja.«

»Ein Franzose aus Frankreich?«, frage ich.

»Ein Franzose aus Frankreich.«

Sofort vereinbare ich einen Termin mit Cohen.

Als ich ihn sehe, wird mir sofort klar, warum er bei den Müttern solchen Anklang findet: Er hat verstrubbeltes braunes Haar, rehbraune Augen und ist tief gebräunt. Obwohl er seit zwanzig Jahren in den Vereinigten Staaten lebt, hat Cohen sich seinen charmanten französischen Akzent und seine Umgangsformen bewahrt (»Wenn ich den Eltern etwas raten darf…«) Er hat sein Tagespensum absolviert und schlägt vor, dass wir uns draußen in ein Café setzen. Ich stimme bereitwillig zu.

Viele von Cohens Empfehlungen decken sich genau mit dem, was Eltern in Paris heute so tun. Wie die Franzosen entwöhnt er die Kinder mit Gemüse und Obst statt mit langweiligen Getreideflocken. Er ist nicht von Allergien besessen. Er spricht von »Rhythmus« und davon, dass man Kindern beibringen müsse, mit Frustration umzugehen. Er schätzt Gelassenheit. Und er legt Wert auf die Lebensqualität der Eltern, nicht nur auf das Wohlbefinden des Kindes.

Und wie bringt Cohen Tribecas Babys dazu, nachts durchzuschlafen?

»Das Erste, was ich sage, ist: Wenn Ihr Kind auf der Welt ist, stürzen Sie sich nachts bitte nicht sofort darauf«, so Cohen. »Geben Sie Ihrem Kind die Chance, sich selbst zu beruhigen. Nie reflexhaft reagieren, nicht einmal direkt nach der Geburt.«

Vielleicht liegt es am Bier (oder an Cohens rehbraunen Augen), aber ich zucke zusammen, als er das sagt. Mir wird klar, dass ich schon oft gesehen habe, wie französische Mütter und Nannys einen kurzen Moment warten, bevor sie sich um ihre Babys kümmern. Mir war nicht klar, dass das Absicht war, ja dass das überhaupt eine Rolle gespielt hat. Es hat mich ehrlich gesagt etwas verstört. Ich finde nicht, dass man Babys warten lassen soll. Aber erklärt das vielleicht, warum französische Babys schon so bald durchschlafen, wenn auch vermutlich mit ein paar Tränen im Auge?

Cohens Rat, ein bisschen zu warten, scheint die natürliche Konsequenz dessen zu sein, ein Baby zu »beobachten«. Eine Mutter beobachtet nicht wirklich, wenn sie sofort aufspringt und das Baby auf den Arm nimmt, sobald es weint.

Für Cohen ist diese kleine Pause – ich bin versucht, sie »la pause« zu nennen – von grundlegender Bedeutung. Setzt man sie ein, so Cohen, wirke sich das massiv auf den Schlaf der Babys aus. »Die Eltern, die nicht so schnell auf nächtliches Quengeln reagiert haben, hatten immer Kinder, die gute Schläfer waren, während diejenigen, die sofort aufgesprungen sind, Kinder hatten, die nachts mehrmals aufwachten – und zwar so lange, bis es unerträglich wurde.« Die meisten Babys, die Cohen vorgestellt werden, werden gestillt. Aber das scheint keine Rolle zu spielen.

Ein guter Grund für das kurze Abwarten ist der, dass sich kleine Babys im Schlaf viel bewegen und dabei oft Laute von sich geben. Das ist ganz normal und völlig in Ordnung. Eilen die Eltern aber sofort herbei und nehmen das Baby jedes

Mal hoch, wenn es nur Piep macht, wecken sie es nur noch mehr auf.

Ein weiteres Argument für die kleine Pause ist, dass Babys zwischen ihren ein- bis zweistündigen Schlafzyklen immer wieder aufwachen. Es ist normal, dass sie dann ein wenig weinen, weil sie noch lernen müssen, diese Zyklen miteinander zu verbinden. Interpretiert ein Elternteil diesen Schrei automatisch als Forderung nach Nahrung oder als Anzeichen für Unwohlsein und kommt, um das Baby zu trösten, wird es sich schwertun, diese Zyklen zu begreifen. Dann wird es auch in Zukunft darauf angewiesen sein, dass ein Erwachsener hereinkommt und es nach jedem Zyklus wieder in den Schlaf wiegt.

Normalerweise können Neugeborene diese Schlafzyklen noch nicht selbstständig miteinander verbinden. Aber wenn sie zwei, drei Monate alt sind, haben sie es in der Regel gelernt – vorausgesetzt, sie bekommen die Chance dazu. Laut Cohen funktioniert das Verbinden der Schlafzyklen genauso wie das Fahrradfahren: Schafft das Baby es ein Mal, von selbst einzuschlafen, wird es ihm beim nächsten Mal schon leichterfallen. (Auch Erwachsene wachen zwischen den Schlafzyklen auf, können sich aber meist nicht mehr daran erinnern, weil sie gelernt haben, sich gleich in den nächsten Schlafzyklus fallen zu lassen.)

Cohen zufolge brauchen es manche Babys, gestillt oder hochgenommen zu werden. Aber bevor wir nicht kurz innehalten und sie beobachten, können wir das nicht wissen. »Werden die Forderungen des Kindes drängender, muss man es natürlich stillen«, sagt Cohen. »Damit meine ich nicht, dass Sie Ihr Baby schreien lassen sollen.« Er sagt nur, dass man seinem Kind die Chance geben sollte, etwas zu lernen.

Cohens einzigartiger Rat könnte auch das Rätsel lösen, warum französische Eltern behaupten, sie würden ihre Kinder nie länger schreien lassen: Legen Eltern in den ersten zwei Lebensmonaten des Babys die besagte Pause ein, kann ihr Baby lernen, von selbst einzuschlafen. Dann müssen die Eltern später auch nicht auf die Maßnahme zurückgreifen, es schreien zu lassen.

Das kurze Abwarten ist nicht so brutal wie das Schlaftraining. Es ist eher eine Art Schlafunterricht. Aber das Zeitfenster dafür ist ziemlich klein. Laut Cohen funktioniert es nur, bis das Baby vier Monate alt ist. Danach haben sich bereits ungute Schlafangewohnheiten eingeschlichen.

Zurück in Paris frage ich sofort französische Mütter, ob sie auch die bewusste Pause einlegen. Jede einzelne sagt, natürlich tue sie das. Das sei doch selbstverständlich, deshalb seien sie auch nie auf die Idee gekommen, es überhaupt zu erwähnen. Die meisten begannen mit der Pause, als ihre Babys wenige Wochen alt waren.

Alexandra, deren Töchter schon in der Klinik durchgeschlafen haben, bestätigt, dass sie natürlich nicht sofort hingelaufen sei, sobald die Babys anfingen zu weinen. Manchmal habe sie fünf oder zehn Minuten gewartet, bevor sie sie hochnahm. Sie habe erst sehen wollen, ob die Kleinen zwischen den Schlafzyklen von allein wieder einschliefen oder von etwas anderem gequält wurden: von Hunger, einer vollen Windel oder einfach von Angst.

Alexandra trägt ihr blondgelocktes Haar zu einem Pferdeschwanz gebunden und sieht aus wie eine Mischung aus Mutter Erde und Highschool-Cheerleaderin. Sie ist unglaublich herzlich. Sie hat ihre Neugeborenen nicht ignoriert – im Gegenteil, sie hat sie sorgsam beobachtet. Alexandra hat darauf vertraut, dass ihr Weinen etwas bedeutet. Während der Pause hat sie sie angesehen und zugehört. (Sie fügt hinzu, dass es noch einen Grund für die Pause gibt: »Um den Kindern Geduld beizubringen«.)

Französische Eltern haben keinen Namen für diesen kurzen Moment des Abwartens, für sie ist das einfach gesunder Menschenverstand. Aber sie scheinen alle den Trick mit der kleinen Pause anzuwenden und erinnern sich gegenseitig daran, dass er unverzichtbar ist. Es ist eigentlich ganz einfach. Die französischen Mütter haben keinen noch nie da gewesenen Schlaftrick hervorgezaubert. Sie haben sich einfach nur auf die eine Sache konzentriert, die wirklich funktioniert.

Hat man die philosophischen Passagen erst einmal hinter sich, liest man in *L'enfant et son sommeil*, dass ein Eingreifen zwischen den Schlafzyklen unweigerlich zu Schlafproblemen führt – zum Beispiel dazu, dass das Kind nach jedem Neunzig-Minuten- oder Zwei-Stunden-Zyklus hellwach wird.

Plötzlich wird mir klar, dass Alison, die Marketingexpertin, die ihren Sohn ein halbes Jahr lang alle zwei Stunden gestillt hat, nicht von Anfang an ein Kind mit seltsamen Schlafbedürfnissen hatte. Sie hat ihm bloß unbewusst beigebracht, dass er nach jedem Zwei-Stunden-Schlafzyklus gestillt werden muss. Alison ist also nicht auf die Bedürfnisse ihres Sohnes eingegangen, sie hat diese Bedürfnisse überhaupt erst geschaffen.

In einem Artikel in der Zeitschrift *Maman!* steht, dass

in den ersten sechs Lebensmonaten eines Kindes fünfzig bis sechzig Prozent seines Schlafs *sommeil agité* (»unruhiger Schlaf«) sind. In dieser Phase gähnt ein schlafendes Baby plötzlich, reckt sich und öffnet und schließt sogar die Augen. »Es wäre ein Fehler, das als Hilferuf zu interpretieren und den Schlafrhythmus des Babys zu stören, indem man es hochnimmt«, so der Artikel.

Die Pause ist nicht das Einzige, worauf französische Eltern zurückgreifen. Aber sie ist ein wesentlicher Bestandteil der Kindererziehung. Als ich Hélène De Leersnyder, die Proust zitierende Schlafmedizinerin treffe, erwähnt sie sofort die Pause, ohne dass ich sie überhaupt darauf ansprechen muss. »Wenn Babys schlafen, bewegen sich manchmal ihre Augen, sie machen Geräusche, lutschen am Daumen, bewegen sich. Aber in Wahrheit schlafen sie. Man muss also nicht ständig zu ihnen eilen und sie beim Schlafen stören. Man muss lernen, wie ein Baby schläft.«

»Was, wenn es aufwacht?«, frage ich.

»Wenn es wirklich aufwacht, nimmt man es natürlich hoch.«

Französische Eltern sehen ihre Aufgabe darin, Babys das Durchschlafen beizubringen, so wie sie ihnen später auch eine gute Körperhygiene, eine ausgewogene Ernährung und das Radfahren beibringen. Sie sehen kein Zeichen elterlichen Engagements darin, die halbe Nacht mit einem acht Monate alten Kind wach zu bleiben. Sie sehen das als Zeichen für Schlafprobleme und für eine gestörte Familie. Erzähle ich Französinnen von Alison, sagen sie: »Das geht ja gar nicht!« – und meinen damit sowohl das Kind als auch die Mutter.

Auch Franzosen finden, dass Kinder etwas Schönes, Besonderes sind. Aber sie begreifen ebenfalls, dass es so etwas wie biologische Gesetze gibt.

Jetzt, wo ich die Offenbarung mit der Pause hatte, beschließe ich, mich etwas in die wissenschaftliche Fachliteratur zu Babys und Schlaf einzulesen. Was ich daraufhin feststelle, schockiert mich: Amerikanische Eltern mögen vielleicht den »Schlafkrieg« ausfechten, nicht aber amerikanische Wissenschaftler. Die Forscher sind sich größtenteils einig in der Frage, wie man Kinder am besten zum Schlafen bringt. Und ihre Empfehlungen klingen auffällig französisch.

Schlafforscher glauben wie französische Eltern, dass man Kindern schon sehr früh das Schlafen beibringen sollte. Ihnen zufolge ist es möglich, ein gesundes Baby bereits im Alter von wenigen Wochen zum Durchschlafen zu bewegen, ohne das Kind tatsächlich »schreien zu lassen«.

Dabei kommt es hauptsächlich auf die »Erziehung« der Eltern an, man gibt ihnen also ein paar grundlegende Schlafregeln an die Hand, die sie von Anfang an befolgen sollten.

Wie lauten diese Regeln? Das zeigt eine Studie, die Schwangere begleitet hat, die vorhatten zu stillen.[8] Forscher gaben einigen Frauen eine zweiseitige Broschüre mit Anweisungen. Eine der Regeln darin lautete, dass die Eltern das Kind nicht auf den Arm nehmen, hin- und herwiegen oder stillen sollen, um es abends zum Einschlafen zu bringen, damit es den Unterschied zwischen Tag und Nacht lernt. Eine weitere Anweisung für wochenalte Babys lautete, dass die Eltern das Kind, wenn es zwischen Mitternacht und fünf

Uhr früh schrie, neu wickeln, es tätscheln oder mit ihm herumlaufen sollten. Die Brust sollte die Mutter dem Kind allerdings nur geben, wenn das Kind danach immer noch weinte.

Eine weitere Anweisung war die, dass Mütter von Anfang an lernen sollten zu unterscheiden, wann ihr Kind weint und wann es sich nur in den Schlaf wimmert. Mit anderen Worten: Bevor man ein quengelndes Kind hochnimmt, sollte man eine kurze Pause einlegen, um sicherzustellen, dass das Kind auch wirklich wach ist.

Eine »Kontrollgruppe« stillender Mütter hatte keine Anweisungen erhalten. Die Ergebnisse waren bemerkenswert: Von ihrer Geburt bis zu einem Alter von drei Wochen hatten die Babys aus der Studie und die aus der Kontrollgruppe fast identische Schlafmuster. Aber im Alter von vier Wochen schliefen 38 Prozent der Studien-Babys nachts durch, während das nur 7 Prozent der Babys aus der Kontrollgruppe taten. Im Alter von acht Wochen schliefen alle Babys aus der Studie durch im Vergleich zu 23 Prozent der Kontrollgruppen-Babys.

Laut der Studie häufen sich die Belege dafür, dass kleine Kinder, die nicht ausreichend schlafen oder einen gestörten Schlaf haben, an Reizbarkeit, Aggressivität, Hyperaktivität und einer schlechten Impulskontrolle leiden oder Lern- und Gedächtnisschwierigkeiten haben können. Sie neigen häufiger zu Unfällen, ihr Stoffwechsel und ihr Immunsystem sind schwächer, und ihre Lebensqualität ist herabgesetzt. Außerdem können Schlafprobleme, die ihren Ursprung in der Kindheit haben, viele Jahre anhalten.

Die Studien, die ich gelesen habe, beweisen, dass Kinder,

die schlecht schlafen, einen negativen Einfluss auf den Rest der Familie haben, was zu postnatalen Depressionen und einer generell schlechter funktionierenden Familie führen kann. Schliefen die Babys dagegen besser, gaben ihre Eltern an, ihre Beziehung habe sich verbessert und sie seien gelassenere, weniger gestresste Eltern geworden.

Natürlich gibt es auch französische Babys, die das vier Monate währende Zeitfenster fürs Schlafenlernen verpassen. Wenn das passiert, empfehlen französische Experten in der Regel eine Variante des Weinenlassens.

Michel Cohen, der französische Arzt in Tribeca, empfiehlt Eltern, die das viermonatige Zeitfenster verpasst haben, eine gemütliche Stimmung zu schaffen, indem man das Kind kurz vor der üblichen Schlafenszeit badet und ihm etwas vorsingt. Dann sollte man es zu einer vernünftigen Uhrzeit ins Bett legen – möglichst, solange es noch wach ist, und erst gegen sieben Uhr morgens wieder nach ihm schauen.

In Paris hat das Schreienlassen eine französische Note. Das merke ich, als ich Laurence, ein Kindermädchen aus der Normandie, kennen lerne, die für eine französische Familie in Montparnasse arbeitet. Laurence kümmert sich seit zwei Jahrzehnten um Babys. Bevor man ein Baby schreien lasse, müsse man ihm unbedingt klarmachen, was man vorhabe.

Laurence erklärt mir sämtliche Phasen dieses Prozesses: »Abends spricht man mit dem Kind. Man sagt ihm, dass es seinen Schnuller bekommt, wenn es einmal aufwacht. Aber anschließend wird man nicht mehr aufstehen. Es ist Schlafenszeit, man ist nicht weit weg und wird einmal zu ihm ins

Zimmer schauen und es beruhigen. Aber nicht die ganze Nacht lang.«

Laurence fügt hinzu, dass es unerlässlich ist, davon überzeugt zu sein, dass das Kind es schafft, wenn man es zum Durchschlafen bewegen will, und zwar unabhängig von dessen Alter. »Glaubt man selbst nicht daran, wird es nicht funktionieren. Ich persönlich gehe immer davon aus, dass das Kind in der nächsten Nacht schon besser schlafen wird, selbst wenn es drei Stunden später wieder aufwacht. Man darf den Glauben nie verlieren.«

Durchaus möglich, dass französische Babys sich den Erwartungen ihrer Eltern und Kindermädchen anpassen. Vielleicht bekommen wir alle die Schläfer, die wir uns wünschen, und die einfache Überzeugung, dass Kinder einen Schlafrhythmus haben, hilft uns, ihn zu finden.

Glaubt man an die Pause oder daran, dass es gut ist, ein älteres Baby auch mal schreien zu lassen, muss man auch daran glauben, dass Babys lernfähig sind. Und dass sie in der Lage sind, mit Frustration umzugehen. Michel Cohen verbringt viel Zeit damit, Eltern zu dieser französischen Haltung zu bekehren. Zu der weit verbreiteten Sorge, ein vier Monate altes Kind könnte nachts Hunger bekommen, schreibt er: »Es ist hungrig. Aber es muss nichts zu essen bekommen. Auch Sie sind mitten in der Nacht hungrig. Aber Sie haben gelernt, nichts zu essen, weil es Ihrem Magen guttut, sich auszuruhen. Und dem Magen Ihres Kindes tut das auch gut.«

Franzosen sind nicht der Auffassung, dass Babys Versuchungen biblischen Ausmaßes widerstehen müssten. Aber sie glauben auch nicht, dass ein bisschen Frust einem Kind schadet. Im Gegenteil: Sie glauben, dass er die Kinder selbstbewusster macht. Laut *L'enfant et son sommeil* ist es gefährlich für die Persönlichkeitsentwicklung, wenn man stets auf die Bedürfnisse des Kindes eingeht und ihm keine Grenzen setzt. Denn dann hat das Kind keine Begrenzungen, an denen es sich reiben kann, und weiß auch nicht, was von ihm erwartet wird.

Für Franzosen ist es keine egoistische Strategie fauler Eltern, einem Kleinkind das Schlafen beizubringen. Sondern eine unverzichtbare erste Lektion für Kinder in Sachen Selbstvertrauen und darin, sich auch allein wohlzufühlen. Eine in *Maman!* zitierte Psychologin sagt, Babys, die sich tagsüber allein beschäftigen können – und das schon in den ersten Lebensmonaten –, hätten weniger Ängste, wenn sie nachts allein in ihr Bett gelegt würden.

De Leersnyder schreibt, dass auch Babys ihre Privatsphäre brauchen. Das kleine Baby lernt in der Wiege, dass es von Zeit zu Zeit allein sein kann, ohne Hunger oder Durst zu bekommen und ohne schlafen zu müssen, und dass es einfach ruhig wach liegen kann. »Schon in einem sehr frühen Alter braucht es Zeit für sich und muss einschlafen und aufwachen können, ohne sofort unter mütterlicher Beobachtung zu stehen.«

Einen Teil ihres Buches widmet De Leersnyder sogar den Dingen, die eine Mutter tun sollte, während ihr Kind schläft: »Sie vergisst jetzt mal ihr Kind und denkt an sich selbst. Sie geht unter die Dusche, zieht sich an, schminkt sich, macht sich schön, um sich, ihrem Mann und ihren Freunden zu gefallen. Es wird Abend, und sie macht sich für die Nacht fertig, für die Liebe.«

Die meisten amerikanischen und deutschen Eltern können sich diese Film-noir-Szene – einschließlich des Vorschlags, Eyeliner aufzutragen und Seidenstrümpfe anzuziehen – nur im Kino vorstellen. Simon und ich haben uns lange darauf eingestellt, unser Leben um Beans Launen herum zu organisieren. Franzosen glauben nicht, dass das irgendjemandem guttut. Für sie bedeutet Schlafenlernen auch zu lernen, Teil einer Familie zu sein und sich an die legitimen Bedürfnisse der anderen Familienmitglieder anzupassen. »Wacht das Kind zehn Mal pro Nacht auf, kann die Mutter am nächsten Tag nicht zur Arbeit gehen«, so De Leersnyder. »Also begreift das Kind, dass es – *voilà!* – einfach nicht zehn Mal pro Nacht aufwachen kann.«

»Das Baby versteht das?«, frage ich.

»Natürlich versteht es das.«

»Aber wie kann es das verstehen?«

»Weil Babys alles verstehen.«

Die Pause funktioniert unter anderem auch deswegen, weil französische Eltern ihre Kinder nicht für hilflose Würstchen halten. Sie sind in der Lage, etwas zu lernen. Und dieser Lernprozess ist, wenn er sanft auf das Baby abgestimmt wird, keineswegs schädlich. Im Gegenteil: Französische Eltern sind der Auffassung, dass er den Kindern Selbstvertrauen und Gelassenheit schenkt und sie empfänglicher für die Bedürfnisse anderer macht. Außerdem sorgt er von Anfang an für eine von Respekt geprägte Beziehung zwischen Eltern und Kind, auf die ich noch zu sprechen kommen werde.

Hätte ich das alles bloß gewusst, bevor Bean geboren

wurde! Wir haben das Zeitfenster eindeutig verpasst, in dem wir ihr das Durchschlafen hätten beibringen können. Mit neun Monaten wacht sie immer noch jede Nacht gegen zwei Uhr morgens auf. Also wappnen wir uns gegen ihr Weinen und lassen sie schreien. In der ersten Nacht schreit sie zwölf Minuten lang. (Ich klammere mich an Simon und weine ebenfalls.) Dann schläft sie wieder ein. In der zweiten Nacht weint sie fünf Minuten lang.

In der dritten Nacht wachen Simon und ich um zwei Uhr früh auf, weil es so still ist. »Wahrscheinlich ist sie immer nur unseretwegen aufgewacht«, sagt Simon. »Weil sie gedacht hat, dass wir das brauchen.« Dann schlafen wir wieder ein. Seitdem schläft Bean durch.

Warte!

Ich gewöhne mich zunehmend an das Leben in Frankreich. Nachdem ich eines Morgens durch den Park unseres Viertels spaziert bin, verkünde ich Simon, dass wir endlich zur globalen Elite gehören.

»Wir sind global, aber keine Elite«, erwidert er.

Obwohl ich in Frankreich Fortschritte gemacht habe, vermisse ich meine alte Heimat. Ich vermisse es, in Jogginghosen einkaufen gehen, Fremde anlächeln und mit ihnen scherzen zu können. Aber am allermeisten vermisse ich meine Eltern. Unvorstellbar, dass ich ein Kind großziehe, während sie siebentausendzweihundert Kilometer weit weg wohnen!

Meiner Mutter geht es genauso. Dass ich einen gut aussehenden Ausländer kennen lerne und heirate, war schon immer ihre größte Sorge. Sie hat so oft mit mir darüber geredet, dass sie mir den Floh wahrscheinlich erst ins Ohr gesetzt hat. Bei einem ihrer Parisbesuche lädt sie Simon und mich zum Essen ein und bricht bei Tisch in Tränen aus. »Was gibt es hier, was es bei uns nicht auch gibt?«, will sie wissen. (Hätte sie *escargots* gegessen, hätte ich auf ihren Teller zeigen können. Leider hatte sie Hühnchen bestellt.)

Obwohl es mir schon leichterfällt, in Frankreich zu wohnen, habe ich mich nicht wirklich eingelebt. Im Gegenteil: Jetzt, wo ich ein Kind habe – und besser Französisch spreche –, merke ich erst so richtig, wie fremd ich hier bin. Kurz nachdem Bean angefangen hat durchzuschlafen, besuchen wir mit ihr erstmals die staatliche Kinderkrippe, die sogenannte *crèche*. Während des Vorstellungsgesprächs beantworten wir Fragen zu ihren Schnullergewohnheiten und Lieblingsschlafpositionen. Wir haben ihr Impfbüchlein dabei und unsere Telefonnummern für den Notfall. Aber eine Frage verblüfft uns: Um wie viel Uhr bekommt sie ihre Milch?

Was die Fütterungszeiten angeht, teilen sich amerikanische Eltern wieder einmal in zwei feindliche Lager auf. Man könnte es als Nahrungskrieg bezeichnen: Ein Lager glaubt daran, dass es feste Fütterungszeiten geben sollte. Ein anderes besteht darauf, Kinder zu füttern, wenn sie hungrig sind. Wir pflegen eine Art Kompromiss: Bean bekommt regelmäßig Milch, wenn sie aufwacht, und kurz vor dem Schlafengehen. Dazwischen füttern wir sie, sobald sie einen hungrigen Eindruck macht. Aus Simons Sicht gibt es kein Problem, dass sich nicht mit dem Fläschchen oder der Brust lösen ließe. Wir tun alles, damit Bean nicht losschreit.

Nachdem ich der Crèche-Dame unser System erklärt habe, sieht sie mich an, als hätte ich soeben erzählt, Bean dürfe unser Auto fahren. Wir wissen nicht, wann unser Kind isst? Dieses Problem wird sie rasch lösen. Der Blick der Crèche-Dame macht uns auch deutlich, dass es hier in Frankreich keine zwei Lager gibt. Ab einem Alter von etwa vier Monaten werden die meisten französischen Kinder zu festen Zeiten gefüttert. Wie beim Schlafenlernen ist das für Franzosen gesunder Menschenverstand und nicht Teil einer Erziehungsphilosophie.

Noch seltsamer ist für mich, dass all diese französischen Babys etwa zur selben Zeit essen. Mit leichten Abweichungen erzählen mir die Mütter, dass ihre Kinder gegen acht Uhr morgens, zwölf Uhr mittags, vier Uhr nachmittags und acht Uhr abends essen. In Frankreich nennt man das nicht mal »füttern«, was ja irgendwie so klingt, als würde man Kühen Heu vorwerfen. Man spricht hier von »Mahlzeiten geben«. Und ihre Abfolge erinnert an einen Speiseplan, der mir ziemlich bekannt vorkommt: Frühstück, Mittag- und Abendessen, nachmittags gibt es noch einen kleinen Snack. Mit anderen Worten, schon mit vier Monaten halten sich französische Babys an die Essenszeiten, die sie für den Rest ihres Lebens beibehalten werden. (Erwachsene lassen den Snack normalerweise weg.)

Fragt man französische Eltern jedoch, ob sich ihre Kinder beim Essen an einen bestimmten Zeitplan halten, antworten sie fast immer mit Nein. Wie beim Thema Schlaf behaupten die Eltern steif und fest, sich einfach nur dem Rhythmus ihrer Kinder anzupassen. Wenn ich dann darauf hinweise, dass alle französischen Babys etwa zur selben Zeit essen, tun die Eltern das als bloßen Zufall ab.

Noch rätselhafter für mich ist, wie es die französischen Babys schaffen, die vier Stunden von einer Mahlzeit bis zur nächsten zu überbrücken. Bean wird schon unruhig, wenn sie nur wenige Minuten auf ihre Mahlzeit warten muss. Und wir ebenfalls. Aber so langsam bekomme ich das Gefühl, dass hier in Frankreich ziemlich viel gewartet wird. Zunächst gibt es die Pause: Französische Eltern warten einen Moment, wenn ihr Baby aufwacht. Dann gibt es feste Essenszeiten, bei denen die Kinder vier Stunden auf die nächste Mahlzeit warten. Und dann sind da natürlich noch all die Kleinkinder, die im Restaurant ganz brav darauf warten, dass ihr Essen kommt.

Die Franzosen scheinen ausnahmslos das Wunder vollbracht zu haben, ihre Babys und Kleinkinder nicht nur zum Warten zu erziehen, sondern auch dazu, das glücklich und zufrieden zu tun. Erklärt diese Fähigkeit den Unterschied zwischen französischen und amerikanischen bzw. deutschen Kindern?

Um mich diesbezüglich schlauzumachen, schicke ich Walter Mischel, dem weltbekannten Experten für Belohnungsaufschub bei Kindern, eine E-Mail. Er ist achtzig Jahre alt und Psychologieprofessor an der Columbia University. Ich habe alles über ihn gelesen und kenne viele seiner Aufsätze zum Thema. Ich schreibe ihm, dass ich mich in Paris mit französischen Erziehungsmethoden beschäftige, und frage, ob er Zeit für ein Telefonat habe.

Mischel antwortet nur wenige Stunden später. Zu meinem Erstaunen schreibt er, er sei ebenfalls in Paris. Ob ich nicht auf einen Kaffee vorbeischauen wolle? Zwei Tage später sitzen wir in der Wohnung seiner Freundin im Quartier Latin, gleich unterhalb des Panthéon, gemeinsam am Küchentisch.

Mischel sieht höchstens aus wie siebzig, auf keinen Fall wie achtzig. Er hat einen kahl rasierten Schädel und die Energie eines Boxers, gleichzeitig ein freundliches, fast kindliches Gesicht. Es fällt nicht schwer, in ihm den Achtjährigen aus Wien zu sehen, der nach dem Anschluss Österreichs mit seiner Familie vor den Nazis flieht.

Irgendwann landet die Familie in Brooklyn. Als Walter mit neun in die staatliche Schule kommt, muss er zurück in den Kindergarten, um Englisch zu lernen. Er erinnert sich daran, auf allen vieren herumgekrochen zu sein, um nicht zu sehr zwischen all den Fünfjährigen hervorzuragen. Mischels Eltern – gebildete Menschen aus der bürgerlichen Mitte Wiens – eröffnen einen Billigladen, mit dem sie sich mühsam über Wasser halten. Seine Mutter, die in Wien leichte Depressionen hatte, fühlte sich von Amerika regelrecht energetisiert. Doch sein Vater sollte nie über den Statusverlust hinwegkommen.

Diese frühen Erfahrungen zwingen Mischel in die Perspektive des ewigen Außenseiters und helfen ihm dabei, die Fragen zu formulieren, die er dann im Laufe seiner Karriere beantwortet. Mit dreißig stellt er die Persönlichkeitsforschung auf den Kopf, indem er behauptet, dass Charaktereigenschaften nicht starr, sondern kontextabhängig sind. Obwohl er eine Amerikanerin heiratet und mit ihr drei Töchter in Kalifornien aufzieht, beginnt Mischel, jährlich nach Paris zu pilgern. »Ich habe mich stets als Europäer gefühlt, für mich ist Paris die Hauptstadt Europas«, so Mischel. (Mischel, der sich 1996 scheiden lässt, lebt seit zehn Jahren mit einer Französin zusammen. Sie pendeln zwischen New York und Paris.)

Mischel ist vor allem für seinen »Marshmallow-Test« berühmt, den er sich in den 1960er-Jahren ausgedacht hat. Dabei führt ein Versuchsleiter einen Vier- oder Fünfjährigen in ein Zimmer, in dem ein Marshmallow auf einem Tisch liegt. Der Versuchsleiter sagt dem Kind, dass er den Raum kurz verlassen wird. Schafft es das Kind, das Marshmallow nicht zu essen, bevor er zurückkommt, bekommt es zwei Marshmallows. Isst es das Marshmallow, bekommt es nur das.

Das ist ein wirklich schwerer Test. Von 653 Kindern, die ihn in den 1960er- und 1970er-Jahren machten, schaffte es nur ein Drittel, das Marshmallow in der Viertelstunde, in der der Versuchsleiter weg war, nicht zu essen. Manche aßen es, kaum dass sie allein waren. Die meisten konnten nur etwa eine halbe Minute warten.[9]

Mitte der 1980er-Jahre suchte Mischel die Kinder des Originalexperiments, die inzwischen Teenager waren, erneut auf, um zu sehen, ob es Unterschiede zwischen den Belohnungsaufschiebern (also den Kindern, die das Marshmallow nicht gegessen hatten und dafür später zwei bekamen) und den anderen gab. Seine Kollegen und er stellten erstaunliche Zusammenhänge fest: Je länger die Kinder als Vierjährige der Versuchung widerstanden hatten, das Marshmallow zu essen, desto besser wurden sie später von Mischel und seinen Kollegen in allen möglichen anderen Kategorien bewertet. Unter anderem waren die Belohnungsaufschieber besser darin, sich zu konzentrieren und logisch zu denken. Laut einem Bericht, den Mischel und seine Kollegen 1988 veröffentlichten, »neigen sie nicht dazu, an Stress zu zerbrechen«.

Kann es sein, dass Kinder, die man – wie es die Franzosen tun – zu guten Belohnungsaufschiebern erzieht, zu ruhigeren und belastbareren Erwachsenen werden? Während amerikanische Kinder, die daran gewöhnt sind, sofort zu bekommen, was sie wollen, mit Stress nicht fertigwerden? Tun französische Eltern traditionsgemäß und rein intuitiv genau das, was Wissenschaftler wie Mischel empfehlen?

Bean, die normalerweise sofort bekommt, was sie will, kann sich innerhalb kürzester Zeit von einem gelassenen Kind in ein hysterisches Nervenbündel verwandeln. Und jedes Mal, wenn ich nach Amerika zurückkehre, stelle ich fest, dass missgelaunte, kreischende Kleinkinder, die aus ihrem Kinderwagen gehoben werden wollen oder sich auf den Bürgersteig werfen, zum Alltag gehören.

Solche Szenen sehe ich in Paris nur selten. Französische Babys und Kleinkinder, die daran gewöhnt sind zu warten, nehmen es erstaunlich gelassen hin, wenn sie nicht gleich bekommen, was sie wollen. Bin ich bei französischen Familien zu Besuch und verbringe Zeit mit ihren Kindern, gibt es kaum Gejammer und Gequengel. Oft – oder zumindest öfter als bei uns zu Hause – sind alle ruhig und gelassen und in das vertieft, was sie gerade tun. In Frankreich erlebe ich häufig, was einem kleinen Wunder gleichkommt: Erwachsene in Gesellschaft von Kleinkindern, die bei sich zu Hause gemütlich Kaffee trinken und sich ganz normal unterhalten.

Das Warten ist sogar ein fester Bestandteil des elterlichen Vokabulars: Statt sich mit »Leise!« oder »Lass das!« an kindliche Rowdys zu wenden, sagen französische Eltern einfach oft nur scharf *»Attends!«*, was nichts anderes als »Warte!« bedeutet.

Mischel hat den Marshmallow-Test nie mit französischen Kindern durchgeführt. (Vermutlich hätte er sich dann eine Version mit *pain au chocolat* ausdenken müssen.) Aber als langjähriger Beobachter staunt er selbst über die Unterschiede zwischen französischen und amerikanischen Kindern.

»In Amerika«, so Mischel, »hat man den Eindruck, dass

es Kindern immer schwererfällt, sich zu beherrschen.« Das treffe sogar auf seine eigenen Enkel zu. »Ich mag es nicht, wenn ich eine meiner Töchter anrufe und sie mir sagt, sie könne jetzt gerade nicht reden, weil eines ihrer Kinder an ihr zerrt. Warum sagt sie nicht einfach zu ihm: ›Moment mal, ich rede gerade mit Opa.‹?«[10]

Kinder, die warten können, machen das Familienleben deutlich angenehmer. »Die Kinder in Frankreich sind disziplinierter, sie werden eher so erzogen wie ich früher«, so Mischel. »Kommen französische Freunde mit kleinen Kindern auf Besuch, kann man in Ruhe das Abendessen genießen… Bei französischen Kindern geht man einfach davon aus, dass sie sich benehmen und das Essen genießen können.«

»Genießen« ist ein wichtiges Wort in diesem Zusammenhang. Französische Eltern wollen keine stummen, freudlosen, folgsamen Kinder. Sie glauben nur nicht, dass Kinder das Leben genießen können, wenn ihnen jegliche Selbstbeherrschung fehlt.

Ich höre oft, dass französische Eltern ihre Kinder bitten, *sage* zu sein. »*Sois sage!*« heißt so etwas Ähnliches wie »Sei brav!«. Aber es bedeutet noch viel mehr als das. Sage ich zu Bean, sie soll »brav« sein, bevor wir jemanden besuchen, ist das so, als wäre sie ein wildes Tier, das sich eine Stunde lang zahm gebärden soll, aber jederzeit wieder wild werden kann. Es impliziert, dass es ihrem Naturell widerspricht, brav zu sein.

Sage ich dagegen zu Bean, sie soll »*sage*« sein, sage ich ihr ebenfalls, dass sie sich gut benehmen soll. Aber ich bitte sie auch, ihren Verstand zu benutzen und andere zu respektieren. Ich gehe davon aus, dass sie die Situation einschätzen und sich beherrschen kann. Und ich sage ihr damit auch, dass ich ihr vertraue.

Sage sein bedeutet nicht, langweilig zu sein. Die französischen Kinder aus meinem Bekanntenkreis amüsieren sich prächtig. Am Wochenende tobt Bean stundenlang mit ihren französischen Freunden durch den Park. In den Pausen in der Kinderkrippe und später in der Schule ist alles Mögliche erlaubt. Es gibt ein unterhaltsames Kinderprogramm in Paris, bestehend aus Filmfestivals, Theateraufführungen und Kochkursen, die alle Geduld und Aufmerksamkeit erfordern. Die französischen Eltern aus meinem Bekanntenkreis wollen, dass ihre Kinder vielfältige Erfahrungen machen und mit Kunst und Musik in Berührung kommen.

Sie können sich aber nicht vorstellen, wie Kinder diese Erfahrungen genießen sollen, wenn sie nicht die Geduld haben, ein paar Minuten zu warten. Aus französischer Sicht ermöglicht erst die Selbstbeherrschung, die Fähigkeit, gelassen zu bleiben, statt sich nervös, reizbar und fordernd zu gebärden, dass Kinder Spaß haben können.

Französische Eltern und Kinderbetreuer gehen dabei aber nicht davon aus, dass Kinder eine unerschöpfliche Geduld besitzen. Sie erwarten nicht, dass Kleinkinder eine ganze Symphonie oder ein Bankett durchstehen. Unter »Warten« verstehen sie in der Regel Minuten oder Sekunden.

Aber schon diese kleinen Verzögerungen scheinen viel zu bewirken. Heute bin ich fest davon überzeugt, dass französische Kinder deshalb so selten jammern oder Wutanfälle bekommen, weil sie schon früh die Fähigkeit entwickelt haben, mit Frustration umzugehen. Sie erwarten nicht, dass ihre

Bedürfnisse immer sofort befriedigt werden. Reden französische Eltern von »Erziehung«, reden sie größtenteils darüber, wie man Kindern beibringt, das Marshmallow nicht zu essen.

* * *

Wie genau verwandeln Franzosen normale Kinder in fantastische Belohnungsaufschieber? Und werden wir es schaffen, sogar Bean das Warten beizubringen?

Walter Mischel hat sich Videoaufnahmen von Hunderten von zappeligen Vierjährigen angesehen, die dem Marshmallow-Test unterzogen wurden. Schließlich fand er heraus, dass sich diejenigen, die die Belohnung nicht aufschieben konnten, auf die Marshmallows konzentrierten, während sich die anderen ablenkten. »Kinder, die gut warten können, sind auch diejenigen, die lernen, während des Wartens kurze Lieder zu singen, sich am Ohr zu kratzen oder mit ihren Zehen zu spielen, sich also die Zeit so angenehm wie möglich zu vertreiben«, so Mischel. Diejenigen, die sich nicht ablenken können und nur auf die Marshmallows fixiert sind, essen sie.[11]

Daraus schließt Mischel, dass man kein Stoiker sein muss, um den Willen zum Warten aufzubringen. Es geht nur darum, Techniken zu erlernen, die das Warten weniger frustrierend machen. »Es gibt unzählige Möglichkeiten, das zu erreichen, und die einfachste und unmittelbarste besteht darin (…) sich abzulenken.«

Eltern müssen ihren Kindern diese Ablenkungsstrategien nicht extra beibringen. Laut Mischel lernen die Kinder sie von ganz allein, wenn ihre Eltern sie das Warten üben lassen. »Ich glaube, in der Erziehung wird oft unterschätzt, welch außergewöhnliche (...) kognitive Fähigkeiten schon sehr kleine Kinder haben, wenn man sie aktiviert.«

Genau das kann ich an französischen Eltern beobachten. Sie bringen ihren Kindern nicht bewusst Ablenkungstechniken bei. Im Grunde geben sie ihnen bloß häufig Gelegenheit, das Warten zu üben.

An einem grauen Samstagnachmittag nehme ich den Zug nach Fontenay-sous-Bois, einem Vorort östlich von Paris. Eine Freundin hat dort ein Treffen mit einer Familie für mich organisiert. Martine, die Mutter, ist eine hübsche Arbeitsrechtlerin von Mitte dreißig. Sie lebt mit ihrem Mann, einem Notfallarzt, und ihren beiden Kindern in einem von Bäumen umgebenen Bungalow.

Auf den ersten Blick staune ich, wie sehr Martines Wohnung meiner eigenen ähnelt. Spielzeug säumt den Wohnbereich, der in eine offene Küche übergeht, die in Frankreich *cuisine américaine* genannt wird. Wir haben dieselben Edelstahlfronten.

Aber das sind dann auch schon alle Gemeinsamkeiten. Obwohl sie zwei kleine Kinder haben, herrscht eine Ruhe in Martines Haus, von der wir nur träumen können. Als ich eintreffe, arbeitet ihr Mann im Wohnzimmer am Laptop, während der ein Jahr alte Auguste nebenan sein Schläfchen macht. Paulette, die Dreijährige mit dem Pixie-Haarschnitt, sitzt am Küchentisch und gibt mit einem Löffel Cupcake-Teig in kleine Förmchen. Sobald ein Förmchen voll ist, verziert sie es mit bunten Zuckerstreuseln und frischen Stachelbeeren.

Martine und ich lassen uns am anderen Ende des Tisches

zum Plaudern nieder. Aber ich bin wie hypnotisiert von der kleinen Paulette und ihren Cupcakes. Paulette ist völlig in ihre Aufgabe versunken. Irgendwie schafft sie es, der Versuchung zu widerstehen, den Teig zu essen. Als sie fertig ist, fragt sie ihre Mutter, ob sie den Löffel ablecken darf.

»Nein, aber du kannst ein paar Zuckerstreusel haben«, sagt Martine, woraufhin Paulette mehrere Löffel Streusel auf den Tisch schüttet.

Meine Tochter Bean ist genau in Paulettes Alter, aber ich wäre nie auf die Idee gekommen, sie ganz allein so etwas Kompliziertes machen zu lassen. Ich würde sie überwachen, und sie würde sich dagegen wehren. Es würde jede Menge Stress und Geschrei geben (von meiner und von ihrer Seite). Bean würde vermutlich den Teig, die Beeren und die Streusel vernaschen, sobald ich mich nur mal kurz umdrehe. Nebenbei mit einem Besucher zu plaudern wäre für mich mit Sicherheit unmöglich.

Genauso wenig würde es mir in den Sinn kommen, dieses Szenario eine Woche später zu wiederholen. Aber in Frankreich scheint das Backen ein wöchentliches Ritual zu sein. Fast jedes Mal, wenn ich am Wochenende eine französische Familie besuche, backt sie einen Kuchen oder serviert mir einen, der am Vortag frisch gebacken wurde.

Erst denke ich, dass das an meinem Besuch liegen muss, merke aber bald, dass es nichts mit mir zu tun hat. An jedem Wochenende verfällt die ganze Nation in einen regelrechten Backrausch. Sobald ein Kind aufrecht sitzen kann, erteilt ihm die Mutter alle ein bis zwei Wochen Backunterricht. Diese Kinder schütten nicht nur Mehl in eine Schüssel oder zerdrücken Bananen. Sie trennen Eier, messen Zucker ab und kneten mit angeborenem Selbstvertrauen. Sie backen doch tatsächlich den ganzen Kuchen allein!

Der erste Kuchen, den französische Kinder backen können, ist ein *gâteau au yaourt* (Joghurtkuchen). Dabei verwenden sie Joghurtbecher, um alle Zutaten abzumessen. Es ist ein leichter, nicht zu süßer Kuchen, in den man Beeren, Schokostreusel oder abgeriebene Zitronenschale mischen kann. Es ist ziemlich schwer, ihn nicht hinzubekommen.

Das viele Backen führt nicht nur zu sehr vielen Kuchen. Es bringt den Kindern auch bei, sich zu kontrollieren. Aufgrund des genauen Abmessens und der korrekten Reihenfolge, in der die Zutaten vermischt werden müssen, ist Backen eine perfekte Lektion in Geduld. Hinzu kommt, dass die französischen Familien den Kuchen im Gegensatz zu mir nicht gleich verschlingen, sobald er aus dem Ofen kommt. Sie backen in der Regel vormittags oder am frühen Nachmittag, warten und essen den Kuchen oder die Muffins erst als *goûter* – als Nachmittagssnack.

Eine Welt, in der Mütter nicht mit Taschen voller Knabberzeug herumlaufen, um Angstattacken zu überbrücken, ist für mich schier unvorstellbar. Jennifer, Mutter und Reporterin für die *New York Times*, beklagt sich, dass alles, was sie mit ihrer Tochter unternimmt, von Snacks begleitet wird.[12] »Anscheinend hat unsere Gesellschaft beschlossen, dass Kinder unmöglich an irgendeiner Aktivität teilnehmen können, ohne dass man ihnen gleichzeitig was hinter die Kiemen schiebt«, schreibt sie.

In Frankreich ist das *goûter* die einzige offizielle Snackmahlzeit. Sie wird normalerweise gegen halb fünf Uhr nachmittags eingenommen, also wenn die Kinder aus der Schule kommen. Sie ist zeitlich genauso fest verankert wie die anderen Mahlzeiten und wird unter Kindern strikt eingehalten.

Das *goûter* erklärt auch, warum die französischen Kinder, die ich im Restaurant sehe, so gute Esser sind: Sie haben wirklich Hunger, weil sie nicht den ganzen Tag über Snacks bekommen haben. (Erwachsene trinken vielleicht eine Tasse Kaffee, essen dazu aber nur selten etwas.)

Martine behauptet, sie würde sich nicht bewusst vornehmen, ihren Kindern Geduld beizubringen. Aber die täglichen Familienrituale, die ich auch in vielen anderen französischen Mittelschichtshaushalten beobachten konnte, sind eine einzige Anleitung dazu, Belohnungen aufzuschieben.

Martine sagt, sie kaufe Paulette oft Süßigkeiten … Aber Paulette darf sie nicht eher essen, bis es Zeit fürs *goûter* ist, auch wenn das stundenlanges Warten bedeutet. Paulette ist daran gewöhnt. Martine muss sie manchmal an diese Regel erinnern, aber Paulette protestiert nicht.

Sogar das *goûter* gibt es nicht bedingungslos. »Das Tolle war, dass es Kuchen gab«, erinnert sich Clotilde Dusoulier, eine französische Kochbuchautorin. »Aber die Kehrseite der Medaille war, dass meine Mutter immer gesagt hat, ›das reicht‹. Es diente auch dazu, den Kindern beizubringen, sich zu beherrschen.« Clotilde, die jetzt Anfang dreißig ist, sagt, sie habe als Kind so gut wie jedes Wochenende mit ihrer Mutter gebacken.

Nicht nur *was* und *wann* französische Familien essen, macht ihre Mahlzeiten zu einem kleinen Geduldstraining. Sondern auch *wie* und *mit wem* gegessen wird: Französische Kinder sind es von klein auf gewohnt, mehrere Gänge zu essen, zu denen mindestens eine Vorspeise, ein Hauptgericht und ein Nachtisch gehören. Sie sind es auch gewohnt, mit ihren Eltern zu essen, was das Geduldüben unterstützt. Laut Unicef nehmen 90 Prozent der fünfzehnjährigen Franzosen die tägliche Hauptmahlzeit mit ihren Eltern ein, und das mehrmals die Woche. In den Vereinigten Staaten und in Großbritannien sind es ungefähr 67 Prozent, in Deutschland etwa 80. Und diese Mahlzeiten werden nicht hastig hinuntergeschlungen, sondern in Ruhe gemeinsam genossen.

Zum Glück ist *goûter*-Zeit, als die Cupcakes bei Martine aus dem Ofen kommen. Paulette ist selig und isst zwei Stück. Aber Martine kostet nicht mal davon. Sie scheint sich eingeredet zu haben, dass Cupcakes nur etwas für Kinder sind, damit sie sie nicht isst. (Leider geht sie wohl davon aus, dass ich das genauso sehe, und bietet mir auch keinen an.)

Das ist auch so eine Methode, mit der französische Eltern ihren Kindern das Warten beibringen: Sie machen ihnen das Warten vor. Kleine Mädchen, die sehen, dass ihre Mutter den Cupcake nicht isst, wachsen sicherlich zu Frauen heran, die ihn auch nicht essen. (Meine Mutter hat viele fantastische Eigenschaften, aber sie isst den Cupcake jedes Mal.)

Mir fällt auf, dass Martine nicht von ihrer Tochter erwartet, ein Ausbund an Geduld zu sein. Sie geht davon aus, dass Paulette manchmal nach Dingen greifen und Fehler machen wird. Aber Martine reagiert nicht so übertrieben darauf wie ich. Sie weiß, dass das viele Backen und Warten dazu dient, etwas zu lehren.

Mit anderen Worten: Martine ist sogar geduldig, wenn es darum geht, ihren Kindern Geduld beizubringen.

Als Paulette versucht, sich in unsere Unterhaltung einzumischen, sagt Martine, »Warte kurz zwei Minuten, Liebes, ich bin mitten im Gespräch.« Sie formuliert das sehr höflich, aber unmissverständlich. Ich staune, wie liebevoll Martine das sagt und wie fest sie daran glaubt, dass Paulette ihr gehorchen wird.

Martine hat ihren Kindern von klein auf beigebracht, sich in Geduld zu üben. Als Paulette noch ein Baby war, hat Martine in der Regel fünf Minuten gewartet, bevor sie das weinende Kind auf den Arm nahm. (Und selbstverständlich konnte Paulette bereits mit zweieinhalb Monaten durchschlafen.)

Martine bringt ihren Kindern auch eine verwandte Fähigkeit bei: die, sich mit sich selbst zu beschäftigen. »Das Wichtigste ist, dass er sich auch mit sich selbst beschäftigen kann«, sagt sie über ihren Sohn Auguste.

Ein Kind, das sich mit sich selbst beschäftigen kann, kann auf diese Fähigkeit zurückgreifen, wenn seine Mutter gerade telefoniert.

Eltern, die diese Fähigkeit zu schätzen wissen, neigen dazu, ein Kind auch einfach mal sich selbst zu überlassen, wenn es sich gut allein beschäftigt. Wenn französische Mütter sagen, es sei entscheidend, auf den Rhythmus des Kindes Rücksicht zu nehmen, meinen sie damit auch, dass sie ein Kind in Ruhe lassen, wenn es friedlich spielt.

Das scheint ein weiteres Beispiel dafür zu sein, wie französische Mütter und Kindergärtnerinnen ganz intuitiv wissenschaftliche Vorschläge befolgen. Laut Walter Mischel gibt es für ein achtzehn bis vierundzwanzig Monate altes Kind, das glücklich mit etwas beschäftigt ist, nichts Schlimmeres, »als dass die Mutter mit einer Gabel Spinat ankommt«.

»Die Mütter, die es wirklich vermasseln, sind diejenigen, die sich einmischen, wenn das Kind beschäftigt ist, sie also weder will noch braucht, aber nicht da sind, wenn das Kind Sehnsucht nach ihnen hat. Dafür ein Gespür zu entwickeln ist absolut wichtig.«

Tatsächlich sagt eine große Studie über die Auswirkungen von Kindertagesbetreuung[13], dass es vor allem auf die »Sensibilität« von Mutter oder Kindergärtnerin ankomme – darauf, wie gut sie sich in die Wahrnehmungswelt des Kindes einfühlen könne. »Die sensible Mutter bemerkt die Bedürfnisse, Stimmungen, Interessen und Fähigkeiten des Kindes«, so ein Experte »Und sie lässt sich von dieser Aufmerksamkeit leiten, wenn sie mit ihrem Kind interagiert.« Umgekehrt ist es einer depressiven Mutter nicht möglich, sich in ihr Kind einzufühlen.

Mischels Überzeugung, wie wichtig diese Sensibilität ist, ist nicht nur durch wissenschaftliche Studien belegt, sondern auch durch seine eigene Kindheit. Mischels Aussagen nach war seine Mutter wechselweise bemutternd und dann wieder abwesend. Mischel kann bis heute nicht Fahrrad fahren, weil seine Mutter zu viel Angst vor Kopfverletzungen hatte und es ihm deshalb nie beigebracht hat. Doch weder Mutter noch Vater kamen, um Mischels Abschlussrede während der Highschoolfeier zu hören.

Natürlich wollen auch amerikanische und deutsche Eltern, dass ihre Kinder Geduld haben. »Geduld ist eine Tugend«, heißt es doch so schön. Wir ermutigen Kinder, zu teilen, zu warten, bis sie an der Reihe sind, den Tisch zu decken und Klavier zu üben. Aber wir trainieren Geduld längst nicht so konsequent wie die Franzosen. Wie beim Thema Durchschlafen neigen wir dazu, es eher dem Temperament eines Kindes zuzuschreiben, wenn es gut warten kann. Aus unserer Sicht haben Eltern einfach Glück, wenn sie ein Kind haben, das geduldig ist – oder eben nicht.

Französische Eltern und Kindergärtnerinnen können nicht fassen, dass wir so *laissez-faire*-mäßig mit dieser unverzichtbaren Fähigkeit umgehen. Für sie ist ein Leben mit Kindern, deren Bedürfnisse sofort erfüllt werden müssen, die reinste Hölle. Als ich auf einer Pariser Dinner-Party das Thema dieses Buches erwähne, erzählt der Gastgeber, ein französischer Journalist, dass er ein Jahr in Südkalifornien gelebt hat. Er und seine Frau, eine Richterin, hatten sich mit einem amerikanischen Ehepaar angefreundet und beschlossen, ein gemeinsames Wochenende in Santa Barbara zu verbringen. Bei dieser Gelegenheit sollten sie auch ihre jeweiligen Kinder im Alter zwischen sieben und fünfzehn kennen lernen.

Unsere Gastgeber hat dieses Wochenende schier in den Wahnsinn getrieben. Noch Jahre später wissen sie ganz genau, wie oft die amerikanischen Kinder die Erwachsenen mitten im Satz unterbrochen haben. Es gab auch keine festen Mahlzeiten, die amerikanischen Kinder gingen einfach zum Kühlschrank und bedienten sich, sobald sie Appetit hatten.

Dem französischen Paar kam es so vor, als würden die amerikanischen Kinder alles bestimmen. »Was uns so bestürzt und beschäftigt hat, war, dass die Eltern nie Nein gesagt haben«, meint der Journalist. »Sie verhielten sich so, als wäre ihnen das alles egal«, fügt seine Frau hinzu. Und das schien leider ansteckend gewesen zu sein: »Das Schlimmste daran war, dass unseren Kindern auf einmal auch alles egal war.«

Nach einer Weile wird mir klar, dass in den meisten französischen Beschreibungen von amerikanischen Kindern die Worte »*n'importe quoi*«, sprich »mir doch egal« vorkommen. Das legt nahe, dass amerikanische Kinder keine festen Grenzen kennen, dass ihre Eltern keine Autorität besitzen, ja, dass alles erlaubt ist. Und das ist das genaue Gegenteil des französischen *cadre*-Ideals. *Cadre* bedeutet, dass Kinder sehr strenge Grenzen respektieren müssen – sie bilden den sogenannten »Rahmen« –, und dass die Eltern strikt auf deren Einhaltung pochen. Innerhalb dieser Grenzen jedoch genießen die Kinder viele Freiheiten.

Amerikanische Eltern setzen natürlich auch Grenzen. Aber das sind meist andere als die der französischen Familien. Franzosen finden die amerikanischen Grenzen sogar häufig schockierend. Laurence, das Kindermädchen aus der Normandie, erzählt mir, dass sie nicht mehr für amerikanische Familien arbeitet, und viele ihrer Kolleginnen auch nicht. Sie habe ihren letzten Job bei Amerikanern nach nur wenigen Monaten gekündigt, der Grund war – wie fast immer – die Frage der Grenzen.

»Es war schwierig, denn es war *n'importe quoi*: Das Kind tut, was es will und wann es das will«, erzählt Laurence.

Laurence ist groß, hat kurze Haare und ist ein eher handfester Typ. Sie möchte mich nicht beleidigen, sagt aber, dass in amerikanischen Haushalten im Gegensatz zu französischen deutlich mehr geweint und gequengelt wird. (Zum ersten Mal höre ich das lautmalerische französische Wort *chouiner* – quengeln.)

Die letzte amerikanische Familie, für die sie gearbeitet hat, hatte drei Kinder im Alter von acht, fünf und anderthalb Jahren. Die Lieblingsbeschäftigung des fünfjährigen Mädchens war Quengeln. »Sie quengelte ununterbrochen und konnte auf Kommando in Tränen ausbrechen.« Laurence fand, man müsse das Mädchen ignorieren, um das Quengeln nicht noch zu fördern. Aber die Mutter des Mädchens, die oft zu Hause war, kam immer sofort hereingestürzt und gab dem Mädchen alles, was es wollte.

Laut Laurence war der Achtjährige noch schlimmer. »Er wollte immer mehr.« Ging man nicht auf seine wachsenden Forderungen ein, bekam er einen hysterischen Anfall.

Laurence schließt daraus, dass ein Kind in dieser Situation »nicht sehr glücklich ist. Es fühlt sich verloren … In Familien, die mehr Struktur bieten, und damit meine ich keine strenge Familie, sondern eine mit etwas mehr *cadre*, läuft alles viel reibungsloser.«

Laurence warf das Handtuch, als die Mutter der amerikanischen Familie darauf bestand, dass Laurence die beiden älteren Kinder auf Diät setzt. Laurence weigerte sich und sagte, sie würde ihnen einfach regelmäßige und ausgewogene Mahlzeiten vorsetzen. Dann stellte Laurence fest, dass die Mutter den Kindern Kekse und Kuchen gab, nachdem sie sie zu Bett gebracht hatte und nach Hause gegangen war.

»Sie waren ganz schön stämmig«, sagt Laurence über die drei Kinder.

»Stämmig?«, hake ich nach.

»Ich sage stämmig, um nicht fett sagen zu müssen«, erwidert sie.

Gern würde ich diese Geschichte als bloßes Klischee abtun. Natürlich verhalten sich nicht alle amerikanischen Kinder so. Und auch französische Kinder können *n'importe quoi*. (Bean wird später vor ihrem acht Monate alten Bruder ihre Erzieher nachahmen: »*Tu ne peux pas faire n'importe quoi*« – »Du kannst nicht einfach tun, was du willst.«)

Aber die Wahrheit ist, dass ich bei mir zu Hause oft erlebt habe, wie amerikanische Kinder *n'importe quoi* veranstalten.[14] Kommen amerikanische Familien zu Besuch, verbringen sie den Großteil der Zeit damit, hinter ihren Kindern herzurennen. »Vielleicht können wir uns in fünf Jahren wieder richtig unterhalten«, witzelt eine Freundin aus Kalifornien, die mit ihrem Mann und den zwei Töchtern im Alter von sieben und vier nach Paris kommt. Seit einer Stunde versuchen wir, unsere Tasse Tee auszutrinken.

Sie und ihre Familie kommen bei uns vorbei, nachdem sie tagsüber Paris besichtigt haben, wobei Rachel, ihre Jüngste, wohl einen hysterischen Anfall nach dem anderen bekommen hat. Als das Abendessen, das ich zubereite, noch nicht fertig ist, kommen beide Elternteile in die Küche und sagen, ihre Töchter könnten nicht mehr länger warten. Als wir uns endlich hinsetzen, erlauben sie, dass Rachel unter den Tisch krabbelt, während wir essen. Die Eltern sagen, Rachel sei müde und könne sich deshalb nicht mehr zusammenreißen. Dann geben sie damit an, wie toll die Kleine schon lesen kann und dass sie vermutlich in einen Kindergarten für Hochbegabte aufgenommen wird.

Während des Essens spüre ich, wie etwas meinen Fuß berührt. »Rachel kitzelt mich«, sage ich nervös zu ihren Eltern. Kurz darauf schreie ich auf. Das hochbegabte Kind hat mich gebissen.

Kindern Grenzen zu setzen ist selbstverständlich keine französische Erfindung. Viele amerikanische Eltern und Experten halten Grenzen für äußerst wichtig. Aber in den Vereinigten Staaten kollidiert diese Überzeugung mit der Vorstellung, dass sich Kinder frei entfalten sollen. Manchmal habe ich das Gefühl, dass das, was Bean will – Apfelsaft statt Wasser, ein Prinzessinnenkleid im Park anziehen, getragen werden, statt im Kinderwagen sitzen –, unabänderlich und ursprünglich ist. Ich gebe nicht immer nach. Aber mich ihrem Drängen ständig widersetzen zu müssen fühlt sich für mich falsch an.

Mir fällt schon die Vorstellung schwer, dass Bean ein Vier-Gänge-Menü isst oder leise spielt, wenn ich telefoniere. Ich bin mir nicht einmal sicher, ob ich das überhaupt will. Werde ich damit ihren freien, kreativen Geist brechen? Werde ich sie daran hindern, sich voll und ganz zu entfalten, ihr die Möglichkeit nehmen, das nächste Facebook zu gründen? Angesichts all dieser Zweifel kapituliere ich oft.

Und da bin ich nicht die Einzige. Zu Beans viertem Kindergeburtstag kommt eine ihrer englischsprachigen Freundinnen mit einem eingepackten Geschenk für Bean und mit einem für sich selbst. Ihre Mutter erzählt, sie habe im Geschäft so lange getobt, bis sie dasselbe Geschenk bekommen habe. Meine Freundin Nancy erzählt mir von einer neuen Erziehungsphilosophie, die dieses Kräftemessen beenden soll: Man konfrontiert das Kind niemals mit dem Wort »nein«, damit es das Wort nicht gegen seine Eltern anwenden kann.

In Frankreich gibt es keine gemischten Gefühle, was das Wort »non« betrifft. »Man muss seinem Kind beibringen, mit Frustration umzugehen«, lautet eine französische Erziehungsmaxime. In meiner Lieblingsreihe französischer Kinderbücher, *princesse parfaite* (Prinzessin Perfekt) zerrt die Heldin Zoé ihre Mutter zu einem Crêpe-Stand. Im Text steht: »Als sie an der Crêperie vorbeigehen, macht Zoé ihr eine Szene. Sie wollte einen Crêpe mit Brombeermarmelade. Ihre Mutter hat Nein gesagt, denn sie hat gerade erst zu Mittag gegessen.«

Auf der nächsten Seite sieht man Zoé in der Bäckerei. Sie ist so angezogen wie die Prinzessin Perfekt auf dem Einband. Diesmal hält sie sich die Augen zu, damit sie die Berge frischer Brioches nicht sieht. Sie ist *sage*. »Damit Zoé nicht in Versuchung geführt wird, schaut sie weg«, heißt es im Text.

Es fällt auf, dass Zoé in der ersten Szene, in der sie nicht bekommt, was sie will, weint. Aber in der zweiten, in der sie sich ablenkt, lächelt sie. Die Botschaft ist die, dass Kinder stets geneigt sind, ihren Schwächen nachzugeben. Aber dass sie glücklicher sind, wenn sie sich *sage* verhalten und sich beherrschen können. (Es fällt ebenfalls auf, dass Pariser Eltern ihre kleinen Mädchen nicht im Prinzessinnen-Outfit einkaufen gehen lassen. Die bleiben Kinderfesten vorbehalten oder dienen dazu, sich zu Hause damit zu verkleiden.)

In seinem Buch *Un enfant heureux* (»Ein glückliches Kind«) schreibt der französische Psychologe Didier Pleux, ein Kind mache man vor allem dadurch glücklich, dass man es frustriere. »Das heißt nicht, dass man es am Spielen hindern oder es nicht in den Arm nehmen soll«, so Pleux. »Selbstverständlich sollte man auf seine Bedürfnisse, seine Rhythmen und seine Persönlichkeit Rücksicht nehmen. Es bedeutet nur, dass das Kind von klein auf lernen muss, dass es nicht allein auf der Welt ist und dass es für alles eine Zeit gibt.«

Ich staune, wie anders die französischen Erwartungen gegenüber kleinen Kindern sind, als ich in unserem Urlaub am Meer mit Bean in einen Laden mit perfekt aufeinandergestapelten bunten Matrosen-T-Shirts gehe. Bean beginnt sofort, sie zu Boden zu reißen. Als ich sie ausschimpfe, hört sie nur kurz damit auf.

Für mich ist Beans schlechtes Benehmen ganz normal für ein Kleinkind. Deshalb staune ich, als die Verkäuferin ohne jede Häme sagt: »Das habe ich noch bei keinem Kind erlebt.« Ich entschuldige mich und eile zur Tür.

Laut Walter Mischel setzt man einen Teufelskreis in Gang, wenn man vor den Kindern kapituliert: »Erleben Kinder, dass man sie erst bittet zu warten, dann aber sofort angelaufen kommt, wenn sie schreien, werden sie sehr schnell lernen, dass Warten sich nicht lohnt. Nicht-Warten, Schreien, Weitermachen und Quengeln werden dagegen belohnt.«

Französische Eltern freuen sich, dass jedes Kind sein eigenes Temperament hat. Aber sie gehen auch davon aus, dass jedes gesunde Kind in der Lage ist, nicht zu quengeln oder einen Tobsuchtsanfall zu bekommen, wenn man Nein sagt, und dass es auch nicht ständig jammern oder nach Sachen greifen muss.

Französische Eltern bezeichnen die Forderungen ihrer Kinder eher als *caprices* – als impulsive Launen. Sie haben kein Problem damit, Nein zu sagen. »Ich glaube, dass Französinnen früher als andere Mütter verstanden haben, dass kindliche Bedürfnisse oft unrealistisch sind«, erzählt mir ein Kinderarzt.

Eine französische Psychologin schreibt[15], dass eine Mutter bei *caprices* – zum Beispiel, wenn sie mit ihrem Kind in einem Laden ist, und es unbedingt ein Spielzeug haben will – gelassen bleiben und ihm erklären sollte, dass ein Spielzeugkauf heute nicht auf dem Programm steht. Dann sollte sie das Kind ablenken, indem sie ihm beispielsweise etwas aus ihrem Leben erzählt. »Anekdoten über die Eltern finden Kinder immer interessant«, so die Psychologin. (Nachdem ich das gelesen habe, herrsche ich Simon bei jeder Krise von Bean an: »Erzähl ihr eine Anekdote aus deinem Leben!«)

Die Psychologin schreibt, dass die Mutter dabei mit dem Kind kommunizieren soll, indem sie es umarmt oder ihm in die Augen sieht. Gleichzeitig muss sie ihm begreiflich machen, dass es nicht immer alles haben kann. »Dem Kind darf nicht weisgemacht werden, es sei allmächtig, dürfe alles und könne alles haben.«

Französische Eltern haben keine Angst, dass ihre Kinder durch solche Frustrationserlebnisse Schaden nehmen. Für sie ist der Umgang mit Frustration eine wichtige Fähigkeit. Ihre Kinder müssen das einfach lernen. Es wäre ein großer Fehler, ihnen das nicht beizubringen.

Laurence meint dazu, sie müsse einem Kind, das auf den Arm genommen werden will, wenn sie gerade koche, nur sagen: »Ich kann dich im Moment nicht hochnehmen«, und ihm den Grund dafür nennen.

Das kommt bei den Kindern natürlich nicht immer gut an. Aber Laurence bleibt hart und lässt gleichzeitig zu, dass das Kind seiner Enttäuschung Luft macht: »Ich lasse es nicht acht Stunden am Stück weinen, aber ich lasse es weinen. Ich erkläre ihm geduldig, dass es im Moment nicht anders geht.«

Das passiert oft, wenn sie auf mehrere Kinder gleichzeitig aufpasst. »Ist man gerade mit einem Kind beschäftigt, und das andere will etwas von einem, nimmt man es natürlich hoch, wenn das geht. Aber wenn nicht, sollte man es einfach weinen lassen.«

Französische Experten betrachten die Fähigkeit, ein Nein zu tolerieren, als wichtigen Schritt in der Kindesentwicklung. Dadurch lernt das Kind, dass es noch andere Menschen mit eigenen Bedürfnissen gibt, die genauso wichtig sind wie seine. Eine französische Kinderpsychiaterin schreibt, diese *éducation* solle beginnen, sobald das Kind drei oder vier Monate alt sei: »Seine Mutter lässt es manchmal kurz warten, führt also so etwas wie eine zeitliche Dimension ein. Aufgrund dieser kleinen Frustrationserlebnisse, mit denen das Kind von den Eltern Tag für Tag konfrontiert wird, genauso wie mit ihrer Liebe, lernt es, sich zu beherrschen, auf seine Allmacht zu verzichten und sich sozial zu verhalten. Dieser Verzicht äußert sich manchmal lautstark, ist aber eine unverzichtbare Übergangsphase.«[16]

Aus französischer Sicht tue ich Bean also keinen Gefallen, wenn ich auf ihre Launen eingehe. Französische Experten und Eltern glauben, dass ein Nein die Kinder von der Tyrannei ihrer eigenen Wünsche erlöst. »Als Kleinkind hat man Bedürfnisse und Wünsche, die praktisch kein Ende nehmen. Das ist etwas ganz Elementares. Die Eltern haben die Aufgabe, diesen Prozess zu unterbrechen – und dadurch kommt es zu Frustration«, so Caroline Thompson, eine Familienpsychologin mit einer zweisprachigen Praxis in Paris.

Thompson, die eine französische Mutter und einen englischen Vater hat, verschweigt nicht, dass Kinder oft sehr wütend auf ihre Eltern werden, wenn diese sich ihnen in den Weg stellen. Englischsprachige Eltern würden diese Wut häufig dahingehend interpretieren, dass sie etwas falsch machen. Thompson warnt jedoch davor, ein wütendes Kind als Beleg dafür zu nehmen, dass man als Eltern versagt hat.

Im Gegenteil: »Erträgt es ein Elternteil nicht, von seinem Kind auch mal gehasst zu werden, wird er das Kind nicht frustrieren, woraufhin das Kind in eine Situation gerät, in der es sich selbst tyrannisiert und ganz allein mit seiner Gier und seinen Bedürfnissen zurechtkommen muss. Sind keine Eltern da, die es stoppen, muss es das selbst tun – oder auch nicht, was noch viel angsteinflößender ist.«

Thompsons Haltung spiegelt etwas wider, das in Frankreich Konsens zu sein scheint: Setzt man Kindern Grenzen und stellt sich ihrer Frustration, macht sie das zu glücklicheren, belastbareren Menschen. Und eine wichtige Methode, die Kinder Tag für Tag leicht zu frustrieren, besteht darin, sie kurz warten zu lassen.

Ich staune immer noch über den landesweiten französischen Fütterungszeitplan. Wie können französische Babys alle zur selben Zeit essen, wenn sie nicht von ihren Müttern dazu gebracht werden? Spreche ich das an, erzählen mir die Mütter nach wie vor etwas von Rhythmen und Flexibilität und davon, dass jedes Kind anders ist.

Aber nach einer Weile stelle ich fest, dass die französischen Mütter ein paar Prinzipien für selbstverständlich halten. Das erste Prinzip ist, dass ein Baby nach ein paar Monaten immer ungefähr zu denselben Uhrzeiten gefüttert werden sollte. Das zweite Prinzip besagt, dass ein Baby lieber wenige Male ausführlich statt häufig und in geringen Mengen gefüttert werden sollte. Und das dritte Prinzip ist, dass sich das Baby dem Essrhythmus der Familie anzupassen hat.

Es ist zwar nicht so, dass Mütter ihren Babys diesen Zeitplan aufzwingen, aber sie bringen sie sanft dazu, indem sie diese drei Prinzipien konsequent anwenden. Der Erziehungsratgeber *Votre enfant* schreibt, im Idealfall solle ein Kind in den ersten Monaten nach Bedarf gestillt werden. Anschließend solle man das Baby »nach und nach an regelmäßige Fütterungszeiten gewöhnen, die sich mit dem Familienalltag vereinbaren lassen.«

Wenn sich die Eltern an diese Prinzipien halten, wird das Baby sich automatisch auf den landesweiten Mahlzeitenplan einstellen. Es wird morgens um acht Uhr essen. Dann gegen Mittag und nachmittags um vier. Und schließlich gegen acht Uhr abends noch einmal, bevor es ins Bett geht. Schreit das Baby um halb elf Uhr vormittags, gehen die Eltern davon aus, dass es ihm guttut, bis mittags zu warten. Dafür wird es dann wirklich ausgiebig gefüttert. Es kann eine Weile dauern, bis das Baby sich an diesen Rhythmus angepasst hat. Eltern gewöhnen ihre Kinder deshalb stufenweise an diesen Zeitplan, nicht abrupt. Aber irgendwann gewöhnt sich das Baby daran, genauso wie die Erwachsenen. Außerdem erlaubt dieser Zeitplan, dass die ganze Familie gemeinsam essen kann.

Martine erzählt, sie habe Paulette in den ersten Monaten nach Bedarf gestillt. Ab dem dritten Monat habe sie sie ins Tragetuch gesetzt und auf Spaziergänge und zu Besorgungen mitgenommen, um sie dazu zu bringen, drei Stunden zwischen den Mahlzeiten zu warten. Durch das Herumtragen habe sie sich schnell wieder beruhigt und war vom Hunger abgelenkt. Dasselbe tat Martine, als sie die Wartezeit auf vier Stunden steigern wollte. Ihrer Aussage nach ließ sie keines der Kinder lange weinen. Nach und nach stellten sie sich auf den Rhythmus von vier Mahlzeiten täglich ein. Bei diesem Ansatz geht man davon aus, dass das Baby zwar seinen eigenen Rhythmus hat, die anderen Familienmitglieder allerdings auch. Idealerweise geht man in Frankreich eine Art Mittelweg. In *Votre enfant* steht: »Sie und Ihr Kind haben jeweils eigene Rechte, und jede Entscheidung ist ein Kompromiss.«

Beans Kinderarzt hat diesen aus vier Mahlzeiten am Tag bestehenden Fütterungsplan nie erwähnt. Aber bei unserem nächsten Termin ist er nicht da und wird von einer jungen Französin mit einer Tochter in Beans Alter vertreten. Als ich sie nach dem Zeitplan frage, sagt sie, *bien sûr* solle Bean nur viermal am Tag essen. Dann greift sie zu einem Notizzettel und schreibt mir den Zeitplan auf. Es ist der inzwischen wohl bekannte: morgens, mittags, gegen vier Uhr nachmittags und gegen acht Uhr abends. Als ich später Beans eigentlichen Kinderarzt frage, warum er mir diese festen Fütterungszeiten nie empfohlen hat, sagt er, er schlage amerikanischen Eltern lieber keine Zeitpläne vor, weil sie zu dogmatisch damit umgingen.

Es dauert ein paar Wochen, aber nach und nach gewöhnen wir auch Bean an diesen Zeitplan. Wie sich herausstellt, verkraftet sie das Warten durchaus. Sie musste einfach nur etwas üben.

Gâteau au yaourt
(Joghurtkuchen)

2 Becher Joghurt (150 g; die leeren Becher verwenden,
um die anderen Zutaten abzumessen)
2 Eier
2 Becher Zucker (oder nur einen, je nachdem,
wie süß Sie es mögen)
1 TL Vanillezucker
einen knappen Becher Pflanzenöl
4 Becher Mehl
1 1/2 TL Backpulver
Crème fraîche (nach Belieben)

Den Ofen auf 190 °C vorheizen. Eine Kuchenform von etwa
26 cm Durchmesser oder eine entsprechende Kastenform
mit Pflanzenöl einfetten.

Joghurt, Eier, Zucker, Vanillezucker und Öl miteinander ver-
mengen. In einer anderen Schüssel Mehl und Backpulver
vermischen. Die trockenen Zutaten mit den feuchten vermischen und vorsichtig verrühren, bis sich alles gut verbunden hat. Nach Belieben 2 Becher TK-Beeren, einen Becher
Schokoflocken oder ein anderes Aroma dazugeben. Den Kuchen 35 Minuten backen. Falls die Garprobe danach noch
negativ ausfällt, noch 5 Minuten weiterbacken. Der Kuchen
sollte außen knusprig und innen weich sein. Abkühlen lassen. Zu Tee und mit einem Klecks Crème fraîche schmeckt
der Kuchen ganz besonders lecker.

Kleine vernunftbegabte Wesen

Als Bean anderthalb Jahre alt ist, melden wir sie zur *Adaptation du jeune enfant au milieu aquatique* an, wortwörtlich zur »Gewöhnung von Kleinkindern an die Wasserumgebung«, vulgo zum Babyschwimmen. Es ist ein Kurs, der von der Gemeinde veranstaltet wird und jeden Samstag in einem öffentlichen Schwimmbad in unserer Nähe stattfindet.

Einen Monat vor der ersten Stunde laden die Veranstalter die Eltern zu einem formlosen Treffen ein. Die anderen Eltern scheinen viele Gemeinsamkeiten mit uns zu haben: Sie haben studiert und sind gewillt, sich an kalten Samstagvormittagen mit dem Kinderwagen hinauszuwagen, um ihrem Nachwuchs das Schwimmen beizubringen. Jede Familie bekommt eine Dreiviertelstunde Schwimmzeit zugeteilt und wird daran erinnert, dass die Männer – wie in allen öffentlichen Schwimmbädern von Paris – eng anliegende Badehosen statt Shorts tragen sollen. (Angeblich aus Hygienegründen.)

Wir ziehen uns aus und schlüpfen in der Sammelumkleide so diskret wie möglich in unsere Schwimmsachen. Dann lassen wir uns neben den anderen Kindern und ihren Eltern ins Becken gleiten. Bean wirft mit Plastikbällen, probiert die Wasserrutsche aus und springt von Luftmatratzen. Irgendwann kommt ein Lehrer auf uns zugepaddelt, stellt sich vor und schwimmt wieder weg. Ehe wir's uns versehen, ist unsere Zeit um, und die nächste Schicht Eltern und Kinder klettert ins Becken.

Ich gehe davon aus, dass das eine Einführungsveranstaltung war und der eigentliche Kurs in der darauf folgenden Woche losgehen wird. Aber die nächste Stunde verläuft genauso: Viel Herumgespritze, aber niemand bringt den Kindern bei, wie man mit den Beinen strampelt oder schwimmt. Es gibt überhaupt keine organisierte Form der Anleitung. Immer wieder paddelt der Lehrer vorbei, um sicherzustellen, dass wir zufrieden sind.

Diesmal treibe ich ihn im Becken in die Enge: Wann er vorhabe, meiner Tochter das Schwimmen beizubringen? Er lächelt mich nachsichtig an. »Beim Babyschwimmen lernen die Kinder nicht schwimmen«, sagt er, als sei das völlig offensichtlich. (Später erfahre ich, dass Pariser Kinder in der Regel erst schwimmen lernen, wenn sie sechs sind.)

Was tun wir dann alle hier? Laut ihm geht es in diesem Kurs darum, die Kinder mit dem Element Wasser vertraut, sie empfänglich dafür zu machen.

Wie bitte? Bean wurde bereits in der Badewanne mit dem Element Wasser vertraut gemacht. Ich will, dass sie schwimmt! Und das so früh wie möglich, am liebsten schon mit zwei Jahren. Dafür habe ich bezahlt und meine Familie an einem eiskalten Samstagmorgen aus dem Bett gescheucht.

Ich sehe mich um, und plötzlich wird mir klar, dass all diese Eltern schon beim formlosen Treffen wussten, dass ihre Kinder hier nicht das Schwimmen beigebracht bekommen, sondern nur mit dem Wasser vertraut gemacht werden. Werden diese Kinder beim Klavierunterricht auch nur mit dem Klavier vertraut gemacht, statt zu lernen, wie man darauf spielt?

Mir fällt auf, dass Franzosen nicht nur ein paar Dinge ein bisschen anders machen. Sie haben eine vollkommen andere Einstellung dazu, wie Kinder lernen und wer sie eigentlich sind. Ich habe nicht nur ein Schwimmkurs-Problem, sondern anscheinend auch ein philosophisches Problem.

In den 1960er-Jahren kam der Schweizer Psychologe Jean Piaget nach Amerika, um seine Theorien zu den Stadien der kognitiven Kindesentwicklung zu verbreiten. Nach jedem Vortrag stellte ihm jemand aus dem Publikum die »amerikanische Frage«, wie Piaget sie nannte: »Wie können wir diese Stadien beschleunigen?«

Piagets Antwort lautete jedes Mal: »Warum sollten wir?« Er hielt es weder für möglich noch für erstrebenswert, Kinder dazu zu bringen, vorzeitig bestimmte Fähigkeiten zu erlernen. Er war der Auffassung, dass Kinder diese Meilensteine in dem ihnen gemäßen Tempo erreichen und dazu von einem inneren Motor angetrieben werden.

Die »amerikanische Frage« offenbart einen entscheidenden Unterschied zwischen französischen und amerikanischen Eltern: Wir Amerikaner – und auch viele Deutsche – glauben, Druck ausüben, stimulieren zu müssen. Wir tragen unsere Kinder von einem Entwicklungsstadium zum nächsten. Je besser die Erziehung, desto schneller werden sich unsere Kinder entwickeln, so glauben wir. In meiner englischsprachigen Spielgruppe in Paris brüsten sich die Mütter damit, dass ihre Kinder schon Musikunterricht nehmen oder auch noch eine portugiesisch-sprachige Spiel-

gruppe besuchen. Aber oft werden diese Mütter sehr einsilbig, wenn es um Details zu diesen Aktivitäten geht, damit ja
niemand anders sein Kind auch dazu anmelden kann. Diese
Mütter würden niemals zugeben, dass sie miteinander konkurrieren, aber genau das ist deutlich spürbar.

Französische Eltern scheinen nicht so darauf aus zu sein,
ihren Kindern mit allen Mitteln einen Vorsprung vor ihren
Altersgenossen zu verschaffen. Sie drängen sie nicht dazu,
früher als andere Schwimmen oder Rechnen zu lernen. Sie
versuchen nicht, lauter kleine Wunderkinder aus ihnen zu
machen. Mir wird hier in Paris nie das Gefühl vermittelt,
dass wir mehr oder weniger heimlich um irgendeinen mysteriösen Preis konkurrieren. Auch die Franzosen melden
ihre Kinder zum Tennis, zum Fechten und zum Englischunterricht an. Aber sie schmücken sich nicht damit und
werden auch nicht einsilbig, wenn man sie dazu befragt,
so als seien diese Kurse eine Art Geheimwaffe. Wer sein
Kind an einem Samstagvormittag zum Musikunterricht
schickt, tut das nicht, um irgendwelche neuronalen Netze
zu aktivieren. Sondern ganz einfach, weil es den Kindern
Spaß macht. Französische Eltern glauben, dass es gut ist,
ein Kind mit etwas »vertraut«, für etwas »empfänglich« zu
machen.

Französische Eltern haben tatsächlich eine ganz andere
Einstellung dazu, was ein Kind eigentlich ist. Als ich an-
fange, mich mit dieser Einstellung zu beschäftigen und mich
einzulesen, stoße ich auf zwei Menschen, die in einem Abstand von zweihundert Jahren lebten und großen Einfluss
auf die französische Erziehung hatten, und das bis heute:
den Philosophen Jean-Jacques Rousseau und eine Franzö-

sin namens Françoise Dolto, von der ich bis dahin noch nie etwas gehört habe ...

Das moderne französische Erziehungsideal geht auf Rousseau zurück. Der Philosoph war selbst kein besonders guter Vater (und genau wie Piaget nicht mal gebürtiger Franzose). Er wurde 1712 in Genf geboren und hatte keine schöne Kindheit. Seine Mutter starb wenige Tage nach seiner Geburt. Sein einziges Geschwisterchen, ein älterer Bruder, lief von zu Hause weg. Später floh sein Vater, ein Uhrmacher, vor einer Gefängnisstrafe aus Genf und ließ Jean-Jacques bei einem Onkel zurück. Irgendwann zog Rousseau nach Paris. Seine eigenen beiden Kinder gab er gleich nach der Geburt ins Waisenhaus: angeblich um die Ehre ihrer Mutter zu schützen, einer ehemaligen Näherin, die bei ihm als Bedienstete arbeitete.

Das hat Rousseau jedoch nicht daran gehindert, 1762 *Emile oder über die Erziehung* zu schreiben. Darin schildert er die Erziehung eines fiktiven Jungen namens Emile (der nach der Pubertät die hübsche, ebenso fiktive Sophie kennen lernen wird). Der deutsche Philosoph Immanuel Kant sollte die Bedeutung dieses Buches später mit der der Französischen Revolution vergleichen. *Emiles* Einfluss ist so nachhaltig, dass Passagen und Zitate daraus zu regelrechten Erziehungsgeboten geworden sind. Französische Eltern halten noch heute viele der darin vorgestellten Prinzipien für selbstverständlich.

Emile wurde zu einer Zeit veröffentlicht, als es schlimm um die französische Kindererziehung bestellt war. Ein Pariser Polizeileutnant ging damals davon aus, dass 19 000 der 21 000 im Jahr 1780 in Paris geborenen Kinder mit ihren Ammen in so weit entfernte Regionen wie die Normandie oder das Burgund verschickt wurden[17]. Manche dieser Neugeborenen starben schon unterwegs, während sie in kalten Kutschen hin und her gerüttelt wurden. Viele andere starben in der Obhut der schlecht bezahlten, häufig überlasteten Ammen, die zu viele Kinder annahmen und sie oft monatelange straff eingewickelt ließen – angeblich, damit sie sich nicht selbst verletzten.

Für Eltern aus der Arbeiterschicht waren Ammen wirtschaftlich die beste Lösung, denn es war billiger, eine Amme zu bezahlen, als jemanden, der die Mutter im Familienbetrieb ersetzte.[18] Für Mütter aus der Oberschicht war es dagegen eine Frage des Lebensstils. Das Kind »stört die Mutter nicht nur in ihrem Eheleben, sondern auch bei ihren Vergnügungen«, schreibt Elisabeth Badinter, eine französische Sozialhistorikerin.[19] Sich um ein Kind zu kümmern war weder amüsant noch chic.

Rousseau versuchte, all das mit *Emile* zu ändern. Er forderte die Mütter dazu auf, ihre Kinder selbst zu stillen und zu versorgen. Er prangerte das Einwickeln, »Fallhauben« und »Gängelbänder«, das damalige Zubehör für Kindersicherheit, an. »Weit entfernt, meinen Emile sorgfältig vor jeder Verletzung, die er sich zufügen könnte, zu behüten, würde es mir vielmehr höchst unlieb sein, wenn er sich niemals wehe täte und aufwüchse, ohne den Schmerz kennen zu lernen«, schrieb Rousseau. Greift ein Kind »nach einem scharfen Messer, so packt es doch nicht fest zu und verwundet sich deshalb auch nicht tief.«

Rousseau fand, dass man Kindern die Möglichkeit geben sollte, sich natürlich zu entwickeln. Anstatt Emile »in ungesunder Stubenluft verkümmern zu lassen, wird man ihn täglich mitten auf eine Wiese führen. Dort mag er laufen und sich lustig umhertummeln; meinetwegen mag er alle Tage hundertmal dabei hinfallen.« Ihm schwebte ein Kind vor, das frei ist, die Welt zu erkunden und zu entdecken, wobei seine Sinne nach und nach »erweckt« werden. »In jeder Jahreszeit darf Emile mit bloßen Füßen (...) umherlaufen«, schrieb er. Er erlaubt dem imaginären Emile nur ein einziges Buch zu lesen: *Robinson Crusoe.*

Bis ich *Emile* las, staunte ich über das Gerede von französischen Eltern und Erziehern, dass ihre Kinder »erweckt werden« und »entdecken« sollten.

Einer der Erzieher in Beans Kindertagesstätte schwärmte bei einem Elterntreffen davon, dass die Kinder am Donnerstagvormittag in eine lokale Sporthalle gingen, nicht etwa, um dort zu trainieren, sondern um ihre Körper zu »entdecken«. Das Moto der Kindertagesstätte lautet, dass Kinder »fröhlich und freudig die Welt entdecken sollen«. Eine weitere Tagesstätte heißt einfach nur *Enfance et Découverte* (»Kindheit und Entdeckung«). Das größte Kompliment, das man einem Baby in Frankreich machen kann, ist, dass es *éveillé* (»erweckt, aufgeweckt«) ist. Beim »Erwecken« geht es darum, das Kind möglichst vielen Sinneswahrnehmungen auszusetzen, was auch den Geschmackssinn mit einschließt. Das muss nicht bedeuten, dass die Eltern jedes Mal aktiv daran mitwirken. Es kann schon genügen, in den Himmel zu schauen, Essensduft zu schnuppern oder allein auf einer Decke zu spielen. Es geht darum, die Sinne des Kindes zu schärfen und es darauf vorzubereiten, zwischen verschiedenen Erfahrungen zu unterscheiden. Das ist die Voraussetzung dafür, dass ein Kind sich zu einem kultivierten Erwachsenen entwickelt und dass es genießen kann. »Erwecken« ist Training für Kinder darin, zu *profiter* – sprich das Hier und Jetzt zu genießen.

Ich bin natürlich sehr für dieses Erwecken, wer wäre das nicht? Ich wundere mich nur, wie sehr es hier betont wird. Wie Piaget bereits feststellte, sind wir amerikanischen Eltern eher daran interessiert, dass Kinder ganz bestimmte Fähigkeiten erlernen und bestimmte Meilensteine in ihrer Entwicklung erreichen.

Darüber hinaus glauben wir, dass es an den Eltern liegt, wie gut und wie schnell Kinder Fortschritte machen. Das bedeutet, dass die Entscheidungen der Eltern und ihr Eingreifen extrem wichtig sind. Unter diesem Aspekt sind Babyzeichensprache, vorschulische Leseförderung und die Auswahl der richtigen Vorschule für uns von großer Wichtigkeit. Ich kann diesen kulturellen Unterschied in meinem kleinen Pariser Innenhof beobachten. Beans Zimmer ist voll mit schwarzweißen Zeigekarten, ABC-Bauklötzen und den (mittlerweile diskreditierten) Baby-Einstein-DVDs, die wir begeistert von amerikanischen Freunden und Verwandten in Empfang genommen haben. Wir spielen ständig Mozart, um Beans kognitive Entwicklung zu fördern.

Meine französische Nachbarin Anne, die Architektin, hat noch nie etwas von Baby-Einstein-DVDs gehört. Sie interessiert sich auch nicht dafür, als ich ihr davon erzähle. Anne lässt ihr kleines Mädchen lieber irgendwo sitzen und mit alten Spielsachen spielen, die sie auf Hinterhofflohmärkten gekauft hat, oder in unserem gemeinsamen Innenhof herumstreunen.

Später erwähne ich Anne gegenüber, dass es in der Vorschule unseres Viertels einen Tag der offenen Tür gibt. Bean, die zu den Ältesten in der Kindertagesstätte gehört, könnte schon ein Jahr früher hingehen. Das würde bedeuten, dass ich sie aus der Tagesstätte nehme, wo sie meiner Meinung nach nicht ausreichend gefördert wird.

»Wer sollte so etwas wollen?«, fragt Anne. »Es sind nur wenige Jahre, in denen man Kind sein darf.«

Französische Mütter versuchen mit dem »Erwecken« nicht, die kognitive Entwicklung ihrer Kinder zu fördern oder ihre Schulleistungen zu verbessern. Stattdessen glauben sie, das Erwecken helfe den Kindern dabei, »psychologische Fähigkeiten wie Selbstbewusstsein und Toleranz gegenüber Andersartigem« zu entwickeln. Andere glauben, dass man Kinder verschiedenen Geschmackserlebnissen, Farben und Anblicken aussetzen soll, weil es den Kindern Spaß macht.[20]

»Dieser Spaß ist Lebensmotivation«, sagt eine der Mütter. »Hätten wir keinen Spaß, gäbe es auch keinen Grund zu leben.«

Im Paris des 21. Jahrhunderts nimmt Rousseaus Erbe zwei scheinbar widersprüchliche Formen an: Einerseits ist da das freie Herumtoben auf der Wiese (oder im Schwimmbecken). Und andererseits strikte Disziplin. Doch laut Rousseau muss die Freiheit eines Kindes durch elterliche Autorität streng begrenzt werden.

»Wisst ihr, welches das sicherste Mittel ist, euer Kind unglücklich zu machen?«, schreibt er. »Dass ihr es daran gewöhnt, alles zu erlangen; denn seine Wünsche werden infolge der Leichtigkeit ihrer Befriedigung unaufhörlich wachsen, und deshalb wird euch wider euren Willen euer Unvermögen früher oder später zwingen, seinen Bitten eine Weigerung entgegenzusetzen; und diese ungewohnte Weigerung wird ihm mehr Pein verursachen als die Entbehrung des ersehnten Gutes selbst.«

Der größte Erziehungsfehler laut Rousseau ist: Nur weil ein Kind gut argumentieren kann zu glauben, dass seine Argumente dasselbe Gewicht haben müssen wie unsere. »Die schlechteste Erziehung besteht in der gewährten Freiheit, zwischen seinem und eurem Willen zu schwanken, und in einem unaufhörlich zwischen ihm und euch stattfindenden Kampf um Herrschaft.«

Für Rousseau können nur die Eltern die Herrschaft haben. Er scheint häufig den *cadre* – oder Rahmen – zu beschreiben, an dem sich die heutigen französischen Eltern orientieren. Das Ideal des *cadre* sieht vor, dass Eltern in bestimmten, zentralen Dingen äußerst streng sind, in allen anderen Dingen aber eher locker.

Fanny erzählt mir, dass sie, noch bevor sie selbst Kinder hatte, einmal einen bekannten französischen Schauspieler über Kindererziehung reden hörte. Er fasste seine Vorstellungen vom *cadre*, nach dem er selbst erzogen worden war, in folgende Worte: »Erziehung ist ein fester Rahmen, innerhalb dem Freiheit herrscht.« »Und das gefällt mir sehr«, sagt sie. »Ich glaube, dass dieser Rahmen das Kind beruhigt und ihm Sicherheit gibt. Es weiß, dass es tun kann, was es will, aber innerhalb gewisser Grenzen.«

Fast alle französischen Eltern aus meinem Bekanntenkreis bezeichnen sich selbst als »streng«. Das heißt nicht, dass sie ständig barsch sind, sondern nur, dass sie in einigen wenigen wichtigen Dingen sehr konsequent sind. Und die bilden das Rückgrat des *cadre*.

»Ich neige meist dazu, streng zu sein«, so Fanny. »Es gibt ein paar Regeln, die, wenn man sie vergisst, zu Rückschritten führen. Und die gebe ich nur ungern auf.«

Für Fanny sind das die Bereiche Essen, Schlafen und Fernsehen. »Ansonsten kann sie machen, was sie will«, sagt sie über ihre Tochter Lucie. Selbst innerhalb dieser Kernbereiche versucht Fanny, Lucie noch ein paar Freiheiten und Entscheidungsmöglichkeiten zu lassen. »Der Bereich Fernsehen beinhaltet nicht nur das Fernsehen, sondern auch DVDs. Ich bestimme, wann und wie lange sie fernsehen darf, und Lucie darf die DVD aussuchen. Auch sonst versuche ich, es so zu gestalten. Zum Beispiel morgens beim Anziehen. Ich sage Lucie: ›Zu Hause kannst du anziehen, was du willst. Wenn du im Winter ein Sommerkleid tragen willst – von mir aus! Aber wenn wir rausgehen, bestimme ich.‹ Noch funktioniert es. Mal sehen, was passiert, wenn sie dreizehn ist.«

Der *cadre* dient nicht dazu, das Kind einzuengen. Aber Rousseaus Erbe hat auch eine andere Seite. Als ich Bean zu ihren ersten Impfungen bringe, wiege ich sie in meinen Armen und entschuldige mich für den Schmerz, den sie erleiden muss. Der französische Kinderarzt rügt mich.

»Man entschuldigt sich dafür doch nicht!«, meint er. »Eine Spritze zu bekommen gehört zum Leben dazu. Es gibt keinen Grund, sich dafür zu entschuldigen.« Er scheint Rousseau zu zitieren, der schrieb, »Haltet ihr dagegen mit übertriebener Vorsicht jede Art von Unbehaglichkeit von ihnen fern, so legt ihr dadurch den Grund zu großen Leiden.« (Keine Ahnung, was Rousseau von Zäpfchen gehalten hätte!)

Rousseau war nicht sentimental, wenn es um Kinder ging. Er wollte aus »formbarem Lehm« gute Bürger schaffen. Jahrhundertelang haben viele Denker ein Baby noch als *tabula rasa,* als unbeschriebenes Blatt, betrachtet. Kurz vor Ende des 19. Jahrhunderts behauptete der amerikanische Psychologe und Philosoph William James, ein Kleinkind erlebe die Welt als » wildes, aufgeregtes Durcheinander«. Bis weit ins 20. Jahrhundert hinein galt als gesichert, dass Kinder die Welt und ihre Rolle darin nur sehr langsam begreifen.

In Frankreich hielt sich die Vorstellung, dass Kinder Menschen zweiter Klasse sind, bis in die 1960er-Jahre. Ich habe Franzosen kennen gelernt, die heute um die vierzig sind und als Kinder beim Abendessen nicht den Mund aufmachen durften, bevor sie von einem Erwachsenen dazu aufgefordert wurden. Von Kindern wurde häufig erwartet, dass sie »*sage comme une image*« sind (stumm wie ein Bild), eine Entsprechung des altenglischen Sprichworts, dass man Kinder zwar sehen, aber nicht hören solle.

Dieses Verständnis begann sich Ende der 1960er-Jahre zu ändern. Im März 1968 lösten Studentenproteste an den Universitäten von Paris und Nanterre eine Reihe von landesweiten Studenten- und Arbeiteraufständen aus.

Die 1968er-Revolte hatte großen Einfluss auf die französische Gesellschaft und ihr fiel auch das autoritäre Erziehungsmodell zum Opfer. Wenn alle gleich sind, warum sollen Kinder dann beim Abendessen nicht den Mund aufmachen dürfen? Das reine Rousseau-Modell – Kinder sind unbeschriebene Blätter – passte nicht mehr zu Frankreichs frisch emanzipierter Gesellschaft. Außerdem waren die Franzosen fasziniert von der Psychoanalyse. Plötzlich glaubte man, dass Eltern, die ihre Kinder zum Schweigen bringen, sie auch seelisch mundtot machen.

Von französischen Kindern wird nach wie vor erwartet, dass sie sich gut benehmen und sich beherrschen können, aber nach 1968 wurden sie gleichzeitig ermutigt, sich frei zu entfalten. Die jungen französischen Eltern aus meinem Bekanntenkreis nehmen das Wort *sage* häufig in den Mund und meinen damit, sich beherrschen zu können, aber auch begeistert in einer Beschäftigung aufzugehen.

An diesem Generationenaufstand nahm auch Françoise Dolto teil, eine Koryphäe der französischen Erziehung. Alle Franzosen, mit denen ich spreche – sogar solche, die selbst gar keine Kinder haben –, können kaum glauben, dass Dolto in anderen Ländern nicht so bekannt ist.

Mitte der 1970er-Jahre war Dolto Ende sechzig und bereits die berühmteste Psychoanalytikerin und Kinderärztin Frankreichs. 1976 begann ein französischer Radiosender mit einer täglichen Zwölfminutensendung, in der Dolto Erziehungsfragen von Hörern beantwortete. »Niemand hat damals geahnt, welch unmittelbaren, lang anhaltenden Erfolg dieses Programm haben würde«, erinnert sich Jacques Pradel, der damals 27-jährige Moderator der Sendung. Er beschreibt ihre Antworten auf Hörerfragen als »genial, ja fast hellsichtig«.[21]

Als ich mir Filmausschnitte mit Dolto aus dieser Zeit ansehe, verstehe ich, warum sie so einen Erfolg bei besorgten

Eltern hatte. Mit ihrer dicken Brille und ihren etwas altmodischen Kleidern sah sie aus wie eine weise Oma. Und sie besaß die Gabe, alles, was sie sagte – selbst ihre gewagtesten Behauptungen –, so zu formulieren, dass man sie für gesunden Menschenverstand hielt.

Dolto sah vielleicht aus wie eine liebe alte Oma, aber ihre Erziehungsvorschläge waren herrlich radikal und passten perfekt in die neue Zeit. Sie redete einer Art Baby-Emanzipation das Wort und behauptete, dass Säuglinge vernunftbegabte Wesen sind und sprachliche Äußerungen verstehen können. Das ist eine fast schon mystische Botschaft. Eine Botschaft, der die meisten Franzosen noch heute anhängen, auch wenn sie das vielleicht mit anderen Worten sagen. Nachdem ich Dolto gelesen hatte, war mir klar, dass viele seltsame Ratschläge, die ich von französischen Eltern gehört habe, wie den, dass man mit Babys über ihre Schlafprobleme reden soll, direkt von ihr stammen.

Doltos Radiosendungen ließen sie in Frankreich zu einer Art Mythos werden. Bis weit in die 1980er-Jahre bildeten ihre Bücher meterhohe Stapel in französischen Supermärkten. Ganze Scharen von Kindern galten als »*Génération Dolto*«. Doltos Kernaussage ist keine komplizierte »Erziehungsphilosophie«. Sie besteht auch nicht aus einer Unmenge von Anweisungen. Aber wenn man akzeptiert, dass Kinder vernunftbegabte Wesen sind, ändert das alles. Verstehen Babys, was man zu ihnen sagt, kann man ihnen ziemlich viel beibringen, und das schon in einem sehr frühen Alter. Unter anderem, wie man sich in einem Restaurant benimmt.

Die zukünftige Françoise Dolto wurde 1908 in Paris als Françoise Marette in eine große, wohlhabende katholische Familie hineingeboren. Auf den ersten Blick hatte sie ein beneidenswertes Leben: Geigenunterricht, eine Köchin und Pfauen, die durch den Innenhof stolzierten. Man erwartete von ihr, dass sie eine gute Partie machte.

Aber Françoise war nicht die diskrete, gehorsame Tochter, die sich ihre Eltern wünschten. Sie war nicht *sage comme une image*. Sie hatte einen starken Willen, nahm kein Blatt vor den Mund und interessierte sich leidenschaftlich für die Menschen ihrer Umgebung.

Wie Simone de Beauvoir, die ebenfalls 1908 geboren wurde, gehörte Françoise zur ersten Mädchengeneration, die das *baccalauréat*, die französische Hochschulreife, ablegen durfte. Nachdem sie das *bac* bestanden hatte, fügte sich Dolto dem Druck ihrer Eltern und entschloss sich zu einer Ausbildung als Krankenschwester. Erst als ihr jüngerer Bruder Philippe mit dem Medizinstudium begann, erlaubten ihr die Eltern, Medizin zu belegen. Selbstverständlich unter seiner Aufsicht. Sie studierte Kindermedizin und Psychoanalyse, was damals noch recht unüblich war. Ihre Familie schien zu glauben, das werde sie von ihrem unweiblichen Ehrgeiz heilen.

Was für einen Erziehungsexperten ungewöhnlich ist: Dolto war ihren drei Kindern eine ausgezeichnete Mutter. Ihre Tochter Catherine schreibt über ihre Eltern: »Zum Beispiel haben sie uns nie gezwungen, Hausaufgaben zu machen. Doch wenn wir schlechte Noten hatten, fielen wir durch wie alle anderen auch. Ich musste jeden Donnerstag wegen schlechten Betragens nachsitzen. ›Wenn du das leid bist, wirst du schon irgendwann den Mund halten‹, so meine Mutter.«

Dolto konnte sich zeitlebens ganz genau daran erinnern, wie es war, die Welt mit Kinderaugen zu sehen. Sie lehnte die vorherrschende kinderärztliche Meinung, Kinder als bloße Ansammlung körperlicher Symptome zu betrachten, vehement ab. (Damals schloss man Bettnässer noch an »Pipi-Stopper« an, die elektrische Schläge freisetzten.) Stattdessen sprach sie mit Kindern über deren Leben und lernte daraus, dass viele körperliche Probleme psychische Ursachen haben. »Und du, was denkst du?«, pflegte sie ihre jungen Patienten zu fragen.[22]

Dolto war bekannt dafür, dass sie darauf bestand, von älteren Kindern nach jeder Sitzung mit einem Gegenstand, wie etwa einem Stein, »bezahlt« zu werden, um deren Unabhängigkeit und Verantwortung zu betonen. Doltos Respekt galt bereits Babys. Eine ehemalige Studentin beschreibt, wie Dolto mit einem aufgebrachten, wenige Monate alten Kleinkind umging: »Alle ihre Sinne waren hellwach, sie war absolut empfänglich für die Gefühle, die das Baby in ihr auslöste. Es ging nicht darum, es zu trösten, sondern zu begreifen, was das Baby ihr sagen wollte. Oder genauer gesagt, was das Baby sah.« Es gibt legendäre Anekdoten über Dolto, die zu bislang untröstlichen Kleinkindern ging, ihnen einfach erklärte, warum sie im Krankenhaus waren und wo ihre Eltern waren. Daraufhin sollen sich die Babys sofort beruhigt haben.

Damit ist kein oberflächliches Einreden auf die Babys gemeint, weil man glaubt, dass Babys die Stimme ihrer Mutter erkennen oder sich von den beruhigenden Lauten trösten lassen. Es ist auch keine Methode, dem Kind möglichst früh das Sprechen beizubringen oder es zum nächsten Jonathan Franzen zu machen.

Stattdessen behauptete Dolto, dass auch die Bedeutung der Worte, die man an ein Baby richtet, eine große Rolle spielt. Aus ihrer Sicht ist es unerlässlich, dass Eltern ihren Babys die Wahrheit sagen und ihnen so liebevoll bestätigen, was diese längst wissen.

Dolto glaubte sogar, dass Babys die Unterhaltungen Erwachsener belauschen und die Probleme und Konflikte in ihrer Umgebung intuitiv wahrnehmen – und das sogar schon im Mutterleib! Sie stellte sich vor, dass eine Unterhaltung zwischen der Mutter und ihrem wenige Minuten alten Baby in etwa so verlaufen sollte (Das war noch zu einer Zeit, bevor es Ultraschalluntersuchungen gab.): »Siehst du, wir haben auf dich gewartet. Du bist ein kleiner Junge. Vielleicht hast du gehört, dass wir uns ein kleines Mädchen gewünscht haben. Aber wir freuen uns sehr, dass du ein kleiner Junge bist.«

Dolto schrieb, dass ein Kind schon im Alter von einem halben Jahr in die Scheidungsgespräche seiner Eltern mit einbezogen werden sollte. Stirbt Oma oder Opa, sollte auch ein sehr kleines Kind der Beerdigung kurz beiwohnen: »Jemand aus der Familie begleitet es und sagt, ›Schau, da wird dein Opa beerdigt. So etwas passiert.‹« Dolto wurde von ausländischen Psychoanalytikern dafür kritisiert, dass sie sich zu sehr auf ihre Intuition verließ. Aber in Frankreich schienen die Eltern sowohl einen intellektuellen als auch einen ästhetischen Gewinn aus ihren Gedankensprüngen zu ziehen.

Sollten Doltos Vorstellungen jemals englischsprachigen Eltern zu Ohren gekommen sein, müssen sie sich vermutlich seltsam angehört haben. Amerikanische Eltern standen unter dem Einfluss von Dr. Spock, der fünf Jahre vor Dolto zur Welt kam und ebenfalls eine Ausbildung als Psychoanalytiker machte. Spock schrieb, dass ein Kind frühestens mit anderthalb Jahren verstehen kann, dass es ein Geschwisterchen bekommt. Spocks Stärke bestand darin, den Eltern aufmerksam zuzuhören, nicht den Babys. »Sie wissen nämlich mehr, als sie sich selbst zutrauen«, lauten die berühmten Eröffnungssätze seines Erziehungsratgebers *Säuglings- und Kinderpflege*.

Dolto dagegen glaubte, dass es die Kinder sind, die mehr wissen als gedacht.

Noch in hohem Alter, als sie bereits auf ein Beatmungsgerät angewiesen war, ging Dolto auf alle viere, um die Welt aus Kinderperspektive zu betrachten. Und war faszinierend direkt:

»Gibt es keinerlei Eifersucht, wenn ein Baby kommt ... ist das ein sehr schlechtes Zeichen. Das ältere Kind sollte seine Eifersucht zeigen, denn es ist mit einem echten Problem konfrontiert. Zum ersten Mal bekommt es mit, dass jemand Jüngeres bewundert wird«, so Dolto.

Dolto war überzeugt, dass Kinder rationale Gründe haben, auch wenn sie sich schlecht benehmen. Es sei die Aufgabe der Eltern, zuzuhören und diese Gründe zu erkennen. »Das Kind, das eine ungewöhnliche Reaktion zeigt, hat immer einen Grund dafür ... Unsere Aufgabe besteht darin *zu verstehen*, was passiert ist.«

Dolto nennt das Beispiel eines Kleinkinds, das sich auf

einmal weigert, auf dem Bürgersteig zu gehen. Auf die Eltern wirkt das wie purer Trotz. Aber das Kind hat einen Grund dafür. »Wir sollten versuchen, ihn zu verstehen, und sagen: ›Es gibt einen Grund dafür, aber ich verstehe ihn nicht, also lass uns darüber nachdenken.‹ Auf keinen Fall sollte man ein Drama daraus machen.«

In einer Festschrift zum hundertsten Geburtstag Doltos hat ein französischer Psychoanalytiker ihre Lehre folgendermaßen zusammengefasst: »Menschen sprechen miteinander wie Menschen. Manche von ihnen sind groß, andere klein. Aber sie kommunizieren miteinander.«[23]

Spocks Riesenband *Säuglings- und Kinderpflege* scheint jedes nur erdenkliche Szenario mit Kindern berücksichtigen zu wollen, angefangen von verstopften Tränendrüsen bis hin zu gleichgeschlechtlichen Eltern (in posthum erschienenen Ausgaben). Doltos Bücher hingegen passen in jede Handtasche. Anstatt jede Menge detaillierte Anweisungen zu geben, zählt sie immer wieder ein paar Grundprinzipien auf und erwartet, dass die Eltern sich ihre eigenen Gedanken dazu machen.

Dolto willigte nur unter der Bedingung in die Radiosendung ein, dass sie darin nicht auf telefonisch eingehende Höreranfragen, sondern auf Briefe antwortete. Sie glaubte, dass die Eltern meist schon selbst auf die Lösungen kommen würden, wenn sie ihr Problem schriftlich formulierten. Ihre Kritiker warfen Dolto vor, eine zu nachlässige Erziehung zu propagieren, vor allem in den 1970er- und 1980er-Jahren. Es ist nicht schwer zu verstehen, warum man ihren Rat so auffassen konnte. Einige Eltern glaubten, einem Kind zuhören bedeute auch, das zu tun, was es sagt.

Doch genau das hat Dolto nicht empfohlen. Sie hat daran geglaubt, dass Eltern ihren Kindern aufmerksam zuhören und ihnen die Welt erklären sollen. Aber sie war auch der Ansicht, dass diese Welt Grenzen hat und dass das Kind diese Grenzen als rationales Wesen verstehen und akzeptieren kann. Dolto wollte Rousseaus *cadre*-Modell nicht auf den Kopf stellen. Sie wollte es erhalten. Sie hat nur jede Menge Empathie und Respekt vor dem Kind hinzugefügt.

Die Eltern, mit denen ich heute in Paris zu tun habe, scheinen tatsächlich ein Gleichgewicht zwischen »auf das Kind hören« und »ihm klarmachen, dass sie die Eltern sind« gefunden zu haben. (Auch wenn sie sich das immer mal wieder ins Gedächtnis rufen müssen.) Französische Eltern hören ihren Kindern stets aufmerksam zu. Aber auch wenn die kleine Agathe sagt, sie wolle ein *pain au chocolat* zum Mittagessen, bekommt sie es nicht.

Französische Eltern haben Dolto zum Fundament ihrer Erziehung gemacht (während sie gleichzeitig auf Rousseaus Schultern stehen). Hat ein Baby schlimme Träume, »beruhigt man es, indem man mit ihm spricht«, so Alexandra, die in einer Pariser Kindertagesstätte arbeitet. »Ich bin sehr dafür, sprachlich mit Kindern zu kommunizieren, auch mit ganz kleinen. Sie verstehen uns. Meiner Meinung nach verstehen sie alles.«

Die französische Zeitschrift *Parents* schreibt, dass eine Mutter ihr Baby, das stark »fremdelt«, darauf vorbereiten soll, dass bald Besuch vor der Tür steht. »Klingelt es, sagen Sie ihm, dass der Besuch da ist, und warten ein paar Sekunden, bevor Sie die Tür öffnen ... Weint es, sobald es den Besuch sieht, vergessen Sie nicht, ihm zu gratulieren!«

Ich höre von mehreren Fällen, in denen französische Eltern ihrem Neugeborenen, das sie gerade aus dem Krankenhaus geholt haben, erst einmal die Wohnung zeigen.[24] Französische Eltern sagen ihren Kindern auch oft, was sie mit ihnen vorhaben: »Ich nehme dich jetzt hoch.«, »Ich wechsle deine Windel.«, »Ich bereite dich auf ein Bad vor.« Das dient nicht nur dazu, beruhigende Laute zu produzieren, sondern auch, Informationen zu vermitteln. Und da das Baby ein Mensch ist wie jeder andere auch, gehen die Eltern sehr höflich mit ihm um. (Mal ganz abgesehen davon, dass man gar nicht früh genug damit anfangen kann, jemandem gute Manieren beizubringen!)

Die praktischen Auswirkungen der Auffassung, dass ein Baby oder Kleinkind versteht, was man sagt, und sich entsprechend verhalten kann, sind enorm. Denn das bedeutet, dass man ihm von klein auf beibringen kann durchzuschlafen, nicht jeden Morgen ins Schlafzimmer zu platzen, sich bei Tisch anständig hinzusetzen, nur zu den Mahlzeiten zu essen und die Eltern nicht mitten im Satz zu unterbrechen. Das wird mir klar, als Bean zehn Monate alt ist. Sie beginnt, sich an unserem Wohnzimmerregal hochzuziehen und sämtliche Bücher herauszureißen, an die sie herankommt.

Das ist natürlich nervig. Aber ich glaube nicht, dass ich sie davon abhalten kann. Ich hebe die Bücher einfach immer wieder auf und stelle sie zurück. Aber eines Morgens kommt Simons französische Freundin Lara auf Besuch. Als sie sieht, dass Bean Bücher aus dem Regal zieht, kniet sie sich sofort neben sie und sagt geduldig, aber bestimmt: »So etwas tut man nicht.« Dann zeigt sie Bean, wie man die Bücher zurückstellt, und befiehlt ihr, sie dort zu lassen. Lara benutzt immer wieder das französische Wort *doucement* (»sanft«). Danach fällt mir auf, dass französische Eltern ständig *doucement* sagen. Ich bin völlig baff, als Bean auf Lara hört und gehorcht.

Ich hatte angenommen, dass Bean ein niedliches, wildes Geschöpf mit viel Potenzial ist, aber über so gut wie keine Selbstbeherrschung verfügt. Benahm sie sich ausnahmsweise einmal artig, dann nur als Ergebnis einer Art Dressur oder aus purem Zufall ...

Aber Lara (damals noch kinderlos und heute Mutter zweier wohlerzogener Töchter) ging davon aus, dass Bean auch schon im Alter von zehn Monaten in der Lage ist, Sprache zu verstehen und sich zu beherrschen. Sie war davon überzeugt, dass Bean *doucement* handeln kann, wenn sie das will. Mit dem Ergebnis, dass Bean es auch tatsächlich tat.

Dolto starb 1988. Einige ihrer intuitiven Erkenntnisse über Babys werden heute von wissenschaftlichen Experimenten bestätigt. Forscher haben erkannt, dass man herausfinden kann, was Babys begreifen, indem man misst, wie lange sie bestimmte Dinge anschauen. Wie Erwachsene betrachten Babys Dinge länger, die sie erstaunen. Anfang der 1990er-Jahre konnte man so nachweisen, »dass Babys mit Gegenständen die Grundlagen der Mathematik begreifen« und »ein Verständnis für Denkprozesse haben: Sie haben eine Vorstellung davon, was andere denken und warum sie sich auf eine bestimmte Art und Weise verhalten«, so der Yale-

Psychologe Paul Bloom.[25] Eine Studie an der British Columbia University ergab, dass acht Monate alte Kinder bereits Wahrscheinlichkeiten begreifen.[26]

Es gibt auch Belege dafür, dass Babys bereits so etwas wie ein Moralempfinden haben. Bloom und andere Forscher zeigten sechs bis zehn Monate alten Babys eine Art Marionettenvorführung, bei der ein Reifen versucht, den Hügel hinaufzurollen. Ein »Helfer« hilft dem Reifen hinaufzukommen, während ein »Verhinderer« ihn wieder hinunterschubst. Nach der Vorführung bot man den Babys die »Helfer-« und die »Verhindererfigur« auf einem Tablett an. Fast alle griffen nach der Helferfigur. »Babys fühlen sich von den Guten angezogen und von den Bösen abgestoßen«, so Paul Bloom.

Natürlich beweisen diese Experimente nicht, dass Babys Sprache verstehen, so wie Dolto das behauptet hat. Aber sie scheinen ihre Auffassung zu stützen, dass Babys schon ab einem sehr zarten Alter vernunftbegabte Wesen sind. Wir sollten also darauf achten, was wir zu ihnen sagen.

Tagesbetreuung – ja oder nein?

Als ich meine Mutter anrufe, um ihr zu sagen, dass Bean von einer städtischen Kindertagesstätte aufgenommen wurde, entsteht eine lange Pause.

»Eine Tagesstätte?«, fragt sie schließlich.

Freunde aus der Heimat sind ebenfalls skeptisch.

»So etwas käme für mich nie infrage«, schnaubt eine Freundin, deren Sohn etwa in Beans Alter ist. »Ich möchte, dass er etwas mehr individuelle Aufmerksamkeit bekommt.« Aber als ich meinen französischen Nachbarn erzähle, dass Bean in die *crèche* aufgenommen wurde, wie die Kindertagesstätten hier auch genannt werden, gratulieren sie mir, und es fehlt nicht viel, dass sie die Champagnerkorken knallen lassen.

Einen größeren Unterschied zwischen unseren beiden Ländern habe ich bisher noch nicht erlebt. Mütter aus meiner Heimat sind in der Regel nicht begeistert von Kindertagesstätten. Schon allein das Wort »Tagesstätte« beschwört vor ihrem inneren Auge Bilder von Pädophilen und kreischenden Babys in schmutzigen, spärlich beleuchteten Räumlichkeiten herauf. »Ich möchte, dass er etwas mehr individuelle Aufmerksamkeit bekommt« ist eine höfliche Verbrämung der Aussage: »Im Gegensatz zu dir liebe ich mein Kind wirklich und bin nicht gewillt, es einer Institution anzuvertrauen«. Amerikanische Eltern, die es sich leisten können, heuern Kindermädchen an und gewöhnen ihre Kinder dann mit zwei, drei Jahren schrittweise an die Vorschule. Diejenigen, die gezwungen sind, ihre Kinder in eine Tagesstätte zu geben, tun das nur ungern und oft voller Schuldgefühle.

Französische Eltern dagegen – Architekten, Ärzte, Journalistenkollegen – prügeln sich regelrecht um einen Platz in der *crèche* ihres Viertels, die fünf Tage die Woche geöffnet hat, normalerweise von acht bis sechs. Mütter bewerben sich schon in der Schwangerschaft, liegen den Erziehern unablässig in den Ohren, bitten und betteln. *Crèches* werden vom Staat unterstützt, und die Eltern zahlen abhängig von ihrem Einkommen.

»Ich halte das für ein perfektes System, für ein absolut perfektes System!«, schwärmt meine Freundin Esther, eine französische Anwältin, deren Tochter mit neun Monaten in die *crèche* kam. Sogar Freundinnen, die nicht arbeiten, melden ihre Kinder dort an. Als Alternative werden sonst höchstens noch eine Teilzeitbetreuung oder ein Kindermädchen in die engere Wahl gezogen, und selbst Letztere wird staatlich gefördert. (Regierungswebsites zählen sämtliche Möglichkeiten auf.)

Von alldem wird mir fast schwindelig. Wird die Tagesstätte mein Kind aggressiv, vernachlässigt und bindungsunfähig machen, so wie es die schlimmsten amerikanischen Schlagzeilen behaupten? Oder wird sie sozialisiert, »erweckt« und fachmännisch betreut werden, wie mir französische Eltern versichern?

Zum ersten Mal habe ich Angst, wir könnten es mit unserem kleinen interkulturellen Experiment übertreiben. Dass ich mich daran gewöhne, die Gabel in der Linken zu halten und durch Fremde hindurchzuschauen, mag ja noch angehen. Aber soll ich meine Tochter schon von frühester Kindheit an wirklich einer solch potenziell schädlichen Erfahrung aussetzen? Passen wir uns ein bisschen zu sehr an die hiesigen Sitten und Gebräuche an? Bean kann *foie gras* kosten, aber sollte sie auch die *crèche* ausprobieren?

Ich versuche, mich mit Hilfe von Büchern über diese Form der Tagesbetreuung mit dem komischen Namen schlauzumachen. Warum heißt sie überhaupt *crèche*? Ich dachte das heißt Weihnachtskrippe?

Wie sich herausstellt, begann die Geschichte der französischen *crèche* in den 1840er-Jahren: Jean-Baptiste-Firmin Marbeau, ein ehrgeiziger junger Anwalt auf der Suche nach einem guten Zweck, dem er sich verschreiben wollte, war stellvertretender Bürgermeister des ersten Bezirks von Paris. Die industrielle Revolution war gerade voll im Gange, und in Städten wie Paris wimmelte es nur so von Frauen, die aus der Provinz kamen, um als Näherinnen in den Fabriken zu arbeiten. Marbeau bekam die Anweisung, einen Bericht über die *salles d'asile*, die kostenlosen Kindergärten für Kinder im Alter von zwei bis sechs, zu schreiben.

Er war beeindruckt und schrieb: »Wie sorgfältig sich die Gesellschaft um die Kinder der Armen kümmert!«

Gleichzeitig fragte sich Marbeau, wer sich eigentlich bis zum zweiten Lebensjahr um die Kinder der Armen kümmert, wenn ihre Mütter arbeiten. Er warf einen Blick auf die Liste mit Armen seines Viertels und brach auf, um verschiedene Mütter zu besuchen. »Im hintersten Winkel eines schmutzigen Hofes rufe ich nach Madame Gérard, einer Wäscherin. Sie kommt herunter, möchte nicht, dass ich ihre Wohnung betrete, die laut eigenem Bekunden *zu schmutzig sei, um vorzeigbar zu sein*. Sie hat ein Neugeborenes auf dem Arm und ein anderthalb Jahre altes Kind an der Hand.«

Marbeau erfuhr, dass Madame Gérard ihre Kinder bei einer Kinderfrau zurücklässt, wenn sie Wäsche waschen geht. Das kostete sie siebzig Centimes am Tag, etwa ein Drittel ihres Tageslohns. Und die Kinderfrau war eine ebenso arme Frau, die während Marbeaus Besuch »die Stellung hielt und auf die drei kleinen Kinder auf dem Fußboden eines schäbigen Zimmers aufpasste.«

Für die damaligen Standards war das keine schlechte Kinderbetreuung. Einige Mütter schlossen ihre kleinen Kinder einfach allein in der Wohnung ein oder banden sie tagsüber am Bettpfosten fest. Kinder, die schon etwas älter waren, mussten nicht selten auf ihre kleinen Geschwister aufpassen, wenn die Mutter arbeitete. Viele Säuglinge befanden sich nach wie vor unter potenziell lebensbedrohlichen Umständen in der Obhut der Ammen.

Da hatte Marbeau eine Idee: die *crèche*! (Der Name sollte die heimelige Krippe aus der Weihnachtsgeschichte heraufbeschwören.) Eine Tagesstätte für die Kinder der Armen, die sie von der Geburt an bis zum Alter von zwei Jahren betreut. Das Geld dafür sollte von wohlhabenden Bürgern gespendet werden, von denen einige auch *crèches* leiten würden. Marbeau schwebten spartanische, aber blitzsaubere Räumlichkeiten vor, in denen sich sogenannte Kinderschwestern um die Babys kümmern und den Müttern Nachhilfe in Hygiene und Moral geben würden. Ein Angebot, für das diese künftig nur fünfzig Centimes am Tag zahlen müssten. Mütter mit noch nicht abgestillten Säuglingen würden einfach zweimal am Tag zum Stillen vorbeischauen.

Marbeaus Idee traf mitten ins Schwarze. Schon bald wurde eine Kommission gebildet, um den Plan weiterzuentwickeln, und der Anwalt machte sich auf, potenzielle Spender zu gewinnen. Wie jeder gute Spendensammler appellierte er an ihr Mitgefühl – und an ihre eigenen wirtschaftlichen Interessen.

»Diese Kinder sind unsere Mitbürger, eure Brüder und Schwestern. Sie sind arm, unglücklich und schwach: Ihr solltet sie retten!«, schrieb er in einem *crèche*-Handbuch, das 1845 veröffentlicht wurde. Nicht ohne hinzuzufügen: »Wenn ihr das Leben von 10 000 Kindern retten wollt, solltet ihr euch beeilen: 20 000 zusätzliche Hände sind nicht zu verachten. Sie bedeuten Arbeit, und Arbeit schafft Wohlstand.« Die *crèche* sollte den Müttern ihre Sorgen nehmen, »damit sie sich guten Gewissens ihrer Arbeit widmen können«.

In seinem Handbuch ordnet Marbeau an, dass *crèches* von halb sechs Uhr morgens bis halb neun Uhr abends geöffnet haben, um die typischen Arbeitszeiten von Tagelöhnern abzudecken. Der Alltag der Mütter, den Marbeau beschreibt, unterscheidet sich gar nicht mal so sehr von dem vieler berufstätiger Mütter heute: »Sie steht vor fünf auf, zieht ihr Kind an, erledigt ein paar Dinge im Haushalt, eilt zur *crèche* und dann zur Arbeit ... Gegen acht eilt sie zurück, holt ihr Kind sowie seine schmutzigen Windeln ab, hetzt nach Hause, um das kleine Geschöpf ins Bett zu stecken und die Windeln zu waschen, damit sie am nächsten

Tag trocken sind. Und am nächsten Tag geht das alles wieder von vorne los. Wie um alles in der Welt schafft sie das bloß?«

Marbeau besaß offensichtlich große Überzeugungskraft. Die erste *crèche* eröffnete in einem zur Verfügung gestellten Gebäude in der Pariser Rue de Chaillot. Zwei Jahre später gab es bereits dreizehn *crèches*. Und es wurden immer mehr, vor allem in Paris.

Nach dem Zweiten Weltkrieg stellte die französische Regierung die *crèches* unter die Aufsicht einer Behörde zum Schutz von Mutter und Kind namens *Protection maternelle et infantile (*PMI*)* und schuf ein offizielles Ausbildungsprogramm für den Beruf der *puéricultrice*, der Kinder- und Säuglingspflegerin.

Anfang der 1960er-Jahre war das Leben der französischen Unterschicht weniger angespannt, und es gab weniger Arme. Dafür wurden immer mehr Mütter aus der Mittelschicht berufstätig, sodass die *crèches* auch bei Mittelschichtsfamilien auf Interesse stießen. Innerhalb von zehn Jahren verdoppelte sich ihre Anzahl beinahe, und 1971 waren es bereits 32 000. Plötzlich waren Mittelklasse-Mütter beleidigt, wenn sie keinen Platz in der *crèche* bekamen. Die *Krippen* wurden zu einer Art Anspruch, denn sie ermöglichten es erst, dass Mütter arbeiten konnten.

Es wurden alle möglichen Varianten von *crèches* aufgemacht, Teilzeitkrippen, Krippen, in denen die Eltern mitarbeiteten, und Firmenkrippen für die Angestellten. Aufgrund von Françoise Doltos Überzeugung, dass auch Babys Menschen sind, gab es ein neu erwachtes Interesse an einer Kinderbetreuung, die mehr leisten sollte, als die Kinder davor zu bewahren, krank zu werden, oder sie als potenzielle Verbrecher zu behandeln. Schon bald brüsteten sich *crèches* mit Mittelklasse-Lerninhalten wie »Sozialisierung« und »Erwecken«.

Während meiner Schwangerschaft höre ich von meiner Freundin Dietlind zum ersten Mal von den *crèches*. Dietlind stammt aus Chicago und lebt seit ihrem Collegeabschluss in Europa. Dietlind ist eine warmherzige Frau, die fantastisch Französisch spricht und sich nach wie vor auf charmante Weise als »Feministin« bezeichnet. Sie ist einer der Menschen aus meinem Bekanntenkreis, der tatsächlich versucht, die Welt zu verbessern. Dietlind hat nur einen »Fehler«: Sie kann nicht kochen. Ihre Familie ernährt sich fast ausschließlich von Tiefkühlkost des französischen Herstellers Picard.

Trotzdem ist Dietlind eine vorbildliche Mutter. Als sie mir erzählt, dass ihre beiden Söhne in die *crèche* gleich bei mir um die Ecke gegangen sind, werde ich hellhörig. Ihrer Aussage nach war die *crèche* fantastisch. Jahre später schaut sie immer noch vorbei, um die *directrice* und die ehemaligen Erzieher ihrer Söhne zu begrüßen. Die Jungs erzählen noch heute (sie sind jetzt fünf und acht Jahre alt) begeistert von ihrer Zeit in der *crèche*. Ihre Lieblingserzieherin hat ihnen sogar die Haare geschnitten.

Dietlind will ein gutes Wort für mich bei der *directrice* einlegen. Sie wiederholt allerdings ständig, dass die *crèche* nicht *fancy* sei. Ich weiß nicht recht, was das heißen soll. Glaubt sie, ich stehe auf Philippe-Starck-Laufställe? Ist *fancy* nicht auch ein anderes Wort für »dreckig«?

Obwohl ich meiner Mutter gegenüber sehr multikulti-mäßig getan habe, teile ich insgeheim einige ihrer Zweifel. Dass die *crèche* von der Stadt Paris geführt wird, finde ich irgendwie gruselig. Das fühlt sich an, als würde ich mein Kind bei der Post abgeben. Ich stelle mir vor, wie gesichtslose Bürokraten an Beans Bettchen vorbeihuschen, während sie weint. Vielleicht möchte ich doch lieber etwas, das *fancy* ist, was auch immer das heißen mag. Vielleicht möchte ich mich lieber doch selbst um Bean kümmern.

Leider geht das nicht. Ich schreibe an einem Buch, das eigentlich schon fertig sein sollte, bevor Bean zur Welt kam. Nach der Geburt habe ich mir ein paar Monate freigenommen. Aber jetzt rückt mein ohnehin schon verlängerter Abgabetermin bedrohlich nahe. Wir haben ein reizendes Kindermädchen namens Adelyn von den Philippinen, die morgens kommt und sich den ganzen Tag um Bean kümmert. Das Problem ist nur, dass ich von zu Hause aus arbeite und mir in einer kleinen Nische mein Büro eingerichtet habe. So bin ich ständig in Versuchung, beide zu managen, was allen auf den Wecker geht.

Bean scheint schon recht ordentliche Passivkenntnisse von Tagalog, der Muttersprache der Filipinos, zu besitzen. Aber ich habe den Verdacht, dass Adelyn oft Tagalog mit ihr im McDonald's unseres Viertels spricht, denn jedes Mal, wenn wir daran vorbeikommen, zeigt Bean auf das große M und stößt begeisterte Laute aus. Vielleicht ist eine nicht-*fancy crèche* doch die bessere Lösung.

Ich staune auch, dass wir dank Dietlind dort schon einen Fuß in der Tür haben. Ich bin daran gewöhnt, alles anders zu machen als der Rest des Landes. Manchmal merke ich erst, dass Feiertag ist, wenn ich das Haus verlasse und feststelle, dass sämtliche Geschäfte geschlossen sind. Ginge Bean in eine *crèche*, würde uns das mehr mit den Landessitten vertraut machen.

Die *crèche* ist auch verführerisch bequem. Sie lässt sich in fünf Minuten zu Fuß erreichen. Wie eine der Wäscherinnen aus dem 19. Jahrhundert könnte ich schnell vorbeischauen, um Bean zu stillen und ihre Rotznase abzuwischen.

Doch am schwersten fällt es mir, dem Druck der erwachsenen Franzosen um mich herum zu widerstehen. (Ich kann froh sein, dass sie mich nicht zum Rauchen überreden!) Anne und die anderen französischen Mütter aus unserem Innenhof singen ebenfalls ein Loblied auf die *crèche*. Simon und ich rechnen uns aus, dass die Chancen, dass Bean tatsächlich aufgenommen wird, trotz Dietlinds Fürsprache eher gering sind. Deshalb gehen wir zu unserem Rathaus und bewerben uns.

»Tagesbetreuung« hört sich für Amerikaner nach Arbeiterschicht an, während sich weiße Mittelschichts-Eltern darum prügeln, ihre zweijährigen Kinder in der Vorschule unterzubringen. Das erklärt auch, warum heutige amerikanische Vorschulen nur wenige Stunden am Tag geöffnet sind. Man geht davon aus, dass die Mütter der Kinder nicht arbeiten müssen oder sich Nannys leisten können.

Doch im Grunde ist das ein Streit um Begrifflichkeiten. »Nennt man es ›Früherziehung von null bis fünf‹, hält man es für lohnenswert«, so Sheila Kamerman, Professorin an der Columbia University, die die Betreuung von Kindern in Tagesstätten seit Jahrzehnten erforscht.

Die Amerikaner quält vor allem auch die Frage, wie sich die gängige Kinderbetreuung auf die fragile Psyche ihres Nachwuchses auswirkt. Es gibt Schlagzeilen, die behaupten, eine solche Kinderbetreuung führe zu Lernschwächen, mache die Kinder aggressiver und schwäche die Bindung zu ihren Müttern. Ich kenne amerikanische Mütter, die lieber aufgehört haben zu arbeiten, als ihre Kinder in eine Tagesstätte zu geben.

Oft sind ihre Sorgen sogar berechtigt, da die Qualität amerikanischer Tagesstätten sehr stark schwankt. Es gibt keine landesweiten Vorschriften und Standards. Einige Staaten setzen keinerlei Ausbildung bei den Betreuern voraus. Das US-Arbeitsministerium sagt, Erzieher verdienten weniger als Hausmeister und die »Unzufriedenheit mit der Bezahlung sowie die anstrengenden Arbeitsbedingungen brächten viele dazu, ihren Beruf aufzugeben.« Eine Personalfluktuation von 35 Prozent ist keine Seltenheit.

Natürlich gibt es auch gute Tagesstätten. Die können allerdings extrem teuer sein oder sind ausschließlich bestimmten Firmenangehörigen vorbehalten.

* * *

Französische Mütter sind fest davon überzeugt, dass die *crèche* ihren Kindern guttut. In Paris geht ein Drittel aller Kinder unter drei in die *crèche*, die Hälfte davon in Elternkooperativen. (Außerhalb von Paris gibt es nach wie vor weniger staatliche *crèches*.) Französische Mütter haben durchaus Angst vor Pädophilen, aber nicht in der *crèche*. Sie glauben, dass Kinder in einer Umgebung sicherer sind, in der sich mehrere entsprechend ausgebildete Erwachsene um sie kümmern, als in einer, wo sie mit einem Fremden allein sind, das besagt zumindest ein Bericht einer landesweiten Elterninteressenvertretung. »Wenn meine Tochter mit jemandem so viel Zeit unter vier Augen verbringt, dann nur mit mir«, so die Mutter eines anderthalbjährigen Mädchens aus Beans *crèche*. Hätte es den Krippenplatz nicht bekommen, hätte die Mutter ihren Job aufgegeben.

Auch französische Mütter fürchten sich vor dem Moment, wenn sie ihre Kinder das erste Mal bei der *crèche* abgeben. Aber sie betrachten das als ihren eigenen Trennungsschmerz. »In Frankreich haben Eltern keine Angst davor, ihre Kinder in die *crèche* zu schicken«, erklärt mir Marie Wierink, Soziologin beim französischen Arbeitsministerium. »*Au contraire*, sie haben eher Angst, ihr Kind könnte etwas verpassen, wenn es keinen Platz in der *crèche* bekommt.«

Kinder lernen in einer *crèche* nicht lesen. Sie lernen keine Buchstaben und auch nicht schreiben. Stattdessen knüpfen sie Kontakte zu anderen Kindern. »Ich weiß, dass das sehr gut war, es war der Eintritt ins Sozialleben«, so meine Freundin Esther, die Anwältin, deren Tochter mit neun Monaten in eine *crèche* kam.

Französische Eltern gehen fest davon aus, dass alle *crèches* von guter Qualität und die Erzieher liebevoll und gut ausgebildet sind. In französischen Eltern-Chatrooms lautete die schlimmste Beschwerde, die ich über eine *crèche* finden konnte, dass das Kind dort Ravioli und Moussaka auf einmal serviert bekam, also gleich zwei schwere Gerichte. Die Überzeugung, dass die *crèche* gut für Kinder ist, macht viele mütterliche Ängste und Sorgen überflüssig. Meine Freundin

Hélène, eine Ingenieurin, hat im ersten Jahr nach der Geburt ihrer jüngsten Tochter nicht gearbeitet. Aber auch sie hatte überhaupt kein schlechtes Gewissen, das kleine Mädchen fünf Tage in der Woche in die Krippe zu geben. Zum einen, um Zeit für sich selbst zu haben, und zum anderen, weil sie ihrer Tochter dieses Gemeinschaftserlebnis nicht vorenthalten wollte.

Der Kampf um die Krippenplätze ist, wie die Franzosen so schön sagen, *énergique*. In jedem der zwanzig Arrondissements von Paris tritt ein Komitee aus Beamten und Tagesstättenleitern zusammen, um die Plätze zu vergeben. Im betuchten 16. Arrondissement kommen 4000 Bewerber auf 500 Plätze. In unserer nicht ganz so exklusiven Gegend kommen immerhin drei Bewerber auf einen Krippenplatz.

Die Konkurrenz um einen Krippenplatz gehört zu den Initiationsritualen frischgebackener Eltern. In Paris dürfen sich Frauen offiziell bei der Gemeinde um einen Platz bewerben, wenn sie mindestens im sechsten Monat schwanger sind. Aber Zeitschriften empfehlen den Frauen, schon einen Termin mit der Leiterin ihrer gewünschten *crèche* zu vereinbaren, sobald sie einen positiven Schwangerschaftstest in der Hand halten.

Bevorzugt werden bei der Vergabe der Krippenplätze Alleinerziehende, Eltern von Mehrlingen oder Adoptivkindern und Haushalte mit drei oder mehr Kindern sowie Familien mit »besonderen Problemen«. Wie man es schafft, in die letzte, zweifelhafte Kategorie zu fallen, ist Gegenstand heftigster Spekulation in diversen Onlineforen. Eine Mutter schlägt vor, den Rathausmitarbeitern zu schreiben, dass man dringend wieder arbeiten müsse und trotz größter Anstrengungen keine andere Form der Kinderbetreuung gefunden habe. Sie rät, diesen Brief zu kopieren und auch an den französischen Präsidenten zu schicken und dann einen Privattermin beim Bezirksstadtrat zu vereinbaren. »Am besten, ihr geht mit dem Baby auf dem Arm dorthin, seht möglichst verzweifelt aus und erzählt dieselbe Geschichte wie in dem Brief. Ich kann euch versichern: Das funktioniert.«

Simon und ich beschließen, unsere einzige Chance zu nutzen, nämlich die, dass wir Ausländer sind. In einem Brief, den wir unserer Bewerbung um einen Krippenplatz beifügen, brüsten wir uns mit Beans beginnender Mehrsprachigkeit (ehrlich gesagt, spricht sie noch gar nicht) und schreiben, ihr Angloamerikanisch werde die Krippe bereichern. Wie bereits versprochen, spricht Dietlind mit der Leiterin der *crèche*, in die auch ihr Sohn ging. Ich treffe mich mit dieser Frau und versuche es mit dem Charme der Verzweiflung. Ich rufe einmal im Monat bei der Gemeinde an (Aus irgendeinem Grund bleibt das *crèche*-Bezirzen wie bei den meisten französischen Paaren auch bei uns ausschließlich an der Frau hängen.), um sie an unser »enormes Interesse und unseren dringenden Bedarf« zu erinnern. Da ich keine Französin bin und hier nicht wählen darf, beschließe ich, den Präsidenten nicht zu belästigen.

Erstaunlicherweise funktionieren diese Bemühungen tatsächlich. Ein Gratulationsschreiben der Gemeinde erreicht uns, in dem steht, dass Bean von Mitte September an einen Krippenplatz hat, wenn sie genau neun Monate alt sein wird. Triumphierend rufe ich Simon an: Wir Ausländer haben die Einheimischen ausgestochen! Wir staunen und sind wie berauscht von unserem Sieg. Gleichzeitig haben wir das Gefühl, einen Preis gewonnen zu haben, den wir gar nicht wirklich verdienen, ja bei dem wir uns nicht einmal sicher sind, ob wir ihn überhaupt wollen.

Ich habe nach wie vor meine Zweifel, als ich Bean zum ersten Mal zur Krippe bringe. Sie befindet sich in einem dreistöckigen Betonklotz am Ende einer Sackgasse, davor gibt es eine kleine Fläche mit Kunstrasen. Die *crèche* sieht aus wie eine städtische Schule in Amerika, nur im Kleinformat. Einige Kindermöbel kommen mir bekannt vor, sie stammen aus dem IKEA-Katalog. Die *crèche* ist wirklich nicht *fancy*, aber farbenfroh und sauber.

Die Kinder werden in Altersgruppen namens klein, mittel und groß eingeteilt. Beans Gruppenraum ist ein sonniges Zimmer mit Spielküchen, winzigen Möbeln und Schränken voller altersgerechter Spielsachen. Daran schließt sich ein verglaster Schlafbereich an, in dem jedes Kind sein eigenes Bettchen hat, samt Schnuller und Stofftier, *doudou* genannt.

Anne-Marie, die Beans Haupterzieherin sein wird, begrüßt uns. (Es ist dieselbe Frau, die Dietlinds Söhnen die Haare geschnitten hat.) Anne-Marie ist eine sympathische Frau in den Sechzigern mit kurzen blonden Haaren und einer Sammlung bedruckter T-Shirts aus aller Welt, die sie von ihren Zöglingen geschenkt bekommen hat. (Wir bringen ihr irgendwann eines mit, das ihre Liebe zu Brooklyn bekundet.) Das Personal dieser *crèche* ist im Durchschnitt bereits seit dreizehn Jahren dabei, Anne-Marie sogar schon deutlich länger. Sie und die meisten anderen Erzieher haben eine Ausbildung als *auxiliaires de puériculture* absolviert, als Hilfskraft für Kinder- und Säuglingspflege.

Ein Kinderarzt und ein Psychologe kommen einmal die Woche vorbei. Die Erzieher verzeichnen Beans tägliche Schläfchen und Häufchen, außerdem erfahre ich, wie sie gegessen hat. Kinder in Beans Alter werden nacheinander gefüttert, wobei das Kind entweder bei jemandem auf dem Schoß oder in einer Babywippe sitzt. Die Kleinen werden Tag für Tag etwa zur selben Zeit schlafen gelegt und sollten dann nicht geweckt werden. In der Eingewöhnungsphase bittet mich Anne-Marie, ein getragenes T-Shirt von mir mitzubringen, damit Bean damit einschlafen kann. Das fühlt sich an, als ginge es um einen Hundewelpen, aber ich komme der Bitte nach.

Ich staune über das Selbstbewusstsein von Anne-Marie und den anderen Erziehern. Sie scheinen sehr genau Bescheid zu wissen, was Kinder der verschiedenen Altersgruppen brauchen, und gehen fest davon aus, dass sie ihnen das auch geben können. Sie machen Mitteilungen, ohne eingebildet zu sein oder ungeduldig zu werden. Mich stört nur, dass Anne-Marie darauf besteht, mich »Beans Mutter« statt Pamela zu nennen: Es sei zu kompliziert, sich die Namen aller Eltern zu merken.

Angesichts unserer Zweifel in Sachen Tagesbetreuung, haben wir uns für einen Kompromiss entschieden und bringen Bean nur vier Tage die Woche von halb zehn bis halb vier in die *crèche*. Viele ihrer Spielkameraden sind fünf Tage die Woche dort, und das deutlich länger. (Die Krippe ist von halb acht bis achtzehn Uhr geöffnet.)

Die ersten zwei Wochen bilden die Eingewöhnungsphase, in der Bean nach und nach immer länger in der *crèche* bleibt – mit und ohne uns. Sie weint jedes Mal ein bisschen, wenn ich gehe, aber Anne-Marie versichert mir, dass sie sich beruhigt, sobald ich weg bin. Oft wird sie von einer der Betreuerinnen am Fenster hochgehalten, damit ich ihr zuwinken kann, wenn ich gehe.

Es dauert nicht lange, und Bean ist fröhlich, wenn wir sie in der Tagesbetreuung abgeben und glücklich, wenn wir sie abholen. Als Bean bereits eine Weile in die *crèche* geht, fällt mir auf, dass dieser Ort ein Mikrokosmos französischer Erziehung ist. Einschließlich ihrer Nachteile. Anne-Marie und die anderen Betreuerinnen staunen, dass ich die neun Monate alte Bean immer noch stille, vor allem, wenn ich das in ihren Räumlichkeiten tue. Sie sind auch nicht gerade begeistert von meinem anfänglichen Plan, vor dem Mittagessen abgepumpte Milch abzugeben, auch wenn sie es mir nicht verbieten.

Aber all die positiven französischen Erziehungsvorstellungen sind ebenfalls spürbar. Da sich hier alle einig sind, wie man die Dinge am besten handhabt, müssen sich französische Eltern keine Sorgen machen, dass die Betreuer einer ganz anderen Erziehungsphilosophie anhängen. Im Großen und Ganzen folgen sie denselben Zeitplänen und Ritualen wie die Eltern.

Zum Beispiel sprechen die Betreuer auch schon mit Babys den lieben langen Tag. Und sind fest davon überzeugt, dass die Kinder sie verstehen.[27] Auch vom *cadre* ist viel die Rede. Auf einem Elternabend fasst eine der Erzieherinnen das in die fast schon blumigen Worte: »Alles ist sehr *encadré* – es bewegt sich in einem festen Rahmen, wie beispielsweise die Bring- und Abholzeiten. Aber innerhalb dieses Rahmens versuchen wir, Flexibilität, Leichtigkeit und Spontaneität zu fördern – auf Seiten der Kinder, aber auch auf Seiten der Betreuer.«

Bean verbringt einen Großteil des Tages damit, einfach nur herumzurennen und mit allem zu spielen, was ihr gefällt. Ich bin beunruhigt deswegen. Was ist mit der musikalischen Früherziehung und der geführten Aktivität? Bald merke ich, dass diese Freiheit beabsichtigt ist. Wieder steht dafür das französische *cadre*-Modell Pate: Den Kindern werden zwar klare Grenzen gesetzt, innerhalb derer sie allerdings viele Freiheiten genießen. Außerdem sollen sie lernen, mit Langeweile zurechtzukommen und sich selbst zu beschäftigen. »Wenn ein Kind spielt, formt es sich selbst«, so Sylvie, eine andere von Beans Betreuerinnen.

Ein Bericht des Pariser Bürgermeisterbüros über *crèches* betont die Bedeutung des »energischen Entdeckens«, bei dem die Kinder »ihrer Lust am Experimentieren mit allen fünf Sinnen nachgehen, ihre Muskeln benutzen, hinspüren und den Raum erkunden sollen«. Für ältere Kinder gibt es geführte Aktivität, aber niemand wird gezwungen mitzumachen.

»Wir machen Vorschläge, aber erzwingen nichts«, erklärt eine Betreuerin aus Beans *crèche*. Es gibt beruhigende Hintergrundmusik, um die Kinder auf ihren Nachmittagsschlaf einzustimmen, ein Stapel Bilderbücher liegt zum Anschauen neben dem Bett. Nach und nach wachen die Kinder zu ihrem *goûter*, zu ihrem Nachmittagssnack, auf. Die *crèche* ist eine Art Wellness-Hotel.

Auf dem Spielplatz gelten bewusst gewisse Regeln: »Spielen die Kinder draußen, mischen wir uns kaum ein«, so Mehrie, eine von Beans Betreuerinnen. »Würden wir uns ständig einmischen, würden die Kinder ganz verrückt.«

Die *crèche* bringt den Kindern auch Geduld bei. Ich bekomme mit, wie eine Zweijährige verlangt, dass Mehrie sie auf den Arm nimmt. Aber Mehrie räumt den Tisch ab, an dem die Kinder gerade zu Mittag gegessen haben. »Im Moment bin ich beschäftigt, warte zwei Sekunden«, sagt Mehrie sanft zu dem kleinen Mädchen. Dann erklärt sie an mich gewandt: »Wir versuchen, ihnen das Warten beizubringen, das ist sehr wichtig. Sie können nicht alles sofort haben.«

Die Betreuer sprechen ruhig und respektvoll mit den Kindern und thematisieren häufig deren Rechte: »Du bist berechtigt, das und das zu tun, aber nicht das.« Sie sagen das in jenem Brustton der Überzeugung, den ich schon häufig bei französischen Eltern wahrgenommen habe. Alle sind sie fest davon überzeugt, dass der *cadre* unveränderlich sein sollte.

»Verbote werden konsequent durchgesetzt, und wir nennen den Kindern jedes Mal auch den Grund dafür«, so Sylvie.

Ich weiß, dass die *crèche* in manchen Dingen streng ist, weil Bean nach einer Weile zu Hause die Sätze wiederholt, die sie dort gelernt hat. Wir wissen, dass es *crèche*-Sätze sind, weil Beans Betreuerinnen ihre einzige Quelle für französische Äußerungen sind. Es ist, als hätte Bean die Sätze den ganzen Tag auf Band mitgeschnitten und spiele es uns jetzt vor. Meist wiederholt Bean Befehle wie *»On va pas crier!«* (»Es wird nicht gebrüllt!«). Meine Lieblingsverse, die ich sofort auch zu Hause anwende, lauten »*Couche-toi!*« (»Geh schlafen!«) und »*Mouche-toi!*« (»Putz dir die Nase!«). Letzteres sagt man, während man dem Kind ein Taschentuch vors Gesicht hält.

Eine Weile spricht Bean nur im Befehlston Französisch oder verkündet, was erlaubt ist und was nicht. Spielt sie zu Hause »Erzieherin«, stellt sie sich auf einen Stuhl, wackelt mit dem Zeigefinger und erteilt imaginären Kindern Befehle, manchmal auch unseren überraschten Gästen.

Bald kommt Bean nicht nur mit Befehlen, sondern auch mit Liedern nach Hause. Häufig singt sie eines, das wir nur als »Tomola tomola, vatvoi!« kennen und bei dem sie zunehmend lauter wird und die Arme kreisen lässt. Erst später erfahre ich, dass es das beliebteste französische Kinderlied über eine Windmühle ist, die sich zu schnell dreht. In Wahrheit lautet der Text: »*Ton moulin, ton moulin va trop vite*«.

Was uns wirklich für die *crèche* einnimmt, ist das Essen, genauer gesagt die Essenserfahrung. An jedem Montag hängt der Speiseplan für die ganze Woche an einer großen weißen Tafel im Eingangsbereich der Krippe aus.

Manchmal fotografiere ich diese Speisepläne und maile sie meiner Mutter. Sie lesen sich wie die Menütafeln Pariser Brasserien. Mittags gibt es vier Gänge: eine kalte Gemüsevorspeise, ein Hauptgericht mit Beilage aus Getreide oder gekochtem Gemüse, jeden Tag eine andere Käsesorte und einen Nachtisch aus frischem Obst oder Obstbrei. Jede Altersgruppe erhält eine leicht abgewandelte Variante davon, die Kleinsten bekommen mehr oder weniger dasselbe, nur püriert.

Ein typisches Menü beginnt mit Palmherzen und Tomatensalat, gefolgt von Putenbraten *au basilic*, dazu gibt es Reis mit einer Sauce *à la provençale*. Der dritte Gang besteht aus einer Scheibe Saint-Nectaire-Käse sowie einer Scheibe Baguette. Zum Nachtisch gibt es frische Kiwi.

Ein eigens in der *crèche* angestellter Koch bereitet es jeden Tag frisch zu. Mehrmals die Woche kommt ein Lieferwagen mit frischem Saison-, manchmal sogar Biogemüse. Bis auf die eine oder andere Dose Tomaten gibt es keinerlei Fertigzutaten oder Konserven. Ein paar Gemüse sind tiefgekühlt, aber niemals vorgekocht.

Ich kann mir kaum vorstellen, dass Zweijährige so eine Mahlzeit durchhalten, also erlaubt mir die *crèche* an einem Mittwoch am Mittagessen teilzunehmen, während Bean mit einem Babysitter zu Hause bleibt. Ich staune, als ich sehe, wie meine Tochter hier zu Mittag isst. Ich setze mich unauffällig mit meinem Notebook dazu, während ihre Spielgefährten sich in Vierergrüppchen um kleine Kindertische setzen. Eine der Betreuerinnen rollt einen Teewagen herein, darauf stehen Teller mit abgedeckten Gerichten und in Plastikfolie eingewickelten Broten (damit sie frisch bleiben). An jedem Tisch sitzt eine Erzieherin.

Als Erstes deckt die Erzieherin jedes Gericht auf und erklärt es. Die Vorspeise ist ein knallroter Tomatensalat mit Vinaigrette. »Anschließend gibt es *le poisson*«, sagt sie unter wohlwollenden Blicken, während sie Weißfisch in einer leichten Buttersauce mit Erbsen, Karotten und Zwiebeln als Beilage enthüllt. Anschließend kündigt sie den Käse-Gang an: »Heute ist es *le bleu*.« Sie zeigt den Kindern krümeligen Blauschimmelkäse. Anschließend kommt das Dessert an die Reihe: ganze Äpfel, die sie bei Tisch in Stücke schneiden wird.

Das Essen sieht schlicht, frisch und appetitlich aus. Wenn man von den Melamintellern, den klein geschnittenen Häppchen und der Tatsache, dass einige der Esser aufgefordert werden müssen, *merci* zu sagen, absieht, könnte ich auch in einem guten Restaurant sitzen.

* * *

Was sind das für Leute, die sich um Bean kümmern? Um das herauszufinden, tauche ich eines windigen Herbstmorgens bei der jährlichen Aufnahmeprüfung der *ABC Puériculture* auf, eine der Schulen, an denen *crèche*-Betreuer ausgebildet werden. Ich sehe Hunderte von nervösen Frauen (und ein paar Männer) um die zwanzig, die sich schüchtern beäugen oder kurz vor Schluss noch mit Hilfe dicker Arbeitsbücher schlaumachen.

Sie sind verständlicherweise aufgeregt. Von mehr als 500 Bewerbern, die die Prüfung ablegen, werden nur 30 angenommen. Die Bewerber werden in logischem Denken, Lesefähigkeit, Mathe und Humanbiologie auf Herz und Nieren geprüft. Diejenigen, die es bis in die zweite Runde schaffen, müssen sich einem psychologischen Test unterziehen, ein Referat halten und sich von mehreren Experten befragen lassen.

Die dreißig Auserwählten absolvieren anschließend ein Jahr lang Prüfungen und Praktika nach einem Lehrplan, der von der Regierung ausgearbeitet wurde. Sie lernen alles Notwendige über Kinderernährung, Schlaf und Hygiene, das Anrühren von Babynahrung und Windelwechseln. Während ihrer gesamten Laufbahn werden sie immer wieder wochenlange Fortbildungskurse machen.

In Frankreich ist der Beruf des Kinderpflegers sehr angesehen. Überall im Land gibt es Schulen mit ähnlich strengen Aufnahmebedingungen. Sie bilden ganze Armeen von fähigen Arbeitskräften aus, die dann das Krippenpersonal stellen. Nur die Hälfte der Betreuer müssen *auxiliaires* sein oder einen ähnlichen Abschluss haben. Ein Viertel braucht einen Abschluss in Gesundheits-, Freizeit- oder sozialen Angelegenheiten. Und ein Viertel benötigt gar keine Qualifikationen, wird aber vor Ort ausgebildet.[28] In Beans *crèche* sind dreizehn von sechzehn Betreuern *auxiliaires* oder etwas Ähnliches.

Ich beginne in Anne-Marie und den anderen Angestellten von Beans *crèche* die Absolventen einer Art Eliteschule für Kleinkindbetreuung zu sehen. Und ich kann ihr Selbstbewusstsein verstehen: Sie haben sich in ihre Materie eingearbeitet und den Respekt der Eltern verdient. Ich stehe tief in ihrer Schuld. In den knapp drei Jahren, die Bean in die Krippe geht, lernt sie, aufs Töpfchen zu gehen und Tischmanieren und bekommt einen Intensivkurs in Französisch.

In Beans drittem Jahr in der *crèche* befürchte ich, die Tage könnten ihr zu lang werden und sie werde nicht ausreichend stimuliert. Ich überlege mir, sie in die Vorschule zu schicken. Aber Bean scheint es in der *crèche* nach wie vor zu gefallen. Sie redet die ganze Zeit von Maky und Lila, ihren beiden besten Freundinnen. Interessanterweise fühlt sie sich zu anderen Ausländerkindern hingezogen: Lilas Eltern sind aus Marokko und Japan, Makys Vater stammt aus dem Senegal. Unsere Tochter hat tatsächlich Kontakte geknüpft. Als Simon und ich Bean über ein verlängertes Wochenende nach Barcelona mitnehmen, fragt sie uns ständig, wo die anderen Kinder sind.

Die Kinder in Beans Gruppe verbringen viel Zeit damit, herumzurennen und auf dem Kunstrasen herumzutoben, wo die kleinen Tretroller und Kettcars stehen. Bean ist normalerweise dort, wenn ich sie abhole. Sobald sie mich sieht, saust sie zu mir und wirft sich überglücklich in meine Arme, während es nur so aus ihr heraussprudelt, was sie den ganzen Tag über gemacht hat.

An Beans letztem Tag in der Krippe, an dem es eine Abschiedsparty gab und ihr Spind ausgeräumt wurde, umarmt sie ihre Hauptbetreuerin Sylvie und gibt ihr einen dicken Kuss. Ich kenne Sylvie als sehr professionelle Erzieherin. Aber als Bean sie umarmt, beginnt Sylvie zu weinen, und ich weine gleich mit.

Als die Krippenzeit vorbei ist, haben Simon und ich das Gefühl, dass sie Bean gutgetan hat. Trotzdem fühlten wir uns oft schuldig, als wir sie dort Tag für Tag abgaben. Und wir schaffen es auch nicht, die alarmierenden amerikanischen Schlagzeilen zu ignorieren, die behaupten, wie schädlich so eine Tagesbetreuung für Kinder ist.

Eine amerikanische Studie ist der Frage vieler Eltern nachgegangen, wie sich die Kleinkindbetreuung auf das spätere Leben der Zöglinge auswirkt.[29]

Eine der wichtigsten Erkenntnisse aus dieser Studie ist die, dass frühe externe Kleinkindbetreuung gar keine so große Rolle spielt: »Die Eltern spielen eine deutlich größere Rolle für die Kindesentwicklung als die Art, die Häufigkeit oder Qualität der Kindertagesbetreuung«, erklärt ein Experte. Kinder schnitten dann besser ab, wenn ihre Eltern gebildeter und wohlhabender waren oder wenn es zu Hause Bücher und Spielzeug gab und sie »lehrreiche Erfahrungen« machen konnte, wie beispielsweise eine Bücherei zu besuchen. Ob das betreffende Kind dreißig oder mehr Stunden eine Tageseinrichtung besucht hat oder zu Hause von seiner Mutter betreut wurde, war dabei völlig unwesentlich.

Die Studie betont, dass die Einfühlsamkeit der Mutter besonders wichtig ist – sprich, wie gut sie sich in ihr Kind hineinversetzen kann. Dasselbe gilt für Tageseinrichtungen: Einer der an der Studie beteiligten Forscher[30] schreibt, dass Kinder eine »qualitativ hochwertige« Betreuung bekommen, wenn die Erzieherin »auf die Bedürfnisse des Kindes eingeht, auf seine verbalen und nonverbalen Signale reagiert, seine Neugier und Wissbegier weckt und warmherzig, liebevoll und hilfsbereit ist.«

Kinder schnitten dann besser ab, wenn sie eine einfühlsame Bezugsperson hatten, ganz egal ob das nun eine Nanny, eine Großmutter oder eine Erzieherin war. »Es ist unmöglich, ein Klassenzimmer zu betreten und ohne irgendwelche Zusatzinformationen die Kinder herauszupicken, die eine Tagesstätte besucht haben«, so der Forscher.

Wir machen uns so viele Gedanken über die kognitive Entwicklung unserer Kinder, dass wir ganz vergessen zu fragen, ob sie in der Krippe glücklich sind und ob das eine positive Erfahrung für sie bedeutet. Genau darum geht es den französischen Eltern.

* * *

Sogar meine Mutter gewöhnt sich an die *crèche*. Sie fängt an, sie auch so zu nennen, statt »Kindertagesstätte«, was sicherlich auch dazu beiträgt. Die *crèche* hat für uns handfeste Vorteile: Sie steigert unser Zugehörigkeitsgefühl zu Frankreich, zumindest zu unserem Viertel. Zum Glück führt das dazu, dass wir unsere »Sollen wir nun in Paris bleiben oder nicht?«-Diskussion aussetzen. Wir können uns nicht vorstellen, irgendwohin zu ziehen, wo es keine anständige, bezahlbare Kinderbetreuung gibt. Und wir sehen schon dem nächsten Vorwand, in Frankreich zu bleiben, entgegen: der *école maternelle*, der kostenlosen Vorschule, in der so gut wie jeder einen Platz bekommt.

Doch am meisten mögen wir die französische *crèche*, weil Bean sie mag. Sie isst Blauschimmelkäse, verleiht ihr Spielzeug und spielt »*tomate, ketchup*« (eine französische Variante von Plumpsack). Außerdem hat sie die Befehlsform im Französischen erlernt. Allerdings ist Bean ein bisschen zu aggressiv: Sie tritt mich gerne gegens Schienbein. Aber ich gehe davon aus, dass sie ihr Temperament vom Vater geerbt hat. Leider kann ich die Tagesbetreuung nicht für ihre persönlichen Schwächen verantwortlich machen.

Maky und Lila sind nach wie vor Beans beste Freundinnen. Manchmal nehmen wir Bean sogar wieder mit zur *crèche*, damit sie durch den Zaun den Kindern zusehen kann, die jetzt im Innenhof spielen. In regelmäßigen Abständen sagt Bean wie aus dem Nichts: »Sylvie hat geweint.« Die *crèche* war ein Ort, an dem man sie ernst genommen hat.

Bébé au lait

Wie sich herausstellte, war es ganz einfach, mit der *crèche* warm zu werden. Aber nicht mit den anderen Müttern. Mir ist klar, dass Frauen in Frankreich nicht so spontan Kontakte schließen wie in Amerika. Angeblich entwickeln sich hier Frauenfreundschaften so langsam, dass es Jahre dauern kann, bis etwas daraus wird. Hat man jedoch erst einmal das Herz einer Französin errungen, hat man meist eine Freundin fürs Leben gewonnen. Amerikanische Instantfreundinnen dagegen können einen jederzeit fallen lassen.

Ich habe es zwar geschafft, mich in meiner Zeit in Paris mit einigen Französinnen anzufreunden, aber die meisten haben entweder keine Kinder oder wohnen am anderen Ende der Stadt. Ich war davon ausgegangen, dass ich Mütter aus meiner Nachbarschaft mit Kindern in Beans Alter kennen lernen würde. Ich hatte mir ausgemalt, dass wir Rezepte austauschen, Picknicks organisieren und über unsere Ehemänner lästern, denn so funktioniert das in Amerika. Meine Mutter hat noch heute ein enges Verhältnis zu den Frauen, die sie auf dem Spielplatz kennen gelernt hat, als ich klein war.

Deshalb bin ich nicht darauf vorbereitet, als mich die französischen Mütter, die in der Nachbarschaft wohnen und Kinder im passenden Alter haben, in der *crèche* mehr oder weniger ignorieren. Sie bringen kaum ein *bonjour* heraus, wenn wir morgens unsere Kleinkinder nebeneinander absetzen. Irgendwann weiß ich die Namen der meisten Kinder aus Beans Gruppe. Aber selbst nach einem Jahr dürfte nicht einmal eine der anderen Mütter Beans Namen kennen, von meinem ganz zu schweigen.

Mütter, die ich mehrmals die Woche in der *crèche* sehe, scheinen mich nicht zu erkennen, wenn wir uns im Supermarkt begegnen. Vielleicht wollen sie auch nur nicht in meine Privatsphäre eindringen, wie kulturwissenschaftliche Bücher behaupten. Würden sie mich ansprechen, würde daraus nämlich eine Beziehung mit entsprechenden Verpflichtungen entstehen. Vielleicht sind sie aber auch nur arrogant.

Auf dem Spielplatz ist es genau dasselbe: Die anderen ausländischen Mütter, die ich dort ab und zu treffe, verhalten sich genauso wie ich. Sie betrachten den Spielplatz als Ort, um Kontakte zu knüpfen, ja um vielleicht Freunde fürs Leben zu gewinnen. Schon wenige Minuten nach dem Kennenlernen wissen wir bereits, woher wir kommen und ob wir verheiratet sind, und tauschen uns über zweisprachigen Unterricht aus. Bald darauf bestärken wir uns gegenseitig wie verrückt: »Du läufst meilenweit für Trauben-Nuss-Müsli? Ich auch!«

Aber in der Regel begegne ich ausschließlich französischen Müttern. Und die sagen nie »Ich auch!«. Ehrlich gesagt würdigen sie mich kaum eines Blickes, nicht einmal, wenn unsere Kinder um Sandförmchen streiten. Versuche ich, das Eis zu brechen, indem ich »Wie alt ist er?« frage, murmeln sie eine Zahl und sehen mich an, als wäre ich ein Stalker. Sie fragen so gut wie nie etwas zurück. Und wenn doch, stellt sich heraus, dass sie Italienerinnen sind.

Gut, ich lebe in Paris, einer der unfreundlichsten Städte der Welt. Das verächtliche Lächeln ist mit Sicherheit hier erfunden worden. Sogar Franzosen aus anderen Landesteilen sagen mir, dass sie die Pariser als kühl und distanziert empfinden.

Wahrscheinlich sollte ich diese Frauen ebenfalls ignorieren. Aber ich kann einfach nicht anders: Sie machen mich neugierig. Zunächst einmal sehen viele von ihnen deutlich besser aus als Amerikanerinnen. Wenn ich Bean morgens in der *crèche* abgebe, habe ich die Haare zum Pferdeschwanz gebunden und trage die Klamotten, die ich neben dem Bett auf dem Fußboden gefunden habe. Französische Mütter kommen perfekt frisiert und parfümiert. Mir fällt nicht mal mehr die Kinnlade herunter, wenn sie in hochhackigen Stiefeln und Skinny-Jeans durch den Park stolzieren und Kinderwägen mit Säuglingen vor sich herschieben.

Aber diese Mütter sind nicht nur chic, sie sind auch seltsam reserviert. Sie brüllen die Namen ihrer Kinder nicht durch den ganzen Park oder gehen mit einem kreischenden Kleinkind auf die Straße. Sie haben Haltung. Sie strahlen nicht diese berüchtigte mütterliche Mischung aus Angst und Erschöpfung aus und scheinen auch nicht ständig am Rande eines Nervenzusammenbruchs zu stehen wie ich und die meisten amerikanischen Mütter aus meinem Bekanntenkreis. Wäre kein Kind bei ihnen, würde man gar nicht merken, dass sie Mütter sind.

Einerseits würde ich diese Frauen am liebsten mit fetter *pâté* zwangsfüttern. Andererseits kann ich es kaum erwarten, ihre Geheimnisse zu erfahren: Kinder, die brav durchschlafen, warten können und nicht quengeln, helfen einer

Mutter bestimmt, so gelassen zu bleiben und so souverän auszusehen. Aber da muss noch mehr dahinterstecken! Kämpfen sie insgeheim mit Sorgen? Wo ist ihr Bauchfett? Sind französische Mütter tatsächlich perfekt? Und wenn ja, sind sie glücklich?

Nach der Geburt eines Kindes besteht der erste sichtbare Unterschied zwischen französischen und amerikanischen Müttern im Stillen. Für uns angloamerikanische Mütter ist die Stilldauer eine Art Leistungsmerkmal der guten Mutterschaft...

Viele amerikanische Mütter aus der Mittelschicht betrachten Säuglingsnahrung als eine Form von Kindesmisshandlung. Und dass das Stillen Durchhaltevermögen erfordert, Unannehmlichkeiten und in manchen Fällen körperliche Beschwerden mit sich bringt, macht es erst recht zum Statussymbol.

Eine Amerikanerin, die in Frankreich stillt, bekommt extra Bonuspunkte, weil das Stillen hier nicht unterstützt wird und viele den Anblick einer Frau mit einem Kind an der Brust verstörend finden. »Die Stillende gilt eher als Kuriosum, als jemand, der seine Pflicht übererfüllt«, so ein Elternratgeber, der von *Message*, einer Pariser Organisation für angloamerikanische Mütter, herausgegeben wird.

Wir Expats erzählen uns Horrorgeschichten über französische Ärzte, die beim Anblick von wunden Brustwarzen oder verstopften Milchgängen den Müttern unbekümmert empfehlen, auf Fläschchennahrung umzusteigen. Um dem etwas entgegenzusetzen, hat *Message* eine eigene Freiwilligenarmee aus *Breastfeeding supporters* (»Stillbefürwortern«) ins Leben gerufen. Bevor ich Bean bekam, warnte mich eine von ihnen, mein Kind nach der Entbindung niemals dem Krankenhauspersonal zu überlassen, um Schlaf zu bekommen, weil die Säuglingsschwestern sich einfach über meine Anweisungen hinwegsetzen und dem Baby das Fläschchen geben würden, wenn es weint. Aus dem Mund dieser Frau klang das Wort »Saugverwirrung« schlimmer als »Autismus«.

Die französische Negativhaltung dem Stillen gegenüber führt dazu, dass sich angloamerikanische Mütter hier fühlen wie milchspendende Superheldinnen im Kampf gegen böse Ärzte und Fremde, die ihren Kindern die Antikörper wegnehmen wollen. In Chatrooms zählen Expat-Mütter die seltsamsten Orte in Paris auf, an denen sie bereits gestillt haben: in der Kathedrale *Sacre Cœur*, auf einem Grab auf dem Friedhof Père Lachaise, auf einer Cocktailparty im Four-Seasons-Hotel George V. Eine Mutter schreibt, sie habe ihr Baby am Beschwerdeschalter von EasyJet am Charles-de-Gaulles-Flughafen gestillt: »Ich habe es ihnen mehr oder weniger auf den Tresen gelegt.« Ich bekomme regelrecht Mitleid mit dem armen Angestellten dahinter.

In unserem Eifer können wir einfach nicht verstehen, warum französische Mütter kaum stillen. Etwa 63 Prozent der französischen Mütter stillen nur ganz kurz.[31] Etwas mehr als die Hälfte stillt noch, wenn sie das Krankenhaus verlässt, aber die meisten stellen es bald darauf vollkommen ein. Längeres Stillen ist extrem selten.

Unter angloamerikanischen Müttern kursieren folgende Theorien, warum Französinnen nicht stillen: Sie haben keine Lust dazu, ihr Busen ist ihnen wichtiger als ihr Kind

(Dabei leiert nachweislich die Schwangerschaft und nicht das Stillen die Brüste aus.), oder sie wissen einfach nicht, wie wichtig das Stillen für das Baby ist.

Franzosen erzählen mir, dass in ihren Augen Stillen immer noch bäurisch wirkt. Das komme aus der Zeit, als man Säuglinge zu Ammen aufs Land gab. Olivier, der mit meiner Journalistenfreundin Christine verheiratet ist, behauptet, das Stillen entzaubere außerdem die weibliche Brust und mache sie zu etwas rein Praktischem, Animalischem. So wie französische Väter es tunlichst vermeiden, bei der Geburt dorthin zu schauen, wo die Action ist, vermeiden sie es auch, die weibliche Brust zu betrachten, wenn das keinen sexuellen Hintergrund hat.

Als meine britische Freundin Alison, die in Paris Englisch unterrichtet, ihrem Arzt sagt, dass sie ihr dreizehn Monate altes Kind immer noch stillt, soll er gefragt haben: »Was sagt denn Ihr Mann dazu? Und Ihr Psychotherapeut?« *Enfant Magazine*, eine der führenden französischen Hochglanzzeitschriften zum Thema, schreibt: »Stillt man länger als drei Monate, wird das in der Regel als befremdlich empfunden.«

Alexandra, eine Mutter zweier Mädchen, die in der *crèche* arbeitet, sagt, sie habe ihren Töchtern keinen einzigen Tropfen Muttermilch gegeben. Und das ohne jedes schlechte Gewissen. Sie sei begeistert gewesen, dass ihr Partner, ein Feuerwehrmann, angeboten habe, sich mit um die Babys zu kümmern. So habe er ihnen von Anfang an das Fläschchen geben können. Alexandra weist darauf hin, dass beide Mädchen vollkommen gesund sind.

Sie fügt noch hinzu: »Es war eine gute Übung für den Vater, ihnen nachts die Flasche zu geben. Und ich konnte schlafen und im Restaurant Wein trinken. Für *maman* war das alles andere als schlecht.«

Laut Pierre Bitoun, einem französischen Kinderarzt und Stillbefürworter, glauben viele Französinnen, nicht genug Milch zu haben. Dr. Bitoun zufolge liegt das auch daran, dass die Mütter nicht schon im Krankenhaus ermutigt werden, alle paar Stunden zu stillen. Doch darauf kommt es in den ersten Tagen an, wenn die Mütter genügend Milch für ihre Kinder produzieren sollen. Stillen sie nicht von Anfang an regelmäßig, haben sie tatsächlich nicht genug Milch, und der Rückgriff auf Säuglingsnahrung scheint unausweichlich zu sein. »Am dritten Tag hat das Kind zweihundert Gramm abgenommen, und es heißt: ›Oh, Sie haben nicht genügend Milch, also geben wir ihm Säuglingsnahrung, das Kind verhungert ja!‹ Das ist doch absurd.«

Dr. Bitoun hält viele Vorträge in Krankenhäusern, um die Vorteile des Stillens zu erläutern. Aber die Kultur sei stärker als alle Wissenschaft: »Drei Viertel aller Leute, mit denen ich im Krankenhaus zu tun habe, glauben nicht, dass Muttermilch gesünder ist als Säuglingsnahrung. Sie denken, es gäbe keinen Unterschied und halten Säuglingsnahrung für qualitativ hochwertig. Das wird den Müttern zumindest eingeredet, damit sie sich nicht so schuldig fühlen.«

Fakt ist: Obwohl französische Kinder eine Unmenge von Säuglingsnahrung konsumieren, sind sie amerikanischen Kindern gesundheitlich doch in allen Punkten überlegen. Bei den nationalen Durchschnittswerten der UNICEF zu Gesundheit und Sicherheit, die auch die Kindersterblichkeit, die Immunisierungsraten von Kindern unter zwei Jahren und Todesfälle infolge von Unfällen und Verletzungen berücksichtigen, hat Frankreich sechs Punkte *Vorsprung*.

Französische Eltern sehen keine Veranlassung dazu, Säuglingsnahrung für schädlich zu halten, und finden auch nicht, dass man aus dem Stillen ein geheiligtes Ritual machen sollte. Sie gehen davon aus, dass Muttermilch vor allem für die Kinder armer Mütter aus der afrikanischen Subsahara eine Rolle spielt, aber bestimmt nicht für Pariser Babys aus der Mittelschicht. »Wir stellen fest, dass es allen Babys, die Säuglingsnahrung bekommen, gut geht« so Christine, die Journalistin mit den beiden kleinen Kindern. »Wir selbst haben auch alle Säuglingsnahrung bekommen.«

Ich sehe das weniger gelassen. Ehrlich gesagt habe ich nach meinem Gespräch mit der Stillberaterin solche Panik, dass ich nach Beans Geburt im Krankenhaus darauf bestehe, dass sie rund um die Uhr bei mir im Zimmer bleibt. Ich wache jedes Mal auf, wenn sie wimmert, und bekomme so gut wie keinen Schlaf.

Diese Qualen und diese Selbstaufopferung kommen mir ganz natürlich vor. Aber nach ein paar Tagen merke ich, dass ich anscheinend die einzige Mutter auf der Neugeborenenstation bin, die sich dieser Tortur unterzieht. Die anderen, sogar diejenigen, die stillen, übergeben ihre Babys nachts dem Personal. Sie finden, ein Anrecht auf ein paar Stunden Schlaf zu haben.

Irgendwann bin ich so fertig, dass ich das ebenfalls ausprobiere, auch wenn ich mich schwer dafür verurteile. Im Nu bin ich bekehrt, und Bean scheint es deswegen auch nicht schlechter zu gehen. Anders als böse Gerüchte behaupten, sind die Schwestern und *puéricultrices* auf der Station gern bereit, sie mir ins Zimmer zu schieben, wenn sie gestillt werden muss, und holen sie danach auch wieder ab.

In Frankreich wird das Stillen wahrscheinlich nie auf fruchtbaren Boden fallen. Dafür gibt es die *Protection maternelle et infantile*. Das ist die Behörde zum Schutz von Mutter und Kind, die auch die *crèches* überwacht. Sie unterhält Zentren in ganz Paris, die für alle Kinder kostenlose Kontrolluntersuchungen und Impfungen anbieten – auch für Kinder, die illegal in Frankreich leben. Mittelschicht-Eltern suchen sie eher selten auf, da die Regierung auch einen Großteil der Kosten für privatärztliche Behandlungen übernimmt.

Ich bin nicht scharf auf eine staatliche Untersuchung. Wird es dort unpersönlich zugehen? Wird es dort sauber sein? Doch ein wesentlicher Faktor überzeugt mich schließlich: Die Untersuchung ist völlig kostenlos. Unser PMI-Zentrum ist gerade mal zehn Minuten zu Fuß von zu Hause weg. Wie sich herausstellt, werden wir bei jedem Besuch vom selben Arzt behandelt. Es gibt einen riesigen Spielbereich im blitzsauberen Warteraum. Das PMI schickt auch eine *puéricultrice* vorbei, die schaut, ob alles in Ordnung ist, nachdem man mit dem Baby aus dem Krankenhaus gekommen ist. Hat man postnatale Depressionen, bekommt man sogar einen Psychologen an die Seite gestellt. All das ist kostenlos, es gibt nicht einmal eine Rechnung. Diese Rundum-Versorgung kann die paar Milliliter Brustmilch locker aufwiegen.

Was das Stillen angeht, gehe ich trotzdem kein Risiko ein. Laut der *American Academy of Pediatrics* sollte ich zwölf

Monate lang stillen, also tue ich das auch mehr oder weniger auf den Tag genau. An Beans erstem Geburtstag wird sie ein letztes Mal gestillt. Manchmal genieße ich das Stillen. Aber oft finde ich es nervig, aus dem, was ich gerade tue, herausgerissen zu werden und zum Stillen nach Hause oder zu einer Verabredung mit meiner elektrischen Milchpumpe eilen zu müssen. Im Grunde halte ich nur deswegen durch, weil ich von den gesundheitlichen Vorteilen gelesen habe.

Der amerikanische Gruppenzwang zum Stillen dient der Gesundheit der Nation, aber er macht uns auch ganz schön neurotisch. Französinnen riechen die damit verbundenen Ängste und Schuldgefühle schon von Weitem und machen einen großen Bogen darum.

Nach jahrelangem Werben fürs Stillen musste Dr. Bitoun feststellen, dass sich französische Mütter in der Regel nicht mal von den Gesundheitsvorteilen in Bezug auf den IQ und das Immunoglobulin A überzeugen lassen. Wenn sie stillen, dann nur, weil behauptet wird, sie und das Baby würden das genießen. »Aus Erfahrung wissen wir, dass das Genuss-Argument das einzige ist, das funktioniert.«

Französische Mütter mögen entspannt in Bezug aufs Stillen sein, aber nicht wenn es darum geht, nach der Geburt figurmäßig wieder in Form zu kommen. Ich bin schockiert zu hören, dass die dünne Kellnerin in dem Café, in das ich meist zum Schreiben gehe, ein sechs Jahre altes Kind hat. Ich hatte sie für ein dreiundzwanzigjähriges It-Girl gehalten.

In Frankreich gibt es keine Gründe dafür, warum eine Frau nicht sexy sein sollte, bloß weil sie Kinder hat. Nicht selten sagen Franzosen, Mütter strahlten eine aufregende *plenitude* (Glück und geistige Fülle) aus.

Natürlich gibt es auch Amerikanerinnen, die rasch ihre Babypfunde wieder loswerden. Aber leider noch mehr Belege für das Gegenteil. Ein Modeartikel mit der Überschrift »*New-Mom Makeover*« in der Zeitschrift *American Baby* zeigt drei verlegene, pummelige Frauen mit einem künstlichen Lächeln in zeltartigen Gewändern. Sie haben ihre Kinder strategisch geschickt vor den Hüften platziert. Die dazugehörige Bildunterschrift nimmt kein Blatt vor den Mund: »Mutter werden verändert die Figur und stellt das gesamte bisherige Leben auf den Kopf« heißt es, bevor ein Loblied auf Stretchhosen gesungen wird.

Einige amerikanische Frauen sehen sich moralisch im Recht, sich dem Mutterdasein auf Kosten ihres Körpers zu widmen. Ganz so, als hätten sie jetzt höhere Ziele. Eine Consultant-Frau aus Connecticut mit einem sechs Monate alten Kind erzählt mir, neulich sei eine Französin zu ihrer Spielgruppe gestoßen, die – mit charmantem Akzent – sofort gefragt habe: »Und, wie nääääähmt iiir ab?« Woraufhin alle anderen abrupt verstummt seien. Denn darüber wird bei amerikanischen Müttern normalerweise nicht geredet. Natürlich würden auch sie gern mit den Fingern schnippen und um zehn Kilo leichter sein. Aber keine von ihnen nimmt nennenswert ab. Es kommt ihnen egoistisch vor, Zeit, die eigentlich dem Kind gehört, darauf zu verwenden, Fettpölsterchen loszuwerden oder auch nur darüber zu reden.

Fragt man frischgebackene Pariser Mütter, wie sie die überflüssigen Pfunde nach der Geburt loswerden, erntet man dagegen kein eisiges Schweigen. Hier gibt es nicht nur den Druck, während der Schwangerschaft nicht zu stark zuzunehmen, sondern auch den, gleich nach der Geburt wieder abzunehmen.

Die Schwester der Consultant-Frau in Connecticut ist meine Freundin Nancy. Sie lebt mit ihrem französischen Lebensgefährten in Paris und hat einen Sohn. Die beiden Schwestern, die sich sehr ähneln, eignen sich perfekt für vergleichende Feldforschung. Denn allein wegen ihres Wohnorts und der Nationalität ihres Partners sind sie einem ganz unterschiedlichen sozialen Druck ausgesetzt. Nancy, die »Pariser Schwester«, erzählt mir, ihr französischer Freund habe bereits wenige Monate nach der Geburt ihres gemeinsamen Kindes gestichelt, sie solle endlich aufhören, Jogginghosen zu tragen und ihren Rettungsring loswerden. Als Anreiz schlug er vor, ihr neue Kleider zu schenken.

Nancy sagt, sie sei erstaunt, aber auch beleidigt gewesen. Wie ihre Schwester in Connecticut habe sie geglaubt, sich in einer »Mami-Schutzzone« zu befinden, in der ihr Äußeres eine Zeitlang keine Rolle spielt, damit sie sich ausschließlich ums Kind kümmern kann. Aber Nancys französischer Freund hat da eine ganz andere Einstellung. Er betrachtet sie nach wie vor als vollwertige Frau und erhebt den Anspruch, denselben ästhetischen Anblick genießen zu wollen wie vor der Geburt. Er war gleichermaßen erstaunt wie besorgt, dass Nancy das nicht so wichtig war.

In Frankreich scheint die Drei so etwas wie eine magische Zahl zu sein: Französinnen aller Altersgruppen erzählen, dass sie drei Monate nach der Geburt ihre alte *ligne* wiedergehabt hätten. Audrey, eine französische Journalistin, sagt mir beim Kaffee, dass sie nach ihren beiden Schwangerschaften sofort wieder ihre alte Figur zurückgehabt habe (auch nach der Geburt der Zwillinge). »Logisch, das war doch nur natürlich«, behauptet sie. »Aber du doch auch, oder?« (Ich saß bereits, als sie das Café betrat.)

Als Ausländerin, die nicht mit einem Franzosen verheiratet ist, habe ich mich selbst von der Dreimonatsregel befreit. Ich glaube sogar, bis Bean ein halbes Jahr alt war, hatte ich noch nicht einmal davon gehört. Mein Körper war so nett, sich ein Fettdepot um Bauch und Hüften zuzulegen und den Eindruck zu vermitteln, dass zumindest die Plazenta noch drin ist.

Auch ich wäre bestimmt dünner, wenn ich stichelnde französische Schwiegereltern hätte. Nicht nur Übergewicht scheint ansteckend zu sein, sondern auch Dünnsein. Wenn jeder um einen herum davon ausgeht, dass man die überflüssigen Pfunde schnell wieder loswird, wird man sie höchstwahrscheinlich auch schnell wieder loswerden. (Wobei das erheblich leichterfällt, wenn man gar nicht erst besonders stark zugenommen hat.)

Um nach der Geburt abzunehmen, scheinen Französinnen einfach nur das zu tun, was sie schon immer tun, nur intensiver.

»Ich achte sehr auf mich«, sagt meine Freundin Virginie, eine zierliche Mutter von drei Kindern, eines Tages beim Mittagessen zu mir, als ich mir gerade eine Riesenschüssel kambodschanische Nudelsuppe gönne. (Jedes Land, das von Frankreich besetzt oder kolonisiert wurde, überzieht ganz Paris mit billigem, köstlichem Ethnofood.)

Virginie behauptet, noch nie eine Diät gemacht zu haben, die man in Frankreich *régime* nennt.

Sie achtet einfach nur sehr auf sich, manchmal.

»Wie meinst du das?«, frage ich Virginie zwischen zwei Löffeln Nudelsuppe.

»Kein Brot!«, sagt sie im Brustton der Überzeugung.

»Kein Brot?«, wiederhole ich ungläubig.

»Kein Brot«, bestätigt mir Virginie ebenso unerbittlich wie gelassen.

Damit meint Virginie nicht, dass sie niemals Brot isst. Nur kein Brot unter der Woche von Montag bis Freitag. An den Wochenenden und wenn sie manchmal unter der Woche ausgeht, isst Virginie angeblich, was sie will.

»Was du willst, aber in bescheidenen Mengen, willst du damit sagen?«

»Nein, ich esse, was ich will«, sagt sie im selben Brustton der Überzeugung.

Dasselbe beschreibt Mireille Guiliano in *Warum französische Frauen nicht dick werden: Das Geheimnis genussvollen Essens.* Guiliano schlägt darin vor, sich pro Woche nur einen Tag »Auszeit« zu gönnen und es auch dann nicht zu übertreiben mit dem Essen. Ich finde es inspirierend zu sehen, dass jemand diese Regel tatsächlich anwendet, und das mit Erfolg.

»Auf sich achten« ist ein weiteres Beispiel dafür, dass Französinnen rein intuitiv wissenschaftliche Erkenntnisse befolgen. Forscher fanden heraus, dass die beste Methode, um abzunehmen und sein Gewicht langfristig zu halten, darin besteht, sich sorgfältig zu beobachten – zum Beispiel, indem man ein Ernährungstagebuch führt und sich täglich wiegt.[32] Sie haben auch festgestellt, dass die Leute mehr Disziplin haben, wenn sie sich bestimmte Nahrungsmittel nicht ganz verbieten, sondern sich damit trösten, diese später zu essen[33] (vermutlich am Wochenende).

Mir gefällt auch die neutrale, pragmatische französische Formulierung »auf sich achten«. Hat man mal kurz nicht auf sich geachtet und etwas Kuchen genascht, kann man sich leicht vergeben und sich bei der nächsten Mahlzeit intelligenter ernähren.

Laut Virginie ist diese Art zu essen ein offenes Geheimnis unter den Pariserinnen. »Jede Dünne, die du siehst« – sie fährt ihre schmalen Konturen nach – »achtet sehr auf sich.« Sobald Virginie glaubt, ein paar Pfund zugenommen zu haben, achtet sie noch mehr auf sich. (Meine Freundin Christine bringt dieses System auf den Punkt: »Pariserinnen essen nicht sehr viel.«)

Während des Mittagessens mustert mich Virginie und kommt offensichtlich zu dem Schluss, dass ich nicht genügend auf mich achte.

»Du trinkst *café crème*, nicht wahr?«, fragt sie. *Café crème* ist die Pariser Bezeichnung für *café au lait*: eine Tasse dampfender Milch mit einem Schuss Espresso, aber ohne Schaum, was das Ganze zu Cappuccino machen würde.

»Ja, aber mit Magermilch«, gestehe ich leise. Aber nur zu Hause. Laut Virginie ist sogar Magermilch schwer verdaulich. Sie trinkt *café allongé* – einen Verlängerten, sprich einen mit Wasser gestreckten Espresso. (Filterkaffee ist ebenfalls erlaubt.) Ich notiere mir Virginies Vorschläge – Mehr Wasser trinken! Treppen steigen! Spazieren gehen! – als wären sie die reinste Offenbarung.

Ich bin nicht übergewichtig, sondern wie meine Freundin Nancy bloß mütterlich. Es besteht also nicht die Gefahr, dass Bean sich an meinem Hüftknochen stoßen könnte, wenn ich sie auf den Schoß nehme. Aber ich wäre gern dünn. Ich habe mir geschworen, nicht mehr schwanger zu werden, bis ich mein Buch beendet und mein Wunschgewicht erreicht habe. (Nach mehreren Jahren in Frankreich weiß ich immer noch nicht, ob ich einen Pulli anziehen soll, wenn ich die Temperatur in Celsius genannt bekomme. Ich weiß auch nicht, wie groß jemand ist, wenn ich eine Zentimeterangabe höre. Aber ich weiß auf Anhieb, ob mein Körpergewicht in Kilogramm bedeutet, dass ich noch in meine Jeans passe oder nicht.)

* * *

Natürlich sind französische Mütter nicht nur deshalb anders, weil sie dünn sind. Und das sind auch nicht alle. Außerdem lerne ich Amerikanerinnen kennen, die ebenfalls nach drei Monaten wieder in ihre alten Jeans passen. Aber die kann ich im Park schon von Weitem anhand ihrer Körpersprache identifizieren. Genau wie ich beugen sie sich über ihre Kinder und verteilen Spielzeug im Gras, während sie den Boden nach Gegenständen abtasten, die versehentlich eingeatmet werden könnten. Sie stellen sich unverkennbar in den Dienst der Kinder.

Französinnen erkennt man daran, dass sie nicht nur ihre Kleidergröße, sondern auch ihre Persönlichkeit von vor der Schwangerschaft zurückbekommen. Zunächst einmal kleben sie nicht so an ihren Kindern. Ich habe noch keine französische Mutter gesehen, die ein Klettergerüst benutzt, mit ihrem Kind die Rutsche nimmt oder sich auf eine Wippe setzt. Französische Eltern stehen meist am Rand von Spiel-

173

platz oder Sandkasten (außer ihr Kind lernt gerade laufen) und unterhalten sich (wenn auch nicht mit mir).

In den meisten amerikanischen Haushalten mit Kindern ist jedes Zimmer mit Spielzeug übersät. Ich kenne eine Wohnung, in der die Eltern sämtliche Bücher aus den Wohnzimmerregalen geräumt und sie durch Kinderspielzeug und Spiele ersetzt haben.

Manche französischen Eltern bewahren auch einige Spielsachen im Wohnzimmer auf, aber die meisten nicht. Und wenn, dann werden die Spielsachen abends aufgeräumt und wieder ins Kinderzimmer verbannt. Die Eltern sehen darin eine gesunde Trennung, eine Chance, den Kopf freizubekommen, wenn ihre Kinder zu Bett gehen. Samia, meine Nachbarin, die ihrer Zweijährigen tagsüber eine äußerst liebevolle Mutter ist, sagt, dass sie kein Spielzeug mehr sehen will, wenn ihre Tochter zu Bett geht. »Ihre Welt ist dann auf ihr Zimmer beschränkt.«

Und nicht nur der physische Raum wird in Frankreich anders eingeteilt, sondern auch der zeitliche. Ich staune über die hier herrschende Meinung, dass gute Mütter ihren Kindern nicht ständig zur Verfügung stehen müssen und dass sie deswegen kein schlechtes Gewissen zu haben brauchen.[34]

Auch in amerikanischen Erziehungsratgebern kann man lesen, dass Mütter noch ein eigenes Leben haben sollten. Trotzdem höre ich von amerikanischen Vollzeitmüttern oft, dass sie sich keinen Babysitter nehmen, weil sie finden, es sei ihr Job, sich um das Kind zu kümmern.

In Paris finden es sogar nicht berufstätige Frauen selbstverständlich, ihre Kleinkinder in eine Krippe zu bringen, um etwas mehr Zeit für sich zu haben. Sie gönnen sich ganz ohne Gewissensbisse Zeitfenster, die sie für Yoga-Kurse oder Friseurbesuche nutzen. Mit dem Ergebnis, dass französische Vollzeitmütter nicht völlig erschöpft und zerzaust im Park auftauchen, so als würden sie einem eigenen Volk angehören.

Französinnen gestatten sich nicht nur Auszeiten, in denen sie sich körperlich von ihren Kindern trennen, sie tun das auch mental: In Hollywoodfilmen weiß man sofort, ob eine Heldin Kinder hat oder nicht. Denn davon handelt der Film in der Regel. Aber in den französischen Liebesfilmen oder Komödien, die ich mir manchmal heimlich gönne, scheint das Kinderhaben für den Plot keine Rolle zu spielen. In dem typisch französischen Film *Les Regrets* nimmt eine Kleinstadtlehrerin die Affäre mit ihrem früheren Freund wieder auf, der erneut in die Stadt kommt, als seine Mutter erkrankt. Wir bekommen vage mit, dass die Lehrerin eine Tochter hat. Aber das kleine Mädchen taucht nur kurz auf. Der Film ist überwiegend eine Liebesgeschichte mit heißen Sexszenen. Die Heldin soll keine schlechte Mutter darstellen, ihre Mutterrolle hat nur einfach keine Bedeutung für die Story.

In Frankreich lautet die vorherrschende Meinung, dass es wunderschön ist, Eltern zu sein, dass man sich aber nicht nur darauf beschränken sollte. Frauen aus meinem Pariser Bekanntenkreis fassen das in Worte, indem sie sagen, Mütter dürften sich nicht zu »Sklaven« ihrer Kinder machen. Natürlich gibt es auch Mittelschicht-Französinnen, die vollkommen in ihrer Mutterrolle aufgehen, und Amerikanerinnen, die es schaffen, das nicht zu tun. Aber das vorherrschende Ideal ist jeweils ein ganz anderes. Ich staune über die Modestrecke in einer französischen Mütterzeitschrift[35] mit der Schauspielerin Géraldine Pailhas. Die 39-jährige Géraldine ist Mutter von zwei Kindern und stellt verschiedene Muttertypen dar. Auf einem Foto raucht sie eine Zigarette, schiebt einen Kinderwagen und schaut in die Ferne. Auf einem anderen trägt sie eine blonde Perücke und liest eine Biographie von Yves Saint Laurent. Auf einem dritten trägt sie ein schwarzes Abendkleid und schwindelerregende, mit Federn beklebte Stilettos, während sie einen altmodischen Kinderwagen vor sich herschiebt.

Im dazugehörigen Artikel wird Pailhas als Ideal einer französischen Mutter beschrieben: »Im Grunde verkörpert sie die Freiheit der Frauen: Sie ist glücklich in ihrer Mutterrolle, wild auf neue Erfahrungen, perfekt in Krisensituationen und hat stets ein offenes Ohr für ihre Kinder. Gleichzeitig glaubt sie nicht an das Konzept der perfekten Mutter, die es ihrer Meinung nach gar nicht gibt.«

Etwas an dem Artikel und an Pailhas' Einstellung erinnert mich an die französischen Mütter, die mich im Park ignorieren. Im wahren Leben stöckeln sie eher nicht in Christian Louboutins herum, machen aber wie Pailhas deutlich, dass sie zwar hingebungsvolle Mütter sind, sich aber auch mit Dingen beschäftigen, die nichts mit Kindern zu tun haben, und die Momente von *liberté* ohne schlechtes Gewissen genießen.

Pailhas war ihre überflüssigen Pfunde selbstverständlich schon los, als ihre Kinder aus ihr herausflutschten. Aber die innere Einstellung, die wir auf diesen Bildern vorgeführt bekommen und die ich auch an französischen Müttern in der *crèche* und im Park wahrnehme, erfordert es auch, dass sie verführerisch aussieht und sich dementsprechend fühlt.[36] Pailhas sieht aus wie eine entspannte, erotische Frau. Ich kann mir nicht vorstellen, dass sie nur so glücklich ist wie ihr unglücklichstes Kind.

Ich befrage meine Freundin Sharon, eine belgische Literaturagentin, die mit einem gut aussehenden Franzosen verheiratet ist. Sie hat mit ihm und ihren zwei Kindern schon überall auf der Welt gelebt. Sharon weist mich sofort auf etwas anderes hin, das ich auf den Pailhas-Fotos sehe und auch an den Pariser Müttern in meiner Umgebung wahrnehme.

»Für Amerikanerinnen ist die Mutterrolle abgetrennt von ihrem übrigen Leben und sehr absolut«, so Sharon. »Tragen sie die Mutterbrille, tragen sie auch Mutterklamotten. Sind sie sexy, sind sie gleich übertrieben sexy. Aber die Kinder dürfen nur die Mutter in ihnen erleben.«

In Frankreich verschmelzen »Mutter« und »Frau« idealerweise miteinander. Und man darf jederzeit beide sehen.

Die perfekte Mutter gibt es nicht

Im Folgenden verrate ich Ihnen ein Geheimnis, von dem Sie vermutlich noch nie etwas gehört haben: Wenn man zwölf Stunden täglich vor dem Computer sitzt und vor lauter Stress ein M&M nach dem anderen einwirft, hilft das nicht gerade abzunehmen.

Mich versetzt es jedoch in die Lage, mein Buch fertigzustellen. Und allein das bloße Vorhandensein dieses Buches auf der Website von Amazon »weckt die Frau in mir«. Genauso wie die dazugehörige Lesereise. Ich fliege nach New York, *sans* Mann und Kind, um mit jedem über das Buch zu reden, der mir zuhören will, und starre es verliebt in den Buchhandlungen an. Meine eigentliche Verwandlung vollzieht sich jedoch, als das Buch auf Französisch erscheint. Nachdem ich jahrelang inkognito in Paris gelebt habe, bin ich plötzlich landesweit ein Thema. Das Buch ist eine Recherche darüber, wie unterschiedlich verschiedene Kulturen mit Untreue umgehen. (Damit kam ich endlich davon weg, ständig nur über Geld zu schreiben. Außerdem gefiel mir die Idee, von Frankreich aus Nachforschungen dazu anzustellen.)

Amerikaner lesen das Buch als ernst zu nehmende Untersuchung moralischer Fragen. Für die Franzosen ist es bloße Unterhaltung.

Eine Talkshow namens *Le Grand Journal* lädt mich ein,

live und auf Französisch darüber zu diskutieren. Ich habe *Le Grand Journal*, das fünfmal die Woche um 19 Uhr 05 auf Sendung geht, noch nie geschaut. Meine französische Verlegerin – eine runzlige Frau um die fünfzig mit einem Rolodex aus purem Gold –, erklärt mir, die Sendung sei eine französische Institution, eine Art Mischung aus Late-Night-Show und Polittalksendung. Moderator Michel Denisot ist eine journalistische Legende. Er und eine Reihe von Interviewern nehmen jeden Gast in die Mangel. Alle sind geistreich, aber auch ein bisschen grob.

Meine Verlegerin ist begeistert über die Publicity, schiebt aber Panik wegen meiner Französischkenntnisse. Sie arrangiert mehrere Stunden bei einem französischen Geschäftsmann für mich, in denen ich Übungsfragen auf Französisch beantworten muss. Er scheint ebenfalls nervös zu sein und erinnert mich wiederholt daran, dass das Wort *affaire* auf Französisch nichts Außereheliches bedeutet, dafür muss ich *aventure* oder *liaison* sagen.

Als der Sendetermin gekommen ist, fühle ich mich gut vorbereitet. Ich konzentriere mich so darauf, die Fragen zu verstehen, dass ich nicht mal nervös bin. Zum Glück sind es überwiegend die, die ich geübt habe. Wie ich auf die Idee zu diesem Buch gekommen bin? Wie Frankreich im Vergleich zu den Vereinigten Staaten abschneidet? Als einer der Interviewer wissen will, ob ich während der Arbeit an dem Buch selbst untreu war, klappere ich kokett mit den Wimpern und sage, ich sei Journalistin und dementsprechend *très professionelle*. Die Interviewer und das Studiopublikum sind begeistert.

Daran anknüpfend scheint Denisot das Interview zu beenden, und meine Konzentration lässt nach. Dann höre ich plötzlich wieder meinen Namen. Denisot richtet eine weitere Frage an mich. Er kann es partout nicht lassen. Es geht irgendwie um Moïse – französisch für Moses – und einen Blog. Hatte Mose einen Blog? Ich habe nicht die leiseste Ahnung, was er mich fragt.

Auf einmal fällt es mir wie Schuppen von den Augen: Denisot sagt nicht »blog«, sondern *blague*, französisch für Witz. Ich soll einen Witz aus meinem Buch erzählen. Und zwar den, in dem Moses vom Berg Sinai herabsteigt und sagt: »Ich habe eine gute und eine schlechte Nachricht. Die gute ist, dass ich ihn auf zehn Gebote runterhandeln konnte. Und die schlechte, dass Ehebruch immer noch verboten ist.«

Das ist keine der Fragen, die ich eingeübt habe. So spontan weiß ich gar nicht mehr genau, wie der Witz geht, und erst recht nicht auf Französisch. Was heißt »Berg«? Und was »Gebot«? Ich bringe nicht mehr heraus als »Ehebruch ist immer noch verboten.« Zum Glück ist mir das Publikum wohlgesinnt und lacht. Und Denisot ist klug genug, zum nächsten Gast überzuleiten.

Ich bin dankbar, so öffentlichkeitswirksam ins Berufsleben zurückzukehren. Damit passe ich wieder in die französische Gesellschaft. Denn da französische Mütter nicht stillen, sondern sich Kopf und Körper so schnell wie möglich zurückerobern, gehen sie auch bald nach der Geburt wieder arbeiten. Mütter mit einem Studienabschluss geben ihre Karriere so gut wie nie auf, weder vorübergehend noch auf Dauer. Erzähle ich Amerikanern, dass ich ein Kind habe, fragen sie in der Regel: »Arbeitest du?« Während Franzosen dagegen bloß fragen: »Als was arbeitest du?«

Zu Hause in den Vereinigten Staaten kenne ich viele Frauen, die aufgehört haben zu arbeiten, um ihre Kinder großzuziehen. In Frankreich kenne ich genau eine. Ich kann mir ausmalen, wie mein Leben als Vollzeitmutter in Frankreich aussähe, als ich eines Vormittags die Arbeit ruhen lasse und mit Bean in den Park gehe. Unser Park wurde im 19. Jahrhundert auf dem Gelände des früheren Templerpalasts errichtet. Das klingt sehr nach Da-Vinci-Code, doch die Anlage ist ziemlich großstädtisch. Dort wird man eher auf einen vergessenen Schnuller als auf ein mittelalterliches Relikt stoßen. Es gibt einen kleinen See, eine pseudogusseiserne Gartenlaube und einen Spielplatz, der sich füllt, sobald die Schule aus ist.

Bean und ich sitzen in der Laube, als ich plötzlich zusammenzucke, weil ich amerikanisches Englisch höre. Es kommt von einer Frau mit zwei kleinen Kindern. Es dauert nicht lange, und wir tauschen unsere Lebensgeschichten aus. Sie erzählt mir, dass sie ihren Job aufgegeben hat, um ihrem Mann während seines einjährigen Sabbaticals nach Paris zu folgen. Er macht hier seine Recherchen, während sie sich die Stadt ansieht und sich um die Kinder kümmert.

Neun Monate nach Beginn dieses Sabbaticals sieht sie allerdings nicht aus wie jemand, der die Stadt des Lichts genießt. Sondern wie jemand, der zwei Kleinkinder im Park hin und her schleift. Sie stottert ein wenig und entschuldigt sich damit, dass sie nur selten mit Erwachsenen rede. Sie hat von den Spielgruppen der englischsprachigen Mütter gehört, möchte aber ihre kostbare Zeit in Frankreich nicht mit anderen Amerikanern verbringen. (Ich versuche, das nicht persönlich zu nehmen.) Sie spricht fließend Französisch und hatte erwartet, ein paar französische Mütter kennen zu lernen und sich mit ihnen anzufreunden.

»Wo sind die ganzen Mütter?«, fragt sie.

Nun, selbstverständlich bei der Arbeit. Französische Mütter arbeiten, nicht zuletzt deswegen, weil es geht. Die qualitativ hochwertigen *crèches*, die vom Staat geförderten Tagesmütter und anderen Formen der Kinderbetreuung erleichtern ihnen die Rückkehr in den Beruf. Es ist nämlich kein Zufall, dass Französinnen anstreben, nach drei Monaten ihre alte Figur wiederzuhaben: Das ist in etwa der Zeitpunkt, an dem sie wieder ins Büro gehen.

Französische Mütter arbeiten auch deshalb, weil sie es wollen. In einer Befragung des *Pew Research Center* von 2010 gaben 91 Prozent der französischen Erwachsenen an, dass die Ehen am besten halten, in denen der Mann und die Frau arbeiten gehen.[37]

Die französischen Mütter aus meinem Bekanntenkreis kennen auch kaum Frauen, die sich dafür entscheiden, Vollzeitmütter zu sein. »Ich kenne eine, aber die steht kurz vor der Scheidung«, so meine Freundin Esther, die Anwältin. Esther erzählt mir die Geschichte dieser Frau als abschreckendes Beispiel: Sie hat ihren guten Job im Vertrieb gekündigt, um sich um die Kinder zu kümmern. Doch anschließend war sie von ihrem Mann finanziell abhängig und durfte kaum noch ihre Meinung äußern.

»Sie hat ihre Gefühle und ihren Ärger unterdrückt, bis die Missverständnisse immer schlimmer wurden«, erklärt Esther. Nicht ohne hinzuzufügen, dass es auch Umstände gebe, unter denen die Mütter wirklich nicht arbeiten könnten, zum Beispiel wenn ein drittes Kind kommt. Aber jede

Arbeitspause sollte zeitlich begrenzt sein, höchstens bis das jüngste Kind zwei ist, so Esther.

Französische Mütter, die berufstätig sind, sagen, es sei gefährlich, länger als ein paar Monate im Job auszusetzen. »Wenn dein Mann morgen arbeitslos wird, was dann?«, fragt meine Freundin Danièle. Hélène, die Ingenieurin mit den drei Kindern, sagt, sie würde am liebsten nicht arbeiten und vom Gehalt ihres Mannes leben. Trotzdem würde sie niemals kündigen. »Ehemänner können einen verlassen«, verkündet sie.

Französinnen arbeiten nicht nur wegen der finanziellen Sicherheit, sondern auch wegen des damit verbundenen Status. Vollzeitmütter haben kein gutes Image, zumindest nicht in Paris. Das Bild der Hausfrau, die beleidigt auf einer Dinnerparty herumsitzt, weil niemand mit ihr reden will, ist weit verbreitet. »Ich habe zwei Freundinnen, die nicht arbeiten. Ich habe das Gefühl, dass sich niemand für sie interessiert«, erzählt mir Danièle. Sie ist Journalistin, Anfang fünfzig und hat eine Tochter im Teenageralter. »Wenn die Kinder groß sind, wie will man sich da noch gesellschaftlich nützlich machen?«

In einem Zeitschriftenartikel steht, der größte Vorteil für nicht berufstätige Mütter sei, »die Kinder aufwachsen zu sehen. Aber ein Leben als Vollzeitmutter hat auch Nachteile wie eine merkliche Isolation und Einsamkeit.«

Da es nicht viele Vollzeitmütter in Paris gibt, gibt es auch nicht viele Spielgruppen, Märchenstunden und Mutter-Kind-Kurse. Wenn es welche gibt, richten sie sich meist an angloamerikanische Mütter. In unsere Spielgruppe geht ein einziges französisches Kind, aber der Junge kommt mit seiner Nanny. Seine Mutter, eine Anwältin, will anscheinend, dass der Junge Englisch hört. (Ich habe allerdings noch nie erlebt, dass er es auch spricht.) Die Mutter taucht genau ein Mal auf, und zwar als sie als Gastgeberin an der Reihe ist. Sie ist aus dem Büro nach Hause gehetzt, trägt High Heels und ein Businesskostüm. Sie sieht uns angloamerikanische Mütter mit unseren Turnschuhen und ausgebeulten Wickeltaschen an, als wären wir exotische Tiere aus dem Zoo.

Die amerikanische Erziehung und alles, was damit zusammenhängt – die Babyzeigekarten ebenso wie die wettbewerbsorientierten Vorschulen –, ist inzwischen in Frankreich schon ein Klischee. Deshalb kann ich kaum glauben, was ich auf einem Spielplatz in New York City tatsächlich beobachte: Es ist einer speziell für Kleinkinder mit einer langsamen Rutsche und ein paar Wipptieren, der durch einen Zaun vom restlichen Park abgetrennt ist. Der Spielplatz ist so angelegt, dass Kleinkinder gefahrlos darin herumklettern und fallen können. Dann kommt eine Mutter aus der oberen Mittelschicht mit ihrem Sohn. Sie folgt ihm auf Schritt und Tritt und hält dabei einen ständigen Monolog: »Möchtest du auf den Frosch, Caleb? Willst du auf die Schaukel?«

Caleb ignoriert ihre Fragen. Er will offensichtlich nur herumbummeln. Aber seine Mutter verfolgt ihn und kommentiert jede seiner Bewegungen. »Du steigst ja Stufen, Caleb!«, ruft sie irgendwann völlig begeistert.

Ich gehe davon aus, dass Caleb eine besonders ehrgeizige Mutter hat. Aber dann kommt die nächste Mutter aus der oberen Mittelschicht durchs Tor. Sie schiebt ein blondes

Kleinkind im schwarzen T-Shirt vor sich her und beginnt ebenfalls, alles, was das Kind tut, zu kommentieren. Als der Junge zum Zaun geht und auf den Rasen starrt, findet die Mutter anscheinend, das sei nicht stimulierend genug. Sie eilt zu ihm und stellt ihn auf den Kopf.

»Du stehst kopf!«, ruft sie. Bald darauf schiebt sie ihr T-Shirt hoch, um dem Jungen einen Schluck Milch anzubieten. »Wir sind in den Park gegangen! Wir sind in den Park gegangen!«, zwitschert sie, während er trinkt.

Solche Szenen erlebe ich auch mit anderen Müttern und ihren Kindern.

Nach etwa einer Stunde kann ich genau vorhersagen, ob eine Mutter, die auf den Spielplatz kommt, mit diesem »kommentierten Spielen« anfangen wird oder nicht. Dafür muss ich mir nur anschauen, was ihre Handtasche gekostet hat. Am meisten wundert mich, dass sich die Mütter nicht schämen, sich wie plemplem anzuhören. Sie flüstern ihre Kommentare nicht, sondern verkünden sie lauthals.

Als ich Michel Cohen, dem französischen Kinderarzt in New York, diese Szene beschreibe, weiß er sofort, was ich meine. Diese Mütter sprächen laut, um damit anzugeben, was für tolle Eltern sie sind. Die Praxis des kommentierten Spielens ist so weit verbreitet, dass Cohen ein eigenes Kapitel in seinen Elternratgeber aufgenommen hat, das mit »Stimulation« überschrieben ist und in dem hauptsächlich steht, dass Eltern das besser seinlassen sollen. »Phasen des Spielens und Lachens sollten sich auf ganz natürliche Weise mit Ruhephasen abwechseln«, schreibt Cohen. »Man muss nicht ständig reden, singen oder stimulieren.«

Mal ganz abgesehen davon, wie man persönlich zu dieser ständigen Bespaßung steht oder ob sie überhaupt gut für die Kinder ist – es macht ihre Betreuung nur noch anstrengender.[38] Vor allem, weil sich dieses Verhalten der Mütter auch jenseits des Spielplatzes fortsetzt. »Wir liegen vielleicht nicht mehr nächtelang wach und zerbrechen uns darüber den Kopf, wie wir unsere Wäsche weißer als weiß bekommen. Dafür haben wir mit Sicherheit schlaflose Nächte, weil unser Jasper immer noch in die Windeln macht«, so Katie Allison Granju. Sie beschreibt eine andere Mutter mit Biologiestudium, die die *gesamte* letzte Woche damit verbracht hat, ihrem Kind beizubringen, wie man einen Löffel benutzt.

Diese Biologin hat sich bestimmt gefragt, ob sie noch ganz dicht ist. Wir amerikanischen Mütter wissen, dass die Elternrolle einem so einiges abverlangt. Wie die Eltern, die Piaget die »amerikanische« Frage gestellt haben – »Wie können wir die Phasen der Kindesentwicklung beschleunigen?« –, glauben auch wir, dass das Tempo, mit dem unsere Kinder sich entwickeln, von uns abhängt, davon, wie aktiv wir uns mit ihnen beschäftigen. Deshalb empfinden wir den Preis für das Seinlassen des Löffeltrainings oder des kommentierten Spielplatzbesuches als zu hoch – vor allem, wenn die anderen Eltern es nicht ebenfalls seinlassen.

Die Ansprüche daran, wie sehr sich Mittelschicht-Mütter mit ihren Kindern beschäftigen sollten, sind in den letzten Jahren rasant gestiegen. Kommentiertes Spielen und intensives Löffeltraining sind Beispiele für jene besondere Unterstützung und Förderung durch die Eltern, die mit dem Erziehungsideal der *concerted cultivation* beschrieben werden, das die Soziologin Annette Lareau an amerikanischen Mittelschicht-Eltern beobachtet hat.[39]

Für diese Eltern sind ihre Kinder ein Projekt, so Lareau. »Sie versuchen, deren Talente und Fähigkeiten mit Hilfe zahlreicher organisierter Aktivitäten weiterzuentwickeln, ihr logisches Denken und die Sprachentwicklung zu fördern und ihre Schulerfahrungen engmaschig zu kontrollieren.«

Mein Entschluss, in Frankreich zu leben, dürfte *concerted cultivation* in Reinform sein. Mein Projekt besteht darin, meine Kinder zweisprachig und zu Liebhabern guten Käses zu erziehen. Aber in Frankreich gibt es wenigstens auch noch andere Vorbilder und keine Kindergärten für Hochbegabte. In Amerika scheint man gar keine Wahl mehr zu haben, was *concerted cultivation* anbelangt. Im Gegenteil: Die Anforderungen werden immer weiter hochgeschraubt. Eine Freundin, die Vollzeit arbeitet, hat sich bei mir beschwert, dass sie jetzt nicht nur zu den Fußballmatches ihrer Tochter kommen soll, sondern auch zum *Training*.[40]

Elisabeth, eine französische Mutter, die in Brooklyn lebt, hat sich anfangs sehr gewundert, dass amerikanische Eltern so viel Wert auf die sportlichen Leistungen ihrer Kinder legen. Sie habe die Geburtstagsparty ihres zehnjährigen Sohnes mehrfach verschieben müssen, um sie im Trainingsplan seiner amerikanischen Freunde unterzubringen. Jede amerikanische Mutter habe behauptet, die Anwesenheit ihres Kindes beim Match sei »unerlässlich«, denn ohne ihn oder sie »könnte die Mannschaft verlieren!«[41]

Der amerikanische Druck, sich hervortun zu müssen, beginnt oft schon, bevor das Kind überhaupt laufen gelernt hat. Ich erfahre von einer Mutter aus New York, deren Einjähriger Hausunterricht in Französisch, Spanisch und Mandarin erhielt. Als das Kind zwei war, strich die Mutter den

Französischunterricht, dafür gab es Kurse in Kunst, Musik, Schwimmen und so etwas wie Mathematik. Inzwischen verbringt die Mutter, die ihren Job als Unternehmensberaterin aufgegeben hat, fast ihre gesamte Zeit damit, den Sprössling bei zwei Dutzend Vorschulen anzumelden.

Solche Geschichten sind keine seltenen Extrembeispiele. Bei einem Aufenthalt in Miami esse ich mit einer wirklich vernünftigen amerikanischen Mutter aus meinem Bekanntenkreis zu Mittag. Sie heißt Danielle. Wenn sich jemand gegen ein so hektisches, leistungsorientiertes Familienleben verwahrt, dann sie, dachte ich: Sie ist ausgeglichen, herzlich und für eine Stadt, in der alle dem neuesten Trend hinterherrennen, ziemlich antimaterialistisch eingestellt. Danielle ist unter anderem in Italien aufgewachsen, spricht drei Sprachen und kann auch einen MBA und eine Karriere im Marketing vorweisen.

Danielle hasst überehrgeizige Eltern. Sie ist entsetzt über eine Mutter aus der Nachbarschaft, deren Vierjähriger bereits Tennis-, Fußball-, Französisch- und Klavierstunden nimmt. Laut Danielle ist diese Mutter extrem, allein schon sie um sich zu haben mache alle nervös.

»Doch dann fragt man sich: Dieses Kind macht diese ganzen Sachen. Wie soll mein Kind da mithalten? Man muss sich schwer zusammenreißen und sich sagen: Darum geht es gar nicht. Wir wollen nicht, dass es mit so jemandem mithält.«

Trotzdem ertappt sich Danielle dabei, dass ihre eigenen vier Kinder (die beiden Jüngsten sind Zwillinge) einen fast lückenlosen Stundenplan haben. In einer ganz normalen Woche spielt Juliana, die Siebenjährige, dienstag- und donnerstagnachmittags Fußball, mittwochs ist Kommunionsunterricht, das Pfadfindertreffen gibt es jeden zweiten Donnerstag (nach dem Fußball), und freitags stehen Verabredungen zum Spielen auf dem Plan. Kommt Juliana dann nach Hause, muss sie noch zwei Stunden Hausaufgaben machen.

»Gestern Abend musste sie ein Märchen verfassen, einen Mini-Aufsatz darüber schreiben, wie Martin Luther King Amerika verändert hat, und noch für eine Spanischprüfung lernen«, so Danielle.

»Neulich hat Juliana gemeint, dass sie noch einen Nachmittagskurs im Töpfern dazunehmen will. Und weil ich ein schlechtes Gewissen habe, dass es in ihrer Schule keinen Kunstunterricht gibt, habe ich gesagt: ›Gut, lass uns töpfern gehen‹. Ihr einziger freier Tag ist Montag.« Jetzt ist Julianas gesamte Woche verplant. Und Danielle hat noch drei weitere Kinder.

»Noch nie konnte ich das, was ich an der Business School im Operativen Controlling gelernt habe, so gut anwenden wie jetzt. Allein der logistische Aufwand, dass alle pünktlich dorthin kommen, wo sie hinmüssen ...«, so Danielle.

Danielle gibt zu, dass sie sämtliche Aktivitäten – mit Ausnahme des Fußballspielens (Ihr Mann ist Trainer.) – ersatzlos streichen könnte. Aber was sollen ihre Kinder dann zu Hause tun? Die Kinder aus der Nachbarschaft sind nicht da, weil auch sie bei irgendwelchen Kursen sind.

All das hat zur Folge, dass Danielle nicht mehr in ihren Beruf zurückgekehrt ist. »Ich dachte eigentlich immer, dass ich wieder Vollzeit arbeiten kann, wenn meine Kinder die Grundschule besuchen«, gesteht sie. Kurz darauf entschuldigt sie sich und eilt zu ihrem Wagen, um eines ihrer Kinder irgendwohin zu chauffieren.

Dass der französische Staat für die Kinderbetreuung sorgt und diese auch noch finanziell unterstützt, erleichtert französischen Müttern das Leben. Aber als ich wieder in Frankreich bin, stelle ich fest, dass sie sich das Leben auch selbst leichter machen. Wenn sich in Frankreich zwei Kinder zum Spielen verabreden, dann läuft dies so ab, dass ich Bean bei ihrer Freundin absetze und gleich wieder fahre. (Meine angloamerikanischen Freundinnen gehen davon aus, dass ich die ganze Zeit dabeibleibe.) Französische Eltern sind nicht unfreundlich, sondern nur praktisch veranlagt. Sie wissen einfach, dass ich noch anderes zu erledigen habe und die Zeit ohne Bean gut nutzen kann. Manchmal bleibe ich kurz auf einen Kaffee, wenn ich sie wieder abhole.

Dasselbe gilt für Kindergeburtstage. Amerikanische und britische Mütter erwarten von mir, dass ich dableibe und mit ihnen plaudere, und das stundenlang. Es spricht zwar niemand laut aus, aber ich glaube, wir tun das insgeheim auch deshalb, weil wir überwachen wollen, dass es unseren Kindern gut geht.

Aber mit drei Jahren wird ein Kind in Frankreich einfach nur zum Kindergeburtstag hingebracht. Man verlässt sich darauf, dass es ihm auch ohne die eigenen Eltern gut geht. Die werden in der Regel beim Abholen auf ein Glas Champagner hereingebeten und bekommen zusammen mit den anderen Müttern und Vätern etwas zu knabbern. Simon und ich sind begeistert, wenn solche Einladungen eintrudeln. Das ist Gratis-Babysitten inklusive Cocktailparty.

In Frankreich gibt es eine Bezeichnung für Mütter, die ihre gesamte Freizeit damit verbringen, die Kinder hin- und herzukutschieren: *maman-taxi*. Und das ist nicht als Kompliment gemeint. Nathalie, eine Pariser Architektin, erzählt mir, dass sie einen Babysitter engagiert hat, der ihre drei Kinder zu ihren Samstagvormittag-Aktivitäten bringt. Ihr Mann und sie gehen in der Zwischenzeit zusammen essen. »Wenn ich zu Hause bin, bin ich zu hundert Prozent Mutter, aber wenn ich weg bin, bin ich weg«, so Nathalie.

Virginie, mein Diät-Guru, trifft sich an den meisten Vormittagen mit Müttern von Kindern, die dieselbe Grundschule besuchen wie ihr Sohn. Ich stoße eines Morgens dazu und bringe das Gespräch auf das Thema Wahlfächer. Sofort wird der Ton scharf. Virginie spricht für die ganze Gruppe, wenn sie sagt: »Man muss Kinder auch mal in Frieden lassen, sie müssen sich zu Hause langweilen und spielen können.«

Virginie und ihre Freundinnen sind keine Loser. Sie haben studiert und tolle Lebensläufe. Sie sind begeisterte Mütter. Ihre Wohnungen sind voller Bücher. Ihre Kinder bekommen Unterricht im Fechten, Gitarre-, Tennis- und Klavierspielen oder Ringen. Aber die meisten Mütter entscheiden sich nur für ein Wahlfach pro Schuljahr.

Eine der Mütter aus meinem Café, eine hübsche dralle Publizistin (die wie ich versucht, »mehr auf sich zu achten«), erzählt mir, sie schicke ihre Kinder nicht mehr zu Tennisstunden oder so, weil sie die Kurse als »einengend« empfinde.

»Einengend für wen?«, frage ich

»Einengend für mich.« Sie erklärt: »Man bringt sie hin

und wartet eine Stunde. Dann muss man wieder hin, um sie abzuholen. Beim Musikunterricht muss man sie abends üben lassen – für mich ist das reine Zeitverschwendung, außerdem brauchen die Kinder das gar nicht. Sie müssen viele Hausaufgaben machen und sind schließlich zu zweit, sodass sie sich gar nicht langweilen können. Sie haben ja sich. Und wir fahren jedes Wochenende zusammen weg.«

Ich staune darüber, wie diese kleinen Entscheidungen und klaren Einstellungen zu einem ganz anderen Alltag für französische Mütter führen. Haben sie einen Moment frei, schwärmen sie davon, wie schön es ist, einfach mal abzuschalten und sich zu entspannen.

Beim Friseur reiße ich einen Artikel aus der französischen *ELLE*. Darin erzählt eine Mutter, sie liebe es, mit ihren beiden Söhnen zum altmodischen Karussell neben dem Eiffelturm zu gehen.

»Während Oscar und Léon versuchen, die Holzringe zu fangen, genieße ich eine halbe Stunde Entspannung pur. In der Regel mache ich mein Handy aus und schalte vollkommen ab, während ich auf sie warte – es ist eine Art Luxus-Babysitter!« Wir lieben dieses Karussell auch, aber ich verbringe meine halbstündige Wartezeit damit, Bean jedes Mal zuzuwinken, wenn sie vorbeisaust.

Es ist kein Zufall, dass so viele französische Mütter ihre Kinder auf diese Weise erziehen. Das Kind-Kind-sein-lassen-Prinzip stammt von Françoise Dolto. Dolto hat sich klar dafür ausgesprochen, Kinder in einer geschützten Umgebung auch mal sich selbst zu überlassen, damit sie vor sich hin wurschteln und zu eigenen Erkenntnissen kommen können.

»Warum nimmt eine Mutter ihrem Kind alles ab?«, fragt Dolto in *Les étapes majeures de l'enfance,* einer Zusammenfassung ihrer Thesen. »Dabei ist es so zufrieden, wenn es Probleme selbst lösen und den Morgen damit verbringen kann, sich anzuziehen und in seine Schuhe zu schlüpfen. Es ist glücklich, seinen Pulli verkehrt herum zu tragen, sich in seiner Hose zu verheddern, zu spielen, sich in einer Ecke zu beschäftigen.«

Am französischen Nationalfeiertag nehme ich Bean mit auf die Wiese in unserem Park. Hier wimmelt es nur so von Eltern mit ihren kleinen Kindern. Ich kommentiere Beans Spiel nicht, gehe aber auch nicht davon aus, dass ich es schaffen werde, die drei Wochen alte Zeitschrift zu lesen, die ich samt einem Riesensack Bilderbüchern und Spielzeug für meine Tochter mitgenommen habe. Ich verbringe den Großteil des Tages damit, ihr beim Spielen zu assistieren und ihr vorzulesen.

Auf der Decke neben uns sitzt eine französische Mutter, eine schlanke Frau mit kupferfarbenem Haar. Sie unterhält sich mit einer Freundin, während ihre dreijährige Tochter mit – tja, mit was eigentlich spielt? Die Mutter scheint nur einen Ball dabeizuhaben. Sie picknicken, dann spielt das kleine Mädchen im Gras, wälzt sich ein bisschen hin und her und erkundet seine Umgebung. In der Zwischenzeit kann sich die Mutter ganz in Ruhe mit ihrer Freundin unterhalten.

Wir sitzen in derselben Sonne, auf demselben Rasen. Aber ich mache ein amerikanisches Picknick und sie ein französisches. Ähnlich wie die Mütter zu Hause in New York versuche ich, Bean für die nächste Entwicklungsphase fit zu machen, und bin bereit, meine eigenen Bedürfnisse dafür zurückzustellen. Die französische Mutter gibt sich damit zufrieden, dass ihre Tochter sich selbst »erweckt«. Und ihr kleines Mädchen scheint nicht das Geringste dagegen zu haben.

Auch das erklärt die rätselhafte Gelassenheit der französischen Mütter in meiner Umgebung. Aber allein das genügt nicht. Ein wichtiger Teil fehlt noch, nämlich wie Französinnen mit Schuldgefühlen umgehen.

Heutige amerikanische Mütter verbringen viel mehr Zeit mit der Betreuung ihrer Kinder als die Generation ihrer Eltern im Jahr 1965.[42] Das geht auf Kosten von Hausarbeit, Freizeit und Schlaf. Trotzdem glauben die Eltern von heute, sie sollten noch mehr Zeit mit ihren Kindern verbringen.

Mit dem Ergebnis, dass sie riesige Schuldgefühle haben. Das wird mir bewusst, als ich Emily besuche, die mit ihrem Mann und ihrer anderthalb Jahre alten Tochter in Atlanta lebt. In den paar Stunden, die ich bei ihr bin, bezeichnet sie sich ein halbes Dutzend Mal als schlechte Mutter. Sie sagt das, als sie dem Flehen ihrer Tochter nach Milch nachgibt oder nicht die Zeit hat, ihr mehr als zwei Bilderbücher vorzulesen. Sie sagt es, als sie versucht, das kleine Mädchen zu einer bestimmten Uhrzeit ins Bett zu bringen oder ihr zu erklären, warum sie sie nachts manchmal kurz weinen lässt.

Ich bekomme mit, wie sich auch andere amerikanische Frauen als schlechte Mütter bezeichnen. Der Satz ist zu einer Art Mantra geworden. Emily sagt so oft »Ich bin eine schlechte Mutter«, dass ich trotz der negativen Bedeutung dieses Satzes spüre, dass sie ihn als beruhigend empfindet.

Für amerikanische Mütter sind Schuldgefühle eine Art Preis, den sie zahlen, um arbeiten, kein Biogemüse kaufen oder ihre Kinder vor den Fernseher setzen zu können... Haben wir Schuldgefühle, fällt es uns leichter, diese Dinge zu tun. Wir sind dann nämlich keine reinen Egoisten. Wir haben für unsere Verfehlungen »bezahlt«.

Französische Mütter kennen die Versuchung, sich schuldig zu fühlen. Sie fühlen sich oft genauso überlastet und unzulänglich wie wir Amerikaner. Schließlich arbeiten sie, während sie Kinder großziehen. Und genau wie wir werden sie ihren eigenen Ansprüchen meistens nicht gerecht – weder im Beruf noch als Eltern.

Mit dem Unterschied, dass französische Mütter diese Schuldgefühle nicht aufwerten. Im Gegenteil: Sie betrachten sie als ungesund und schädlich, versuchen, sie zu verbannen. »Schuldgefühle sind eine Falle«, so meine Freundin Sharon, die Literaturagentin. Trifft sie sich mit ihren französischsprachigen Freundinnen auf einen Drink, rufen sie sich gegenseitig wieder ins Bewusstsein, »dass es so etwas wie die perfekte Mutter nicht gibt. Wir tun das, um uns gegenseitig zu beruhigen«.

Die Ansprüche, die an französische Mütter gestellt werden, sind mit Sicherheit nicht ohne: Sie sollen sexy sein, erfolgreich und jeden Abend eine köstliche, selbst gekochte Mahlzeit auf den Tisch bringen. Aber sie versuchen, sich nicht auch noch mit Schuldgefühlen zu belasten. Meine Freundin Danièle, die französische Journalistin, ist Coautorin eines Buches namens *La mère parfaite, c'est vous.* (*Die perfekte Mutter sind Sie.*)

Danièle weiß noch, wie sie ihre Tochter im Alter von fünf

Monaten in der *crèche* abgegeben hat. »Ich habe so gelitten, als ich sie dort lassen musste. Aber wäre ich bei ihr geblieben und wäre nicht wieder arbeiten gegangen, hätte ich noch mehr gelitten.« Sie hat sich gezwungen, sich mit ihren Schuldgefühlen auseinanderzusetzen und sie anschließend loszulassen. Was die Französinnen tatsächlich gegen Schuldgefühle wappnet, ist ihre Überzeugung, dass es nicht gut für Mütter und ihre Kinder ist, ständig zusammenzuglucken. Sie glauben, die Kinder könnten durch die viele Aufmerksamkeit und Fürsorge überbehütet werden oder eine gefürchtete *relation fusionelle* entwickeln, bei der die Bedürfnisse von Mutter und Kind miteinander verschmelzen. Kinder – sogar Babys und Kleinkinder – sollten ein Eigenleben ohne die ständige Einmischung der Mutter führen dürfen.

»Ist das Kind der einzige Lebensinhalt der Mutter, ist das nicht gut für das Kind«, so Danièle. »Denn was soll aus einem Kind werden, wenn es der einzige Rettungsanker für seine Mutter ist? Ich glaube, diese Meinung teilen alle Psychoanalytiker.«

Diese Trennung von Mutter und Kind kann allerdings auch zu weit gehen: Als die französische Justizministerin Rachida Dati fünf Tage nach der Geburt ihrer Tochter Zohra an ihren Arbeitsplatz zurückkehrt, geht ein Schrei der Empörung durch die französische Presse. In einer Umfrage der französischen *ELLE* befinden 42 Prozent der Befragten Dati als »zu karrieregeil«. (Dass Dati eine dreiundvierzigjährige alleinerziehende Mutter ist, die sich weigerte, den Namen des Kindsvaters zu nennen, war längst nicht so umstritten.)

Wenn wir Amerikaner von Work-Life-Balance reden, meinen wir damit, dass wir versuchen, unsere verschiedenen Lebensbereiche so unter einen Hut zu bringen, dass wir in keinem davon völlig versagen.

Die Franzosen reden auch von *l'équilibre*. Aber sie verstehen etwas ganz anderes darunter. Sie versuchen dafür zu sorgen, dass kein Alltagsbereich, auch nicht der der Kindererziehung, die anderen dominiert. Ihr Leben erinnert eher an eine ausgewogene Mahlzeit, die aus einer gesunden Mischung aus Proteinen, Kohlenhydraten, Obst, Gemüse und Süßem besteht. So gesehen hatte Rachida Dati dasselbe Problem wie eine Vollzeitmutter: ein Leben, das zu sehr von einem Bereich dominiert wird.

Natürlich bleibt für viele französische Mütter *l'équilibre* ein bloßes Ideal. Aber immerhin ein beruhigendes! Bitte ich meine Pariser Freundin Esther, die Vollzeit als Anwältin arbeitet, sich selbst als Mutter zu bewerten, sagt sie etwas so Simples und Unneurotisches, dass es mir schier die Sprache verschlägt. »Normalerweise zweifle ich nicht daran, gut genug zu sein. Und das bin ich, glaube ich, wirklich.«

Inès de la Fressange ist keine normale Französin. In den 1980er-Jahren war sie Karl Lagerfelds größte Muse bei Chanel. Damals wurde de la Fressange gebeten, das neue Gesicht der Marianne, der Nationalfigur der französischen Republik zu sein, das Briefmarken und Rathausbüsten schmückt. Zu den letzten Mariannes zählten Brigitte Bardot und Catherine Deneuve. Nachdem sie einwilligte, trennten sich die Wege von de la Fressange und Lagerfeld. Angeblich soll er gesagt haben, er wolle kein Denkmal einkleiden.

Mit Anfang fünfzig ist de la Fressange nach wie vor eine attraktive rehäugige Brünette, deren endlose Beine unter keinen Caféhaustisch zu passen scheinen. Sie hat ihr eigenes Modelabel und arbeitet nach wie vor als Laufstegmodel. 2009 wurde sie von Lesern der Zeitschrift *Madame Figaro* zum Inbegriff der Pariserin gewählt.

De la Fressange ist auch eine Mutter. Ihre beiden ebenso langbeinigen, fotogenen Töchter, der Teenager Nine und die über zwanzigjährige Violette, haben bereits eine eigene Mode- und Modelkarriere. De la Fressange spielt ihre Vorzüge herunter, indem sie sich als »dunkle Spargelstange« zu bezeichnen pflegt. Sie behauptet auch, keine perfekte Mutter zu sein. »Ich vergesse das Morgenyoga und trage Lipgloss und Wimperntusche stets erst vor dem Autorückspiegel auf. Wichtig ist nur, dass man keine Schuldgefühle hat, weil man nicht perfekt ist.«

Natürlich ist de la Fressange keine gewöhnliche Französin. Aber sie verkörpert ein bestimmtes französisches Ideal von *l'équilibre*. In einem Interview mit der *Paris Match* erzählt sie, wie sie drei Jahre nach dem Tod ihres Mannes in einem Skiort in den französischen Alpen einen Mann kennen lernte. Sie machte dort mit ihren Töchtern Urlaub, und der Mann war zufällig der Herausgeber von Frankreichs wichtigsten Zeitschriften sowie Träger des Ordens der französischen Ehrenlegion. Sie hielt ihren Verehrer ein paar Monate hin und erklärte, sie sei noch nicht so weit. Aber wie gesteht sie *Paris Match* so schön: »Irgendwann habe ich ihn angerufen und gesagt: ›Gut, ich bin Mutter und berufstätig, aber eben auch eine Frau.‹ Ich dachte, es kann den Mädchen nur guttun, eine verliebte Mutter zu haben.«

Caca boudin

Als Bean etwa drei Jahre alt ist, benutzt sie einen Ausdruck, den ich vorher noch nie gehört habe. Erst denke ich, sie sagt *caca buddha*, was für meine buddhistischen Freunde etwas beleidigend klingen könnte (*caca* ist französischer Kindersprech für »Kacke«). Aber nach einer Weile merke ich, dass sie *caca boudin* sagt. *Boudin* bedeutet Wurst. Meine Tochter schreit also überall das Wort »Kacka-Wurst« herum.

Wie alle guten Schimpfwörter ist *caca boudin* vielseitig einsetzbar. Bean ruft es vergnügt, wenn sie mit ihren Freunden durchs Haus tollt. Sie verwendet es in der Bedeutung von »egal«, »Lass mich in Ruhe« und »Das geht dich nichts an«. Es ist eine Bemerkung für jede Gelegenheit.

Ich: »Was habt ihr heute in der Vorschule gemacht?«

Bean: *»Caca boudin.«* (Gekicher)

Ich: »Möchtest du noch mehr Brokkoli?«

Bean: *»Caca boudin!«* (Hysterisches Gelächter)

Simon und ich wissen nicht recht, wie wir mit *caca boudin* umgehen sollen. Ist das unhöflich oder niedlich? Sollen wir wütend oder amüsiert sein? Wir verstehen den sozialen Kontext nicht und haben keine eigenen Kindheitserfahrungen in Frankreich. Um auf Nummer sicher zu gehen, verbieten wir ihr, das zu sagen. Ihr Kompromissvorschlag sieht vor, dass sie es nach wie vor sagt, um dann hinzuzufügen: »Aber das sagt man nicht. Das ist ein böses Wort.«

Das Einfalltor, durch das Frankreich bei uns Einzug hält, ist die Schule. Bean geht jetzt in die *école maternelle*, Frankreichs Gratis-Vorschule. Sie findet mit Ausnahme von Mittwoch ganztags vier Tage die Woche statt. Die *maternelle* ist keine Pflicht, und die Kinder können auch nur für einige Stunden hingehen. Aber fast jedes dreijährige Kind in Frankreich geht ganztags in die Vorschule und macht dort ähnliche Erfahrungen. Das ist Frankreichs Methode, Kleinkinder in Franzosen zu verwandeln.

Die *maternelle* verfolgt erhabene Ziele. Im Grunde genommen ist sie ein nationales Vorhaben, das aus ichbezogenen Dreijährigen zivilisierte, einfühlsame Menschen machen soll. Eine vom Erziehungsministerium herausgegebene Elternbroschüre wirbt damit, dass Kinder in der *maternelle* »erleben, wie bereichernd, aber auch wie einschränkend die Gruppe sein kann, der sie angehören. Sie freuen sich, willkommen geheißen und erkannt zu werden, und werden nach und nach ihre Mitschüler willkommen heißen«.

Charlotte, die seit dreißig Jahren an der *maternelle* unterrichtet (und sich von den Kindern charmanterweise immer noch *maîtresse* nennen lässt – was zugleich Lehrerin und Geliebte bedeutet), erzählt mir, dass die Kinder im ersten Jahr noch sehr egoistisch sind. »Sie verstehen nicht, dass der Lehrer für alle da ist.« Umgekehrt begreifen die Schüler nur langsam, dass das, was der Lehrer der Gruppe sagt, auch für jeden einzelnen gilt. Kinder nehmen zu dritt oder zu viert an Gruppenunternehmungen ihrer Wahl teil, entweder an getrennten Tischen oder in separaten Bereichen innerhalb des Klassenzimmers.

Mir kommt die *maternelle* vor wie eine Art Kunstschule für kleine Menschen. Im Laufe von Beans erstem Jahr bedecken immer mehr Zeichnungen und Bilder der Schüler die Wände ihres Klassenzimmers. Die Fähigkeiten »wahrzunehmen, zu fühlen, zu imaginieren und zu kreieren«, sind nämlich ebenfalls zentrale Lernziele der *maternelle*. Die Kinder lernen außerdem aufzuzeigen, und zwar *à la française*, wobei sie den Zeigefinger in die Luft strecken, wenn sie etwas sagen möchten.

Ich war nervös, als ich Bean anmeldete. Die *crèche* war ein einziger großer Spielplatz. Die *maternelle* ist schon eher so etwas wie eine Schule. Die Klassen sind groß. Und ich wurde gewarnt, dass die Eltern nur sehr wenig von dem erfahren, was dort vorgeht. Eine amerikanische Mutter erzählt mir, dass sie aufgehört habe die Lehrerin ihrer Tochter um Feedback zu bitten, als diese irgendwann verkündete: »Wenn ich nichts sage, heißt das, dass alles gut läuft«. Beans Lehrerin ist eine mürrische Frau, deren einziger Kommentar zu Bean im gesamten ersten Jahr lautet, dass sie »sehr ruhig« ist. (Bean verehrt diese Lehrerin und liebt ihre Klassenkameraden.)

Und trotz des vielen Malens und Zeichnens wird auch großes Gewicht aufs Lernen und auf das Befolgen von Anweisungen gelegt. In Beans erstem Jahr bin ich schockiert, als ich sehe, dass die ganze Klasse meist genau dasselbe malt. Eines Morgens hängen fünfundzwanzig identische gelbe Strichmännchen mit grünen Augen im Klassenzimmer. Als jemand, der nichts zu Papier bringt, wenn er nicht einen festen Abgabetermin hat, verstehe ich das Bedürfnis der Kinder nach ein paar konkreten Vorgaben. Aber der

Anblick all dieser beinahe identischen Bilder ist gruselig. (Beans Kunstwerke im zweiten Jahr spiegeln mehr Freiraum.)

Ich brauche eine Weile, bis mir auffällt, dass in Beans Klassenzimmer nicht ein einziges Alphabet neben den Kunstwerken hängt. Auf Elternabenden kommt das Thema Lesen gar nicht vor. Stattdessen wird über das Verfüttern von Salat an die Schnecken im Klassenzimmerterrarium diskutiert. (Die Schnecken sind nicht zum Verzehr gedacht.)

Wie ich bald merken werde, lernen die Kinder in der *maternelle*, die bis zu ihrem sechsten Lebensjahr dauert, tatsächlich nicht lesen. Sie lernen bloß Buchstaben, Laute und das Schreiben ihres Namens. Ich erfahre, dass einige Kinder ganz von allein lesen lernen, auch wenn ich nicht weiß, wer das sein soll, da ihre Eltern es nicht erwähnen. Das Lesenlernen steht erst in der ersten Klasse auf dem französischen Lehrplan, wenn die Kinder sieben werden.

Diese entspannte Haltung verstößt gegen meine amerikanische Überzeugung des »Je früher, desto besser«. Aber selbst die aufstiegsorientiertesten Eltern von Beans Schulfreunden haben damit keine Eile. »Ich finde es besser, wenn sie jetzt keine Zeit mit Lesenlernen verschwenden«, so Marion, ebenfalls Journalistin. Ihr Mann und sie finden, dass es in dieser Phase wichtiger sei, dass die Kinder sich soziale Fähigkeiten aneignen und lernen, ihre Gedanken zu ordnen und sich gut auszudrücken.

Sie haben Glück: Während das Lesen nicht in der *maternelle* gelehrt wird, steht Sprechen sehr wohl auf dem Lehrplan. Wie sich herausstellt, besteht das Hauptziel der *maternelle* darin, dass Kinder jeder Herkunft ihr gesprochenes

Französisch verbessern. Eine Elternbroschüre der französischen Regierung verkündet, dieses Französisch »solle sich durch einen reichen Wortschatz, durch gute Grammatik und durch Verständlichkeit auszeichnen«. (Mit anderen Worten, die Kinder sollen sich besser ausdrücken können als ich.) Charlotte, die Lehrerin, sagt, dass Kinder von Immigranten zu Beginn der *maternelle* im September meist nur rudimentär oder gar nicht Französisch sprächen. Im März können sie es in der Regel, und das oft sogar fließend.

Die französische Logik scheint die zu sein, dass Kinder, die sich klar ausdrücken, auch klar denken können. Laut der Regierungsbroschüre lernt ein französisches Kind nicht nur, die Grammatik der gesprochenen Sprache zu verbessern, sondern auch »zu beobachten und immer logischere Fragen zu stellen. Es lernt, sich in andere hineinzuversetzen, und bekommt einen Vorgeschmack auf das logische Denken. Es wird in die Lage versetzt, zu zählen, zuzuordnen und zu beschreiben ...« All die Philosophen und Intellektuellen, die im französischen Abendfernsehen so hochtrabend daherreden, scheinen ihre Ausbildung schon in der Vorschule erhalten zu haben.

Ich bin dankbar, dass es die *maternelle* gibt. Ich habe nicht vergessen, dass meine amerikanischen Freunde – selbst die, die keine DVDs kaufen, die Babys das Lesen beibringen sollen – darum kämpfen müssen, ihre Kinder in privaten Vorschulen unterzubringen, die bis zu 12 000 Dollar pro Jahr kosten können – und das nur für Halbtagsunterricht. Ich kenne eine Mutter aus New Jersey, die fünfzig Minuten fahren muss, um ihre Zwillingstöchter zur Vorschule zu bringen. Kommt sie nach Hause, kann sie gerade noch duschen und eine Maschine Wäsche anschalten, bevor sie die Kinder wieder abholen muss. Die französische *maternelle* ist weit davon entfernt, perfekt zu sein. Die Lehrer sind fest angestellt, ob sie nun gut sind oder nicht. Es gibt chronische Geldprobleme und immer mal wieder Platzknappheit. In Beans Klasse gehen 25 Kinder, was sich nach viel anhört, dabei ist das noch nicht mal das Maximum. (Es gibt noch eine Hilfslehrerin, die bei Toilettengängen assistiert und eingreift, wenn es hin und wieder Rangeleien gibt.)

Zu den Vorteilen der französischen Vorschule zählt auch, dass ich ausschließlich für das Mittagessen zahlen muss. (Die Kosten dafür schwanken zwischen dreizehn Cent und fünf Euro pro Tag, je nach Einkommen der Eltern.) Die Schule ist nur sieben Minuten zu Fuß von unserer Wohnung entfernt, und sie hat von 8 Uhr 20 bis 16 Uhr 20 geöffnet, und das vier Tage die Woche. Gegen eine weitere kleine Gebühr gibt es auf dem Schulgelände noch einen Hort, der sich bis zum frühen Abend und mittwochs um die Kinder kümmert. Der Hort hat auch an den meisten schulfreien Tagen geöffnet sowie in den Sommerferien. Dann werden die Kinder in Parks und Museen mitgenommen.

Die *maternelle* trägt wesentlich dazu bei, dass sich mein kleines amerikanisches Mädchen in eine Französin verwandelt. Sie macht sogar mich französischer. Anders als in der *crèche* interessieren sich die französischen Eltern sofort für Bean und folglich auch für mich. Sie scheinen unsere Familie als Teil der Kohorte zu betrachten, mit der sie die gesamte Schulzeit verbringen werden. Einige Mütter aus Beans Klasse haben außerdem noch ein Baby und sind in Mutterschaftsurlaub. Wenn ich Bean von der Vorschule abhole und sie mit in den gegenüberliegenden Park nehme, sitze ich mit einigen dieser Frauen zusammen, während unsere Kinder spielen. Nach und nach werden wir sogar zu Kindergeburtstagen, Nachmittags-*goûters* und Abendessen zu ihnen nach Hause eingeladen.

Während uns die *maternelle* die französische Lebensart nahebringt, rückt sie uns auch ins Bewusstsein, dass französische Familien sozialen Normen gehorchen, die wir nicht kennen. Nach einem Abendessen bei meiner Freundin Esther und ihrem Mann, die eine Tochter in Beans Alter haben, regt sich Esther darüber auf, dass ihre Tochter nicht aus ihrem Zimmer kommen will, um sich von uns zu verabschieden. Irgendwann marschiert Esther ins Kinderzimmer und holt sie heraus.

»*Au revoir*«, sagt die Vierjährige gehorsam. Esther ist zufrieden.

Natürlich achte auch ich darauf, dass Bean die Zauberworte »bitte« und »danke« sagt. Aber wie sich herausstellt, gibt es auf Französisch nicht nur zwei sondern vier Zauberworte: *s'il vous plaît* (»bitte«), *merci* (»danke«), *bonjour* (»Guten Tag«) und *au revoir* (»Auf Wiedersehen«). Bitte und danke sind unerlässlich, aber nicht ansatzweise ausreichend. *Bonjour* und *au revoir* – vor allem jedoch *bonjour* – sind ein wesentlicher Bestandteil des Französischwerdens.

»Mir ist es extrem wichtig, dass meine Kinder *merci, bonjour* und *bonjour, madame* sagen können«, so Audrey Goutard, die französische Journalistin mit den drei Kindern. »Seit sie ein Jahr alt sind, sage ich ihnen das bis zu fünfzehn Mal am Tag vor – unglaublich, aber wahr.«

Für einige französische Eltern ist ein schlichtes *bonjour* nicht gut genug. »Die Kinder sollten es selbstbewusst sagen, denn es markiert den Beginn einer jeden Beziehung«, so Virginie, die schlanke Vollzeitmutter. Sie möchte auch, dass ihre Kinder noch höflicher sind, indem sie *Bonjour, monsieur!* und *Bonjour, madame!* sagen. Meine Freundin Esther besteht unter Strafandrohung auf ihre *bonjours*. »Wenn sie nicht *bonjour* sagt, bekommt sie Stubenarrest. Dann darf sie nicht mit den Gästen zu Abend essen«, erklärt mir Esther. »Also sagt sie es. Es mag nicht das aufrichtigste *bonjour* sein, aber die Übung macht den Meister. Zumindest hoffe ich das.«

Benoît, Universitätsprofessor und Vater von zwei Kindern, erzählt mir, dass es eine richtige Familienkrise gab, als seine Kinder bei den Großeltern zu Besuch waren. Seine dreijährige Tochter war schlecht gelaunt aufgewacht und wollte ihren Großvater nicht vor dem Frühstück mit *bonjour* begrüßen. Schließlich schloss man einen Kompromiss und einigte sich darauf, »*Pas bonjour, papi!*« zu sagen (»Nicht guten Morgen, Opa!«). »Damit hat er sich zufriedengegeben. Auf ihre Art hat sie ihn beachtet«, so Benoît.

Erwachsene sollten sich natürlich auch mit *bonjour* begrüßen. Meiner Meinung nach werden Touristen in Pariser Cafés und Läden auch deshalb unfreundlich bedient, weil sie ihre Sätze nicht mit *bonjour* einleiten. Anschließend dürfen sie gern auf Englisch weiterreden, aber es ist unerlässlich, *bonjour* zu sagen, bevor man in ein Taxi steigt, eine Kellnerin herbeiwinkt oder die Verkäuferin im Laden fragt, ob es die Hose auch eine Größe größer gibt. Sagt man *bonjour*, gibt man zu verstehen, dass man den anderen ebenfalls als Menschen und nicht nur als Dienstboten betrachtet. Ich staune, wie sich die Leute sichtlich entspannen, nachdem ich ein freundliches, aber bestimmtes *Bonjour!* von mir gegeben habe. Es signalisiert, dass wir eine zivilisierte Unterhaltung führen können, auch wenn ich mit einem seltsamen Akzent spreche.

In den Vereinigten Staaten muss mich ein vierjähriges Kind nicht begrüßen, wenn es auf Besuch kommt. Es kann sich hinter der Begrüßung seiner Eltern verstecken. Und in einem amerikanischen Kontext wird auch von mir erwartet, dass ich mich damit zufriedengebe. Das Kind gehört in eine andere Welt mit anderen Regeln, ins Kinderreich. Ich bekomme vielleicht von den Eltern zu hören, wie begabt das Kind ist, aber es wird nie das Wort an mich richten.

Als ich in den Vereinigten Staaten an einem Familienessen teilnehme, wundere ich mich, dass die Cousinen und Stiefcousinen am Tisch, die zwischen fünf und vierzehn Jahre alt sind, kein Wort an mich richten, bis ich sie regelrecht dazu zwinge. Manche bringen nur einsilbige Antworten zustande, und sogar die Teenager sind es nicht gewohnt, sich Erwachsenen gegenüber, die sie nicht so gut kennen, selbstbewusst auszudrücken.

Dass die Franzosen so besessen von ihren *bonjours* sind, liegt auch daran, dass Kinder dort nicht in einer Art Parallelwelt leben. Das Kind grüßt, also ist es. So wie mich jeder Erwachsene, der meine Wohnung betritt, beachten muss, muss mich auch jedes Kind, das hereinkommt, beachten. »Beim Grüßen geht es letztlich darum, jemanden wahrzunehmen«, so Benoît. »Menschen fühlen sich gekränkt, wenn sie von Kindern nicht entsprechend gegrüßt werden.«

Das sind nicht nur soziale Normen, das ist ein nationales Vorhaben. Bei einem Elternabend in Beans Vorschule verkündet ihre Lehrerin, eines der Lernziele bestehe darin, die Namen der Erwachsenen zu lernen (Bean nennt ihre Lehrer beim Vornamen.) und zu üben, *bonjour, au revoir* und *merci* zu ihnen zu sagen. Die Broschüre der französischen Regierung teilt mit, dass Kinder in der *maternelle* beweisen sollen, dass sie »höflich und zuvorkommend« sind. Dazu gehört auch, »den Lehrer morgens und abends zu grüßen, Fragen zu beantworten, sich für Hilfe zu bedanken und niemanden beim Reden zu unterbrechen«.

Französische Kinder schaffen es nicht immer, *bonjour* zu sagen. Dann läuft ein kleines Ritual ab, bei dem die Mutter oder der Vater das Kind dazu auffordert (»Komm, sag *bonjour*!«). Der Erwachsene, der begrüßt wird, wartet dann kurz und sagt dem Elternteil freundlich, er solle sich deswegen keine Gedanken machen. Aber auch das scheint Teil der Konvention zu sein.

Den Kindern höfliches Grüßen beizubringen, dient nicht nur den Erwachsenen. Es bringt den Kindern auch bei, dass sie nicht die Einzigen sind, die Gefühle und Bedürfnisse haben.

»Es verhindert Egoismus«, so Esther, die ihre Vierjährige – ein entzückendes, verwöhntes Einzelkind – aus dem Zimmer geholt hat, damit sie mir Auf Wiedersehen sagt. »Kinder, die andere Menschen ignorieren und nicht *bonjour* oder *au revoir* sagen, bleiben in ihrem eigenen Kokon. Wie sollen sie da begreifen, dass sie auch geben müssen und nicht nur nehmen dürfen?«

Bonjour und *au revoir* bringen Kind und Erwachsenen auf

gleiche Augenhöhe, zumindest vorübergehend. Das stärkt das Bewusstsein dafür, dass Kinder eigenständige Persönlichkeiten sind.

Ich komme nicht umhin, mir vorzustellen, dass ein amerikanisches Kind, das grußlos zur Tür hereinkommt, als Nächstes auf meine Couch springt, sich weigert, etwas anderes als Nudeln pur zu essen, und mich in den Fuß beißt, während ich zu Abend esse. Ist es schon der banalsten Anstandsregel enthoben, wird es annehmen, dass auch andere Regeln (noch) nicht für es gelten. Besteht man darauf, dass ein Kind höflich grüßt, signalisiert man ihm und allen anderen, dass es sehr wohl in der Lage ist, sich gut zu benehmen. Und bringt damit die gesamte Interaktion zwischen ihm und den Erwachsenen auf einen guten Weg.

Eltern wissen, dass das Grüßen eine erwachsene Handlung ist. »Ich glaube, dass es gar nicht einfach ist, Guten Tag zu sagen«, meint Denise, eine Medizinethikerin mit zwei Mädchen im Alter von sieben und neun. Aber laut Denise bestärke es die Kinder in der Überzeugung, dass ihre Begrüßung eine Rolle für die Erwachsenen spielt. »Meiner Meinung nach kann ein Kind, das nicht *bonjour* sagt, kein starkes Selbstbewusstsein haben.«

Das können aber auch die Eltern des Kindes nicht haben, denn schon an der Begrüßung merkt man, ob ein Kind gut erzogen wurde oder nicht. Kinder, die das französische Zauberwort nicht sagen, riskieren es, als *mal élevé*, als schlecht erzogen, betrachtet zu werden.

Denise erzählt, ihre Jüngste habe mal einen Freund eingeladen, der ziemlich laut herumgeschrien und Denise scherzhaft *chérie* genannt habe. »Ich habe meinem Mann gesagt, dass der das letzte Mal bei uns war«, vertraut sie mir an. »Ich möchte nicht, dass mein Kind Umgang mit schlecht erzogenen Kindern hat.«

Audrey Goutard hat ein Buch mit dem Titel *Le Grand Livre de la Famille* geschrieben, in dem sie versucht, einige französische Erziehungsmaximen zu revolutionieren. Aber nicht einmal Goutard wagt es, die Bedeutung von *bonjour* zu hinterfragen: »Mal ganz ehrlich: Ein Kind, das in Frankreich irgendwo hinkommt und nicht *Bonjour, monsieur!* oder *Bonjour, madame!* sagt, ist ein Kind, das man ablehnt«, erzählt sie. »Ein Sechsjähriger, der den Blick nicht vom Fernseher abwenden kann, wenn man zu Besuch kommt ... In so einem Fall würde ich sagen, dass er schlecht erzogen ist.« Ich verrate ihr lieber nicht, dass das bei uns vollkommen normal ist.

»Wir sind eine Gesellschaft mit zahlreichen Normen. Hält man sich nicht daran, wird man von der Gesellschaft ausgeschlossen, so simpel ist das. Also nimmt man seinem Kind damit die Chance, sich zu integrieren und Menschen kennen zu lernen. Ich sage in meinem Buch, dass es deshalb besser ist, wenn Kinder diese Normen befolgen.«

Schluck! Mir ist vage aufgefallen, dass französische Kinder *bonjour* sagen. Aber mir war nicht klar, wie viel davon abhängt. Es ist eine Art sozialer Marker wie gute Zähne in den Vereinigten Staaten. Wer *bonjour* sagt, zeigt, dass in seine Erziehung investiert wurde und dass er sich an grundlegende Regeln des Zusammenlebens halten wird. Beans drei- und vierjährige Altersgenossen haben bereits Jahre hinter sich, in denen ihnen die *bonjours* eingetrichtert wurden. Aber Bean nicht. Da nur »bitte« und »danke«

zu ihrem Wortschatz gehören, hat sie gerade mal die Hälfte gelernt. Wer weiß, vielleicht wurde sie schon in die gefürchtete Schublade mit dem Etikett »schlecht erzogen« gesteckt.

Ich versuche, die Anthropologin in ihr anzusprechen, indem ich ihr erkläre, dass *bonjour* eine einheimische Sitte ist, die sie respektieren muss.

»Wir leben in Frankreich, und für Franzosen ist es äußerst wichtig, dass man *bonjour* sagt. Also müssen wir es auch sagen«, ermahne ich sie. Ich trainiere mit ihr im Lift, bevor wir auf Kindergeburtstage gehen und französische Freunde zu Hause besuchen.

»Was sagst du, wenn wir reinkommen?«, frage ich nervös.

»*Caca boudin*«, erwidert sie.

Wenn wir dann hereinkommen, sagt sie meist gar nichts. Also absolviere ich das Ritual, sie öffentlich aufzufordern, *bonjour* zu sagen. Auf diese Weise zeige ich wenigstens, dass ich die Norm anerkenne. Vielleicht bringe ich es ihr so auch irgendwann bei.

Eines Tages gehen Bean und ich zu ihrer Vorschule, als sie sich spontan zu mir umdreht und verkündet: »Auch wenn ich schüchtern bin, muss ich *bonjour* sagen.« Vielleicht hat sie das in der Schule aufgeschnappt. Wie dem auch sei – es stimmt. Und es ist gut, dass sie das weiß.

Obwohl ich ein zwiespältiges Verhältnis zu Beans französischer Erziehung habe, will ich, dass sie zweisprachig aufwächst. Simon und ich reden nur Englisch mit ihr. In der Vorschule spricht sie ausschließlich Französisch. Manchmal staune ich, dass ich ein Kind geboren habe, das mühelos Sätze mit *carottes rapées* und *confiture sur le beurre* aussprechen kann.

Ich hatte geglaubt, dass kleine Kinder Sprachen einfach »aufschnappen«. Dabei ist es eher ein langwieriger Lernprozess aus Versuch und Irrtum. Einige Leute sagen, Beans Französisch habe immer noch einen amerikanischen Akzent. Auch wenn Bean nie außerhalb des Pariser Rings gewohnt hat, scheint sie dank uns etwas Amerikanisches auszustrahlen. Als ich sie an einem Mittwochvormittag zu ihrem Musikunterricht bringe (normalerweise tut das der Babysitter), stelle ich fest, dass die Lehrerin Pidgin-Englisch mit Bean redet, obwohl sie mit den anderen Kindern Französisch spricht. Später bittet eine Ballettlehrerin ihre aus kleinen Mädchen bestehende Klasse, sich flach auf den Boden zu legen *comme une crêpe*. Dann wendet sie sich an Bean und sagt »*comme un pancake*«.

Eines der vielen französischen Wörter, die durch Bean unser englisches Vokabular infiltriert haben, ist *bêtise* und bedeutet Unsinn. Steht Bean unerlaubt vom Tisch auf, nascht sie eine verbotene Süßigkeit oder wirft sie eine Erbse zu Boden, sagen wir, dass sie eine *bêtise* macht. *Bêtises* sind schlimm, aber nicht sehr schlimm. Zu viele davon können eine Strafe nach sich ziehen, eine einzige *bêtise* eher nicht.

Wir haben uns auf das französische Wort geeinigt, weil es keine gute englische Übersetzung für *bêtise* gibt. Auf Englisch würde man nicht sagen, dass das Kind Unsinn macht. Wir neigen eher dazu, das Kind selbst zu brandmarken statt das Vergehen, indem wir sagen, es sei ungezogen oder böse.

Diese Formulierungen spiegeln jedoch die Unangemessenheit der Handlung nicht wirklich wider. Auch auf Englisch gibt es natürlich einen Unterschied zwischen »auf den Tisch hauen« und »einen Menschen hauen«. Aber wenn ich ein Fehlverhalten als Unsinn verbuchen, es als bloße *bêtise* bezeichnen kann, hilft mir das, angemessen zu reagieren. Ich muss nicht gleich ausflippen oder zusammenbrechen, wenn Bean etwas Verbotenes tut oder meine Autorität infrage stellt. Manchmal ist es bloß eine *bêtise*. Dass ich dieses Wort dafür habe, beruhigt mich.

Auch ich lerne viele neue französische Vokabeln – nicht nur von Bean, sondern auch aus den französischen Kinderbüchern, die wir auf einmal unser Eigen nennen, Geburtstagspartys, Spontankäufen und Hinterhofflohmärkten sei Dank. Ich achte darauf, Bean nicht auf Französisch vorzulesen, wenn es in Hörweite einen französischen Muttersprachler gibt. Ich bin mir meines amerikanischen Akzents bewusst und weiß auch, dass ich über das eine oder andere Wort stolpere. Meistens bemühe ich mich so sehr, bloß nichts falsch auszusprechen, dass ich erst beim dritten Lesen begreife, worum es in der Geschichte eigentlich geht.

Bald merke ich, dass die französischen und die englischen Kinderbücher beziehungsweise Lieder nicht nur in unterschiedlichen Sprachen geschrieben sind. Oft haben sie auch ganz unterschiedliche Botschaften. In amerikanischen Büchern gibt es meist ein Problem, Versuche, das Problem zu lösen, und ein Happy End. Der Löffel wünscht sich, eine Gabel zu sein, merkt aber irgendwann, wie toll es als Löffel ist. Der Junge, der die anderen Kinder nicht in seinem Laufstall spielen lässt, wird selbst aus dem Laufstall verbannt und

lernt, dass alle Kinder gemeinsam im Laufstall spielen sollten. Lektionen werden gelernt, und das Leben wird besser.

Das ist nicht nur in den Büchern so. Ich merke, wie
lächerlich optimistisch ich klinge, wenn ich Bean *If you are
happy and you know it, clap your hands* vorsinge oder *The
Sun will come out tomorrow* aus dem Musical *Annie*. In der
englischsprachigen Welt scheint es für jedes Problem eine
Lösung zu geben, und das Glück wartet gleich hinter der
nächsten Ecke.

Die französischen Bücher, die ich Bean vorlese, sind ähnlich aufgebaut. Es gibt ein Problem, die Figuren bemühen
sich, es zu lösen. Aber das gelingt ihnen meist nicht für
lange. Oft endet das Buch damit, dass die Figur wieder vor
genau demselben Problem steht. Es kommt selten zu einer
persönlichen Entwicklung, bei der alle etwas lernen und daran wachsen.

Eines von Beans französischen Lieblingsbüchern handelt
von zwei hübschen kleinen Mädchen, die Cousinen und
beste Freundinnen sind. Eliette (die Rothaarige) komman-
diert Alice (die Brünette) ständig herum. Eines Tages beschließt Alice, dass sie die Nase voll von Eliette hat, und will
nicht mehr mit ihr spielen. Eine verfahrene Situation entsteht, in der sich beide einsam fühlen. Schließlich besucht
Eliette Alice, bittet sie um Verzeihung und verspricht, sich
zu ändern. Alice nimmt ihre Entschuldigung an. Eine Seite
später spielen die Mädchen zusammen Doktor, und Eliette
versucht, Alice mit einer Spritze zu stechen. Nichts hat sich
verändert. Ende.

Nicht alle französischen Bücher gehen so aus, aber viele
schon. Die Botschaft lautet, dass es nicht immer ein Happy

End gibt. Das Leben ist kompliziert. Es gibt keine Guten und keine Bösen. In uns steckt sowohl das eine als auch das andere. Eliette ist herrisch, aber auch witzig. Alice ist das Opfer, aber sie scheint es auch gar nicht anders zu wollen.

Wir sollen glauben, dass Eliette und Alice ihre dysfunktionale Beziehung deshalb aufrechterhalten, weil eine Freundschaft zwischen zwei Mädchen nun mal so ist. Ich wünschte, ich hätte das auch schon gewusst, als ich vier war, statt es erst mit um die dreißig herauszufinden. Die Autorin Debra Ollivier weist darauf hin, dass amerikanische Mädchen Gänseblümchen ihre Blütenblätter ausreißen und dabei sagen, »Er liebt mich, er liebt mich nicht«. Französische Mädchen dagegen lassen auch Zwischentöne zu. Sie sagen »*Il m'aime un peu, beaucoup, passionnément, à la folie, pas du tout.*« (»Er liebt mich ein bisschen, sehr, leidenschaftlich, wahnsinnig, gar nicht.«[43])

Die Figuren in französischen Kinderbüchern dürfen auch widersprüchliche Eigenschaften haben. In einem von Beans *Princesse Parfaite*-Büchern packt Zoé ein Geschenk aus und verkündet, dass es ihr nicht gefällt. Aber auf der nächsten Seite ist Zoé eine perfekte Prinzessin, die aufspringt und sich beim Schenkenden mit *merci* bedankt.[44]

Gäbe es eine amerikanische Variante dieses Buches, würde Zoé ihre Unhöflichkeit und Undankbarkeit überwinden und sich für immer in die perfekte Prinzessin verwandeln. Die französischen Bücher sind eher wie das wahre Leben: Zoé hat nach wie vor zwei Seelen in ihrer Brust. Das Buch versucht, für ein prinzessinnenhaftes Benehmen zu werben (Am Ende ist ein kleines Zeugnis für gutes Benehmen beigefügt.), geht aber davon aus, dass Kinder einen angeborenen Drang haben, *bêtises* zu machen.

Es gibt auch viel Nacktheit und Liebe in französischen Büchern für Vierjährige. Bean hat ein Buch über einen Jungen, der aus Versehen nackig zur Schule geht. Ein anderes handelt von der Liebe eines Jungen, der sich aus Versehen in die Hose macht, zu einem kleinen Mädchen, das ihm ihre Hose leiht, während es sich aus seinem Bandana einen Rock bindet. Diese Bücher – und auch die französischen Eltern aus meinem Bekanntenkreis – nehmen die Liebeleien und Romanzen von Vorschülern ernst.

Ich lerne Leute kennen, die amerikanische Eltern haben, aber in Frankreich aufgewachsen sind. Als ich sie frage, ob sie sich eher als Franzosen oder als Amerikaner fühlen, sagen fast alle, das hänge von der Umgebung ab. Seien sie in Frankreich, fühlten sie sich als Amerikaner, in Amerika dagegen als Franzosen.

Bean scheint sich ähnlich zu entwickeln. Ich schaffe es mühelos, ihr ein paar amerikanische Eigenschaften weiterzuvererben, wie jammern und schlecht schlafen. Andere erfordern erheblich größere Anstrengungen. Ich beginne damit, ihr einige amerikanische Feiertage nahezubringen. Halloween wird beibehalten, Thanksgiving nicht. Der 4. Juli ist nicht weit vom 14. Juli, dem französischen Nationalfeiertag entfernt, sodass ich das Gefühl habe, beides zu feiern. Ich weiß zwar nicht genau, was man unter authentischem amerikanischem Essen versteht, lege aber seltsamerweise großen Wert darauf, dass Bean mit Käse überbackenen Thunfisch-Toast mag.

Es ist schon kompliziert genug, Bean dazu zu bringen, sich ein bisschen wie eine Amerikanerin zu fühlen. Doch darüber hinaus möchte ich auch, dass sie sich wie eine Jüdin fühlt. Obwohl ich sie in der Vorschule auf die Kein-Schweinefleisch-Liste gesetzt habe, scheint das nicht auszureichen, sie in ihrem Glauben zu festigen. Sie kann nach wie vor nicht verstehen, warum sie nicht Weihnachten feiern darf.

»Ich will keine Jüdin sein. Ich will Engländerin sein!«, verkündet sie Anfang Dezember.

Ich erwähne Gott nur ungern. Ich habe Angst, Bean zu verängstigen, wenn ich ihr sage, dass der Allmächtige überall ist – vermutlich auch in ihrem Zimmer. (Sie hat schon Angst vor Hexen und Wölfen unter ihrem Bett.) Stattdessen bereite ich im Frühling ein besonderes Pessach-Mahl zu. Noch während des ersten Segensspruchs bittet Bean, vom Tisch aufstehen zu dürfen. Simon wirft mir einen »Hab ich's dir nicht gesagt?«-Blick zu. Wir schlürfen unsere Matzebällchensuppe und schauen dann niederländischen Fußball im Fernsehen.

Chanukka ist dagegen ein Riesenerfolg. Dass Bean zu diesem Zeitpunkt schon ein halbes Jahr älter ist, trägt sicherlich auch dazu bei, genauso wie die Kerzen und Geschenke. Was Bean am besten daran findet, ist, dass wir in unserem Wohnzimmer singen und tanzen und uns anschließend vor lauter Schwindel zu Boden fallen lassen.

Aber nach acht solchen Abenden und acht sorgfältig ausgewählten Geschenken ist sie immer noch skeptisch.

»Chanukka ist vorbei, wir sind jetzt keine Juden mehr!«, verkündet sie. Dann möchte sie wissen, ob der Weihnachtsmann – alias *Père Noël*, von dem sie in der Schule gehört hat – auch in unser Haus kommen wird. An Heiligabend besteht Simon darauf, Schuhe mit kleinen Geschenken vor unseren Kamin zu stellen. Er behauptet, sich damit an eine niederländische Tradition anzulehnen, nicht an eine religiöse. Bean ist begeistert, als sie aufwacht und die Schuhe sieht, obwohl darin nur ein Jojo und eine Bastelschere liegen.

»*Père Noël* besucht normalerweise keine jüdischen Kinder, aber dieses Jahr ist er zu uns gekommen!«, jubelt sie. Als ich sie anschließend von der Vorschule abhole, verläuft unsere Unterhaltung folgendermaßen:

Ich: »Was habt ihr heute gemacht?«

Bean: »Ich habe Schweinefleisch gegessen.«

Es ist nicht das Schlechteste, ein englischsprachiger Ausländer zu sein. Englisch ist selbstverständlich die *langage du jour* in Frankreich. Die meisten Pariser unter vierzig sprechen es einigermaßen passabel. Beans Lehrerin bittet mich und einen kanadischen Vater, einen Vormittag in die Vorschule zu kommen, um Beans Klassenkameraden aus englischsprachigen Büchern vorzulesen. Einige von Beans Freunden nehmen sogar Englischunterricht. Ihre Eltern schwärmen, welches Glück Bean hat, zweisprachig aufzuwachsen.

Aber es hat auch Nachteile, Ausländer als Eltern zu haben. Simon erzählt mir immer wieder, wie er als Kind in Holland zusammengezuckt ist, wenn seine Eltern in der Öffentlichkeit Niederländisch gesprochen haben. Daran muss ich denken, als die Eltern beim Jahresabschlusskonzert in Beans Vorschule gebeten werden mitzusingen. Die meisten kennen den Text. Ich summe leise mit, in der Hoffnung, dass Bean nichts merkt.

Ich werde wohl einen Kompromiss finden müssen zwischen der amerikanischen Identität, die ich Bean mitgebe, und der französischen, die sie aus ihrer Umgebung aufsaugt wie ein Schwamm. Zum Glück scheinen Teile der angloamerikanischen Kultur einfach ansteckend zu sein. Als ich Bean eines Morgens durch die prächtigen alten Straßen unseres Viertels zur Schule bringe, beginnt sie plötzlich zu singen: *»The sun'll come out, tomorrow«*. Wir singen es gemeinsam auf dem gesamten Schulweg. Mein optimistisches, amerikanisches Mädchen ist doch noch irgendwo da drin.

Irgendwann ringe ich mich dazu durch, französische Erwachsene nach diesem mysteriösen *caca boudin* zu fragen. Sie amüsieren sich, dass ich *caca boudin* so ernst nehme. Wie sich herausstellt, ist es ein Schimpfwort, aber nur für sehr kleine Kinder. Sie plappern es gegenseitig nach, und zwar ungefähr zu dem Zeitpunkt, wenn sie lernen, auf die Toilette zu gehen.

Sagt ein Kind *caca boudin*, ist das eine kleine *bêtise*. Aber Eltern haben Verständnis dafür. Dieser Begriff ist eine Möglichkeit für Kinder, die Nase zu rümpfen und über die Stränge zu schlagen. Die Erwachsenen, mit denen ich spreche, verstehen, dass Kinder, die so viele Regeln und Grenzen beachten müssen, auch ein paar Freiheiten brauchen. *Caca boudin* verleiht Kindern Macht und Autonomie. Beans frühere Lehrerin Anne-Marie lächelt nachsichtig, als ich sie auf *caca boudin* anspreche. »Das schnappen sie aus ihrer Umgebung auf«, erklärt sie. »Wir haben das auch gesagt, als wir noch klein waren.«

Das bedeutet nicht, dass Kinder *caca boudin* sagen können, wann sie wollen. Der Erziehungsratgeber *Votre Enfant* schlägt vor, den Kindern zu sagen, dass Schimpfwörter nur auf der Toilette verwendet werden dürfen. Manche Eltern verbannen solche Wörter auch nur vom Esstisch. Sie verbieten ihren Kindern nicht, *caca boudin* zu sagen, sie bringen ihnen nur bei, es passend einzusetzen.

Als Bean und ich eine französische Familie in der Bretagne besuchen, strecken sie und deren kleine Tochter Leonie der Großmutter die Zunge heraus. Die Großmutter befiehlt ihnen sofort, sich zu setzen, und erklärt ihnen, wann man so etwas tun darf.

»Wenn ihr allein auf eurem Zimmer seid. Wenn ihr auf der Toilette seid. Man darf barfuß laufen, die Zunge herausstrecken, auf jemanden zeigen, *caca boudin* sagen. Aber nur, wenn man allein ist. In der Schule: *non.* Am Esstisch: *non.* In Gegenwart der Eltern: *non.* Auf der Straße: *non. C'est la vie.* Ihr müsst den Unterschied lernen.«

Als Simon und ich mehr über *caca boudin* wissen, beschließen wir, unser Verbot aufzuheben. Wir sagen Bean, dass sie das Wort in den Mund nehmen darf, allerdings nicht zu oft. Uns gefällt die Philosophie, die dahintersteckt, und manchmal sagen wir es sogar selbst. Ein Schimpfwort nur für Kinder: Wie kurios! Wie französisch!

Doch wie sich irgendwann herausstellt, ist die soziale Tragweite von *caca boudin* doch etwas zu komplex für uns. Als an einem Sonntagnachmittag der Vater einer von Beans Freundinnen kommt, um seine Tochter vom Spielen bei uns abzuholen, hört er, wie Bean *caca boudin* schreit, als sie durch den Flur läuft. Der Vater, ein Banker, mustert mich misstrauisch. Ich bin mir sicher, dass er den Vorfall seiner Frau gegenüber erwähnen wird. Seitdem war seine Tochter nie mehr bei uns zu Hause.

Doppelt gemoppelt

Ich habe also mein Buch beendet. Und eines Tages habe ich mich sogar eine herrliche Viertelstunde lang (vor dem Frühstück) meinem Zielgewicht bis auf hundert Gramm genähert. Ich bin jetzt mehr als bereit, wieder schwanger zu werden.

Aber es klappt nicht.

Alle um mich herum sind schwanger. Bei meinen Freundinnen, die wie ich Ende dreißig sind, scheint gerade ein letztes Aufbäumen der Fruchtbarkeit stattzufinden. Als ich Bean bekam, ging das so einfach und schnell, wie sich eine Pizza nach Hause liefern lassen. Es klappte schon beim ersten Versuch.

Aber diesmal gibt es keine Pizza. Während die Monate vergehen, spüre ich, wie der Altersunterschied zwischen Bean und ihrem potenziellen Geschwisterchen immer größer wird. Ich glaube nicht, dass ich noch viel länger warten kann. Bekomme ich nicht bald das zweite Kind, wird das dritte biologisch unmöglich. Meine Uhr tickt.

Meine Ärztin sagt, mein Zyklus sei zu lang. Das Ei dürfe nicht so lange herumliegen, bevor es sich aufmacht, einen Partner zu suchen. Sie verschreibt mir ein Medikament, das mehr Follikel springen lässt und die Chancen erhöht, dass einer davon fit genug bleibt bis zur Befruchtung. Währenddessen rufen mich immer mehr Freundinnen mit der frohen Botschaft an, dass sie schwanger sind.

Ich freue mich für sie, ehrlich!

Nach etwa acht Monaten nennt man mir eine Akupunkteurin, die sich auf Fruchtbarkeitsbehandlungen spezialisiert hat. Sie hat lange schwarze Haare und ein Ladenbüro in einem schlichten Pariser Viertel. (In den meisten Städten gibt es *ein* Chinatown. Paris hat fünf oder sechs davon.) Die Akupunkteurin mustert meine Zunge, steckt mir ein paar Nadeln in die Arme und fragt mich, wie lange mein Zyklus dauert.

»Das ist zu lange!«, sagt sie und erklärt mir, dass mein Ei sein Mindesthaltbarkeitsdatum überschreitet. Sie stellt mir ein Rezept für einen Trank aus, der nach Baumrinde schmeckt. Ich trinke ihn gehorsam. Aber ich werde nicht schwanger.

Simon sagt, er sei auch mit einem Kind zufrieden. Aus Rücksicht auf ihn ziehe ich diese Möglichkeit genau vier Sekunden lang in Betracht. Doch irgendein animalischer Instinkt treibt mich an. Er fühlt sich nicht nach Darwin an, sondern eher wie eine Art Heißhunger auf Kohlenhydrate. Ich will mehr Pizza! Ich gehe wieder zu meiner Ärztin und sage, ich sei bereit, den Einsatz zu erhöhen. Was sie denn noch so im Angebot habe?

Sie findet nicht, dass es schon Zeit für eine künstliche Befruchtung ist. (Frankreichs gesetzliche Krankenversicherung zahlt Frauen unter dreiundvierzig bis zu sechs künstliche Befruchtungsversuche.) Stattdessen zeigt sie mir, wie ich mir einen Wirkstoff in den Oberschenkel spritzen soll, der den Eisprung vorzieht, damit das Ei keine Zeit mehr hat, sein Mindesthaltbarkeitsdatum zu überschreiten. Damit das funktioniert, muss ich mir am 14. Tag die Spritze geben. Und gleich danach Sex haben.

Wie sich herausstellt, muss Simon am nächsten 14. Tag beruflich nach Amsterdam. Es kommt für mich nicht infrage, noch einen Monat zu warten. Ich bestelle einen Babysitter für Bean und vereinbare mit Simon ein Treffen auf halber Strecke zwischen Amsterdam und Paris, nämlich in Brüssel. Wir haben vor, schön essen zu gehen und uns anschließend auf unser Hotelzimmer zurückzuziehen. Im schlimmsten Fall ist es eine willkommene Abwechslung. Am Morgen danach wird Simon nach Amsterdam zurückfahren.

Am 14. Tag zieht ein heftiges Unwetter auf, und in Westholland brechen sämtliche Bahnverbindungen zusammen. Als ich gegen achtzehn Uhr am Brüsseler Bahnhof ankomme, ruft Simon an und sagt, sein Zug stecke in Rotterdam fest. Welche Züge von dort fahren und ob überhaupt noch welche fahren würden, sei ungewiss. Gut möglich, dass er es heute Abend nicht mehr bis nach Brüssel schaffe. Er rufe zurück.

Wie auf Kommando beginnt es zu regnen.

Ich bewahre die Spritze in einer Kühltasche auf, wo sie nur für wenige Stunden gekühlt bleibt. Was, wenn ich in einem heißen Zug feststecke? Ich sause in einen Lebensmittelladen am Bahnhof und kaufe Tiefkühlerbsen, die ich in die Kühltasche stecke.

Simon ruft zurück und sagt, es gäbe einen Zug von Rotterdam nach Antwerpen. Ob ich ihn in Antwerpen treffen könne? Auf der großen Anzeigetafel über mir sehe ich, dass in wenigen Minuten ein Zug von Brüssel nach Antwerpen geht. In einer *The Bourne Identity*-plus-*Sex And The City*-reifen Szene schnappe ich meine erbsengekühlte Spritze und eile zum Gleis.

Ich stehe im Regen und will gerade in den Zug nach Antwerpen einsteigen, als Simon erneut anruft. »Nicht einsteigen!«, schreit er. Er sitzt in einem Zug nach Brüssel.

Ich nehme ein Taxi zu unserem Hotel, das warm, gemütlich und mit einem riesigen Weihnachtsbaum geschmückt ist. Ich sollte dankbar sein, hier sein zu dürfen, aber das erste Zimmer, das mir der Hotelpage zeigt, hat einfach nicht die Zeugungsatmosphäre, die ich brauche. Er bringt mich deshalb in ein romantisches Dachgeschosszimmer mit schrägen Wänden. Das scheint mir ein fortpflanzungstechnisch geeigneter Ort zu sein.

Während ich auf Simon warte, lasse ich mir eine Wanne ein, ziehe mir anschließend den Bademantel über und ramme mir gelassen die Spritze in den Oberschenkel. So wie es aussieht, wäre ich kein schlechter Junkie, aber noch lieber wäre ich eine Mutter von zwei Kindern.

Wenige Wochen später bin ich beruflich in London. Ich gehe in eine Apotheke und hole einen Schwangerschaftstest. Anschließend kaufe ich mir einen Bagel in einem Deli, nur damit ich die schmuddelige Kellertoilette benutzen kann, um den Schwangerschaftstest zu machen. (Na gut, den Bagel esse ich auch.) Zu meinem maßlosen Erstaunen ist der Test positiv. Ich rufe Simon an, während ich mit meinem Rollkoffer zu meinem Termin hetze. Er denkt sich sofort Kosenamen aus.

Wenige Wochen später begleitet mich Simon zu einer Ultraschalluntersuchung. Ich lehne mich auf der Liege zurück und betrachte den Monitor. Das Baby sieht prächtig aus: Herzschlag, Kopf, Beine. Dann bemerke ich daneben einen dunklen Fleck.

»Was ist das?«, frage ich die Ärztin. Sie fährt mit dem Schallkopf etwas hin und her.

Plötzlich taucht ein weiterer kleiner Körper auf dem Monitor auf, mit einem eigenen Herzschlag, Kopf und Beinen.

»Zwillinge!«, sagt sie.

Das ist einer der schönsten Momente meines Lebens. Ich habe das Gefühl, ein Riesengeschenk bekommen zu haben: zwei Pizzas. Ich finde auch, dass das eine sehr effiziente Fortpflanzungsmethode für eine Frau Ende dreißig ist.

Als ich mich zu Simon umdrehe, merke ich, dass einer der schönsten Momente meines Lebens einer der schlimmsten in seinem Leben zu sein scheint. Er sieht aus wie unter Schock.

Ausnahmsweise weiß ich nicht, was er denkt. Mir wird schon schwindelig, wenn ich an die Zwillinge denke. Aber ihn hat die Nachricht umgehauen.

»Ich werde nie mehr in ein Café gehen können«, sagt er. Er geht davon aus, keine freie Minute mehr zu haben, wenn die Zwillinge da sind.

»Sie könnten sich einen Kaffeevollautomaten anschaffen«, schlägt die Ärztin vor.

Meine französischen Freunde und Nachbarn gratulieren uns zu dem freudigen Ereignis. Dass ich Zwillinge bekomme, nehmen sie einfach zur Kenntnis. Die Angloamerikaner aus meinem Bekanntenkreis sind da längst nicht so diskret.

»War das eine Überraschung?«, fragt eine Mutter aus meiner Spielgruppe, als ich die Neuigkeit verkünde. Als ich recht einsilbig mit »Ja« antworte, versucht sie es noch einmal.

»Und eure Ärztin, war die auch überrascht?«

Ich bin zu beschäftigt, um mir darüber den Kopf zu zerbrechen. Simon und ich haben beschlossen, dass wir keine bessere Kaffeemaschine sondern eine größere Wohnung brauchen. (Unsere jetzige hat nur zwei kleine Zimmer.) Das wird noch dringlicher, als wir erfahren, dass ich mit zwei Jungen schwanger bin.

Ich besichtige mehrere Dutzend Wohnungen, die alle entweder zu dunkel oder zu teuer sind oder aber einen langen, unheimlichen Flur haben, der zu einer winzigen Küche führt. (Im 19. Jahrhundert war es anscheinend alles andere als chic, das Essen zu riechen, das von den Bediensteten gekocht wurde.) Der Immobilienmakler schwärmt jedes Mal davon, wie ruhig die Wohnung sei, die ich gleich sehen werde. Ruhig scheint eine begehrte Eigenschaft zu sein, sowohl was französische Wohnungen als auch was französische Kinder angeht.

Da ich mich dermaßen auf die Wohnungssuche konzentriere, kann ich mir keine allzu großen Sorgen über die Schwangerschaft machen. Vermutlich habe ich die französische Haltung übernommen, dass es nicht unbedingt nötig ist, der Entstehung jeder fötalen Augenbraue beizuwohnen. (Obwohl ich ziemlich viele Augenbrauen mit mir herumtrage, über die ich mir Sorgen machen könnte.) Hin und wieder gebe ich zwillingsspezifischen Ängsten nach, wie der, die Kinder könnten Frühgeburten werden. Aber im Großen und Ganzen nimmt mir das Gesundheitssystem diese Ängste.

Weil es Zwillinge sind, bekomme ich zusätzliche Untersuchungen bezahlt. Bei jeder Kontrolle zeigt der gut aussehende Radiologe auf »Baby A« und »Baby B« auf dem Monitor und reißt immer wieder denselben schlechten Witz: »Sie sind nicht verpflichtet, diese Namen beizubehalten.« Ich schenke ihm mein schönstes Mikrolächeln.

Diesmal bekommt es Simon mit der Angst – seinetwegen, nicht wegen der Babys. Er behandelt jede Käseplatte, als wäre es die letzte. Ich hingegen genieße die große Aufmerksamkeit. Trotz der Gratis-IVF-Behandlungen sind Zwillinge nach wie vor eine Sensation in Paris. (Wie ich höre, setzen Ärzte hier oft nur einen Embryo ein.) Innerhalb weniger Wochen bin ich sichtbar schwanger. Nach sechs Monaten sehe ich aus, als könnte ich jeden Moment niederkommen. Es gibt sogar Schwangerschaftsklamotten, die mir zu eng sind. Bald merken schon kleine Kinder, dass mehr als ein Baby da drin ist.

Ich lerne auch den korrekten Fachbegriff: Auf Französisch heißt es nicht »eineiige« oder »zweieiige« Zwillinge, sondern *vrais* oder *faux* – echte oder falsche. Ich gewöhne mich daran, den Leuten zu erzählen, dass ich falsche Zwillingsjungen erwarte.

Die Angst, meine falschen Zwillinge könnten zu früh auf die Welt kommen, hätte ich mir sparen können. Im neunten Monat habe ich zwei ausgewachsene Babys im Bauch, von denen jedes fast so viel wiegt wie Bean bei ihrer Geburt. Leute in Cafés zeigen auf mich. Und ich kann keine Treppen mehr steigen.

»Wenn du eine Wohnung willst, finde eine!«, sage ich zu Simon. Keine Woche später, nachdem er sie genau ein Mal besichtigt hat, hat Simon eine gefunden. Die Wohnung ist eine Altbauwohnung, die sogar für Pariser Verhältnisse alt ist. Es gibt keinen langen Flur, dafür aber nur einen winzig schmalen Bürgersteig davor. Sie muss von Grund auf renoviert werden. Wir kaufen sie. Am Tag vor der Geburt treffe ich mich mit einem Bauunternehmer, um alles zu besprechen.

Die Privatklinik, in der ich Bean zur Welt gebracht habe, war klein und makellos sauber. Es gab eine Schwesternbetreuung rund um die Uhr, einen niemals versiegenden Nachschub an frischen Handtüchern, und es standen Steak und *foie gras* auf dem Speiseplan. Ich musste keine Windeln wechseln.

Man hat mich gewarnt, dass die Neugeborenenstation des öffentlichen Krankenhauses, auf der ich die Zwillinge zur Welt bringen will, nicht ganz so exklusiv ist. Die medizinische Versorgung in staatlichen französischen Krankenhäusern ist ausgezeichnet, aber dafür ohne jeden Schnickschnack. Man bekommt eine Liste mit Dingen, die man zur Geburt mitbringen soll, und dazu gehören auch Windeln. Es gibt weder individuelle Geburtspläne noch Geburtswannen und auch keine *Walking Epidurals*. So einen Luxus bekommt hier kein Baby geboten.

Kinder kämen hier »wie am Fließband« zur Welt, heißt es. Ich entscheide mich für das Hôpital Armand-Trousseau, weil es nur zehn Minuten mit dem Taxi von unserer Wohnung entfernt liegt und auf Komplikationen bei Zwillingsgeburten vorbereitet ist. (Später erfahre ich, dass es zu der Kinderklinik gehört, in der Françoise Dolto wöchentlich Visite machte.) Außerdem möchte ich ohnehin nicht in einer Wanne gebären. Wenn es so weit ist, werde ich einfach auf meine New Yorker Chuzpe zurückgreifen, um ein paar

Extrawürste zu bekommen. Ich erkläre Simon, dass wir ohnehin schon Mengenrabatt bekommen: Man wird unsere beiden Kinder zum Preis für eines auf die Welt bringen.

Als es mit den Wehen losgeht, ist es überhaupt keine Frage mehr, ob ich eine PDA bekomme oder nicht. Der Arzt fährt mich in einen sterilen Operationssaal, damit er im Notfall sofort einen Kaiserschnitt machen kann. Ich liege flach auf dem Rücken, meine Beine sind in ein Fünfziger-Jahre-Eisengerüst im Retrostil gespannt, und ich bin von Wildfremden mit Duschhauben und Mundschutz umgeben. Ich bitte mehrfach darum, Kissen in den Rücken geschoben zu bekommen, damit ich sehen kann, was passiert. Keine Reaktion. Irgendwann lässt sich jemand dazu herab, mir eine gefaltete Decke unterzuschieben, was die Unbequemlichkeit noch erhöht.

Als die eigentliche Geburt beginnt, ist mein Französisch wie weggeblasen. Ich verstehe nichts von dem, was der Arzt sagt, und kann nur noch Englisch sprechen. Das muss schon öfter vorgekommen sein, da die Hebamme sofort beginnt, zwischen mir und dem Arzt zu dolmetschen. Vielleicht gibt sie nur eine kleine Zusammenfassung dessen, was er sagt, oder aber ihr Englisch ist nicht so toll. Aber sie sagt meist nur »Pressen!« und »Nicht pressen!«.

Als das erste Baby kommt, reicht es mir die Hebamme. Ich bin fasziniert, Baby A ist endlich da! Wir lernen uns gerade erst kennen, als mir die Hebamme auf die Schulter klopft.

»Entschuldigen Sie bitte, aber Sie müssen das andere Baby auch noch zur Welt bringen«, sagt sie und bringt Baby A an einen geheimen Ort. In diesem Moment wird mir klar, dass es kompliziert sein könnte, Zwillinge zu haben.

Neun Minuten später kommt Baby B. Ich sage ihm kurz Hallo, bevor die Schwestern auch mit ihm davonsausen. Tatsächlich sind bald so gut wie alle verschwunden – Simon, die Babys und der Großteil des medizinischen Personals. Ich liege immer noch auf dem Rücken und bin von der Taille abwärts gelähmt. Meine Beine sind noch in den Halterungen und weit gespreizt. Jemand hat beschlossen, die Vorhänge aufzuziehen, sodass mir jetzt jeder, der vorbeigeht, direkt in den Schritt schauen kann, aus dem noch vor fünf Minuten Zwillinge geflutscht sind.

Die Einzige, die noch bei mir ist, ist die Narkoseschwester, die es auch nicht so toll findet, allein zurückgelassen worden zu sein. Sie überspielt ihre Unsicherheit mit Smalltalk: Woher ich komme? Ob mir Paris gefalle?

»Wo sind meine Babys? Wann kann ich sie sehen?«, frage ich. (Mein Französisch ist zurückgekehrt.) Das weiß sie nicht. Und sie darf auch nicht gehen, um Nachforschungen anzustellen.

Zwanzig Minuten vergehen. Niemand schaut nach uns. Vielleicht liegt es an den Hormonen, dass mich das alles nicht stört. Trotzdem bin ich dankbar, als die Schwester aus medizinischem Verbandsmaterial eine Art Lendenschurz bastelt, der meine Blöße bedeckt. Anschließend ist sie nicht mehr zu Gesprächen aufgelegt. »Ich hasse meinen Job!«, sagt sie.

Schließlich schiebt mich jemand in einen Ruheraum, wo ich mit Simon und den Babys wiedervereint werde. Wir machen Fotos, und zum ersten und letzten Mal versuche ich, beide Jungen gleichzeitig zu stillen. Ein Krankenpfleger schiebt uns in das Zimmer, in dem ich die nächsten

Tage mit den Jungs bleiben werde. Ein Nobelhotel ist das nicht gerade, eher eine Art Billig-Motel. Es gibt eine rudimentäre Personalbesetzung und ein Säuglingszimmer, das von eins bis vier Uhr früh geöffnet hat. Da ich bereits ein älteres Kind habe und man davon ausgeht, dass ich nichts Schlimmes anrichten kann, überlässt mich das Personal mehr oder weniger meinem Schicksal. Zu den Mahlzeiten trägt jemand ein Plastiktablett mit der Parodie eines Krankenhausessens herein: matschige Fritten, Chicken Nuggets und Schokomilch. Ich brauche ein paar Tage, bis ich merke, dass keine der anderen Mütter davon isst: Es gibt einen Gemeinschaftskühlschrank im Flur, in dem sie Lebensmittel bunkern.

Simon kümmert sich zu Hause um Bean, sodass ich die meiste Zeit allein mit den Jungen bin, die oft stundenlang schreien. Ich klemme mir einen zwischen die Beine, gewissermaßen als Ersatz für eine Umarmung, während ich versuche, den anderen zu stillen. In diesem lautstarken Gewimmel aus Armen und Beinen kommt es mir so vor, als wären es mehr als zwei Babys. Als ich sie schließlich beide nach stundenlangem Wimmern und Trinken zum Schlafen gebracht habe, taucht Simon auf. »Es ist so friedlich hier!«, sagt er. Ich versuche, nicht daran zu denken, dass mein Bauch aussieht wie ein riesiger fleischfarbener Berg Wackelpudding.

Inmitten dieses Chaos müssen wir den Jungen Namen geben. (Die Stadt Paris gibt einem dafür gerade mal drei Tage Zeit. Am zweiten Tag steht ein wütender Bürokrat mit einem Klemmbrett am Krankenbett.) Simon bittet nur darum, dass Nelson mit dabei ist, nach seinem Idol Nelson

Mandela. Die meisten Gedanken macht er sich um die perfekten Spitznamen. Er möchte einen Jungen Gonzo und den anderen Chairman rufen. Ich habe eine Schwäche für Doppelvokale und überlege, beide Raoul zu nennen.

Wir entscheiden uns für Joel – den wir nur Joey nennen – und Leo, der sich sämtlichen Versuchen, ihm einen Spitznamen zu verpassen, widersetzt. Es sind die zweieiigsten Zwillinge, die ich je gesehen habe: Joey sieht aus wie ich, nur mit platinblondem Haar. Leo ist ein dunkler, kleiner, mediterraner Typ. Wären sie nicht genau gleich groß und ständig zusammen, würde niemand darauf kommen, dass sie miteinander verwandt sind.

Nach vier langen Tagen dürfen wir das Krankenhaus verlassen. Doch was dann kommt, ist nicht unbedingt eine Verbesserung: Am frühen Abend schreien die Babys stundenlang. Beide wachen nachts immer wieder auf. Simon und ich schnappen uns jeder ein Baby, bevor wir uns schlafen legen, für das wir dann die ganze Nacht zuständig sind. Wir versuchen, beide das »einfachere« Baby zu nehmen, aber welches das ist, ändert sich ständig. Da wir noch nicht in die größere Wohnung gezogen sind, schlafen wir alle im selben Zimmer. Werden die Babys wach, sind es auch alle anderen.

Es fühlt sich nach wie vor so an, als wären es mehr als zwei. Ich hätte nie gedacht, dass ich die Zwillinge gleich anziehe, aber plötzlich bin ich versucht, es zu tun, um wenigstens für ein bisschen Ordnung zu sorgen – und sei es nur optisch. So wie in einer besonders strengen Schule, die verlangt, dass die Kinder Schuluniform tragen.

Erstaunlicherweise bleibt mir bei all dem Stress immer

noch genügend Zeit, um meine Neurosen zu pflegen. Ich bin wie besessen von der Vorstellung, dass wir den Jungen falsche Namen gegeben haben und aufs Rathaus gehen und sie ändern sollten. In meinen wenigen freien Minuten quäle ich mich damit.

Dann wäre da noch das unbedeutende Thema der Beschneidung. Die meisten französischen Babys sind nicht beschnitten. Das bleibt den Juden und Muslimen vorbehalten. Weil gerade August ist, sind sämtliche Mohels, die die rituelle Beschneidung vornehmen, in Urlaub. Wir warten darauf, dass einer, der uns empfohlen wurde (ein Mann, der praktischerweise Mohel und Kinderarzt ist), nach Paris zurückkehrt.

Anders als bei den Geburten gibt es bei der Beschneidung keinen Mengenrabatt. Vor der kleinen Zeremonie gestehe ich dem Mohel meine Angst, den Jungen falsche Namen gegeben zu haben, und dass ich sie vielleicht ändern müsse. Er gibt mir keinerlei spirituellen Rat, erklärt mir aber als Franzose, dass die bürokratischen Hürden in diesem Fall enorm seien. Irgendwie zerstreut diese Information, gepaart mit dem heiligen Akt der Beschneidung, meine Zweifel. Nach dem Ritual werde ich mir nie mehr Gedanken um ihre Namen machen.

Zum Glück ist meine Mutter aus Miami gekommen. Simon, sie und ich verbringen die meiste Zeit mit den Jungs im Wohnzimmer. Eines Tages klingelt eine Frau bei uns. Sie sei eine Psychologin vom PMI unseres Viertels, erklärt sie, und mache Hausbesuche bei Zwillingsmüttern, was ich für eine sehr taktvolle Art halte, sich nach Nervenzusammenbrüchen zu erkundigen. Einige Tage später schaut eine

Hebamme vom PMI vorbei und sieht zu, wie ich Joeys Windel wechsle. Sein Stuhlgang sei »ausgezeichnet«, verkündet sie. Ich betrachte das als offizielle Stellungnahme des französischen Staates.

Es gelingt uns, ein paar Dinge, die wir über französische Erziehung gelernt haben, bei den Jungen anzuwenden. Wir gewöhnen sie langsam an die landesweiten Essenszeiten, was bedeutet, dass viermal täglich gefüttert wird. Als sie wenige Monate alt sind, verlangen sie mit Ausnahme des *goûters* keinen weiteren Snack mehr.

Leider schaffen wir es nicht, sie an die berühmte Pause zu gewöhnen. Bei neugeborenen Zwillingen, die nicht einmal ein Zimmer für sich allein haben – und einem älteren Kind, das nur wenige Zentimeter entfernt ist – fällt es schwer, auch nur irgendetwas auszuprobieren.

Also leiden wir wieder mal. Nach ungefähr einem Monat ohne Schlaf sind Simon und ich Zombies. Wir greifen auf unsere Filipino-Nanny und ihr Netzwerk aus Cousinen und Freundinnen zurück. Irgendwann lassen wir uns von vier verschiedenen Frauen helfen, die in Schichten 24 Stunden am Tag bei uns sind. Wir zahlen uns dumm und dämlich, bekommen aber wenigstens etwas Schlaf dafür. Ich beginne, Mütter von Mehrlingen als geknechtete Minderheit zu betrachten, so ähnlich wie die Tibeter.

Beide Jungen tun sich schwer mit dem Stillen. Also verbringe ich viel Zeit oben in meinem Schlafzimmer, wo ich eine innige Beziehung zu meiner elektrischen Milchpumpe entwickle. Bean findet irgendwann heraus, dass sie Zeit mit mir alleine verbringen kann, wenn sie sich währenddessen zu mir setzt. Sie lernt, die Fläschchen und Behälter zusammenzuschrauben und kann das *WapaWapa*-Geräusch der Milchpumpe perfekt nachahmen.

Ich sehe aus wie ein waidwundes Tier. Ich gehe nach unten, um meine Milchfläschchen abzugeben oder schicke Bean damit hinunter, um mich wieder schlafen legen zu können. Es sind so viele Babysitter anwesend, dass ich mich eher als Statistin statt als Hauptdarstellerin fühle. Ich bin davon überzeugt, dass die Jungen bei all diesen Frauen um sie herum gar nicht wissen, dass ich ihre Mutter bin. Ich muss abwesend wirken, denn irgendwann packt mich eine Freundin an den Schultern, sieht mir in die Augen und fragt mich, ob es mir gut gehe.

»Es geht mir gut, mir geht bloß das Geld aus«, sage ich. Ich verbringe so viel Zeit damit, den Jungen »Stille Nacht« vorzusingen – und zwar als Schlaf- statt als Weihnachtslied, dass mich eine der Babysitterinnen fragt, ob ich Katholikin geworden sei.

Währenddessen schreitet die Renovierung unserer Wohnung voran. Zwischen zwei Milchpump-Sessions sause ich hinüber, um nach dem Rechten zu sehen. Ich treffe mich mit dem Beirat der Eigentümerversammlung, einem Betriebswirt um die sechzig, um zu besprechen, ob ich den Zwillingskinderwagen unten im Hausflur stehen lassen darf. Er will sich nicht festlegen.

»Die früheren Eigentümer waren ausgezeichnete Nachbarn«, sagt er.

»Inwiefern?«, frage ich.

»Sie waren sehr diskret.«

Die Wohnung selbst ist ein Riesenchaos. Ich hatte die

Pläne eines Abends abgesegnet, als die Jungen gerade Koliken hatten. Plötzlich wird mir klar, dass ich gar nicht wusste, wie ich die Pläne lesen muss. Zweihundert Jahre alte Türen und Wände, die ich für gut befunden hatte, sind entfernt worden. Sie wurden durch neue, minderwertige ersetzt. Erst als die Renovierung abgeschlossen ist und wir einziehen, merke ich, dass ich unsere Pariser Wohnung aus dem 19. Jahrhundert in etwas verwandelt habe, das wie ein Hochausapartment in Miami aussieht – bloß mit Mäusen. Ich habe gar nicht gesehen, wie schön Paris ist – die schweren Türen, der raffinierte Stuck – bis ich einen winzigen Teil davon zu enormen Kosten zerstört habe.

Jetzt verbringe ich viel Zeit damit, darüber nachzugrübeln. »Du weißt, dass Edith Piaf gesagt hat: ›*Je ne regrette rien*‹ (»Ich bereue nichts«)?«, frage ich Simon. »Nun, für mich gilt: ›*Je regrette tout*‹«. (»Ich bereue alles.«)

Manchmal nimmt unser kostspieliges, anstrengendes Leben fast schon surreale Züge an. Als die Jungen etwas älter sind, schaut eine Single-Freundin kurz vor dem Schlafengehen vorbei. Sie sieht zu, wie die Jungen in ihren Strampelanzügen Möbel hinauf- und wieder hinunterklettern, als vollführten sie irgendeinen dadaistischen Tanz. Später marschieren sie schweigend durch die Wohnung, während sie ihre Zahnbürsten wie Talismane emporhalten. Simon sieht ihnen dabei zu und tut so, als würde er einen Dokumentarfilm kommentieren: »Für diese Jungen und ihre Kultur sind Zahnbürsten seltsame Statussymbole«, verkündet er.

Doch meist geht unser neues Leben mit extremen Gefühlen einher. Simon ergeht sich erschöpft und verzweifelt in Selbstmitleid, wobei er es nicht lassen kann, schnippische

Bemerkungen zu machen: »Vielleicht komme ich ja in achtzehn Jahren wieder zu meiner Tasse Kaffee.« Er beschreibt die Angst, die ihn überfällt, wenn er sich unserem Haus nähert und schon von Weitem das Geschrei hört. Drei Kinder unter drei sind ganz schön viele, selbst in unserem fruchtbaren Freundeskreis.

Doch mitten in all dem Weinen und Klagen gibt es auch schöne Momente. Eines Nachmittags hellt sich meine Stimmung deutlich auf, als Leo ganze fünf Minuten lang fröhlich und gelassen ist. In der ersten Nacht, in der er sieben Stunden am Stück schläft, macht Simon einen Freudentanz durch die ganze Wohnung und singt *Titties and Beer* von Frank Zappa.

Trotzdem fühle ich mich meistens noch genauso wie bei der Geburt der Jungen: nämlich hoffnungslos überfordert. Ich frage meine Freundin Hélène – die ebenfalls Zwillinge und noch ein weiteres Kind hat –, ob sie noch mehr Kinder möchte. »Ich glaube nicht, ich bin am Rande meiner Kräfte«, gesteht sie. Ich weiß genau, was sie meint. Ich fürchte nur, dass ich meine Kräfte überschätzt habe. Sogar meine Mutter, die mich jahrelang um Enkel angefleht hat, rät mir, keine weiteren Kinder zu bekommen.

Wie zur Bestätigung kommt Bean eines Tages aus der Schule und verkündet, ich sei eine *maman crotte de nez*. Sofort gebe ich diesen Begriff in Google Translate ein. Wie sich herausstellt, hat sie mich einen »Mama-Popel« genannt. Unter den gegebenen Umständen ist das eine ziemlich gute Beschreibung.

»Ich liebe dieses Baguette!«

Freunde erzählen mir, dass Eltern von Zwillingen hohe Scheidungsraten aufweisen. Ich weiß nicht, ob das statistisch nachprüfbar ist, kann aber gut verstehen, wie dieses Gerücht entstanden ist.

In den Monaten nach der Geburt der Zwillinge geraten Simon und ich ständig aneinander. Einmal sagt er im Streit, ich sei »abstoßend«.

»Abstoßend?«, frage ich. Selbst in unserer derzeitigen Verfassung ist das ein Tiefschlag.

»Na gut, dann eben nur abschreckend«, sagt er.

Um mich daran zu erinnern, höflich zu bleiben, hänge ich in der ganzen Wohnung Zettel auf mit dem Vermerk: »Simon nicht anschnauzen!« Einer steckt am Badezimmerspiegel, sodass sämtliche Babysitter ihn sehen können. Simon und ich sind zu müde, um zu merken, dass wir streiten, weil wir müde sind. Mir ist inzwischen egal, woran er denkt, obwohl es sich wahrscheinlich bloß um niederländischen Fußball handelt.

Während der seltenen freien Momente verschanzt sich Simon am liebsten mit einer Zeitschrift im Bett. Wage ich es, ihn zu stören, sagt er: »Nichts, was du jetzt vorbringen kannst, ist interessanter als der Artikel, den ich gerade im *New Yorker* lese.«

Eines Tages habe ich eine Eingebung. »Ich glaube, wir

passen eigentlich ziemlich gut zusammen«, verkünde ich. »Du bist reizbar, und ich bin reizbar.«

Anscheinend haben wir keine gute Ausstrahlung. Ein kinderloses Paar aus Chicago, das uns besucht, kommt nach vier Tagen zu dem Schluss, dass es doch keine Kinder will. Nach einem Wochenende *en famille* beschließt Bean, ebenfalls keine Kinder zu wollen. »Kinder sind einfach zu kompliziert«, sagt sie.

Dass wir für beide Jungen einen Krippenplatz bekommen, wirkt sich positiv auf unsere Beziehung aus. (Sogar meine Mutter ist froh, das zu hören.) Zwillinge sind in Frankreich immer noch so selten, dass unsere Bewerbung bevorzugt behandelt wurde. Das Krippen-Komitee hatte solches Mitleid mit uns, dass es die Jungen einer winzigen *crèche* zugewiesen hat, die nur zwei Häuserblocks von unserer neuen Wohnung entfernt liegt.

Die *crèche* lässt hoffen. Aber bis wir die Jungen in ein paar Monaten dort hinbringen können, müssen wir trotzdem als Familie überleben – und was vielleicht noch schwieriger ist, auch als Paar. (Wir haben beschlossen, die beiden Jungs zu Hause zu behalten, bis sie ein Jahr alt sind.)

Es sieht jedoch nicht immer danach aus, dass Simon und ich noch so lange durchhalten. Es scheint kein Zufall zu sein, dass die Ehezufriedenheit stark gesunken ist[45], seit *concerted cultivation* sich zum führenden Erziehungsstil amerikanischer Mittelklasse-Eltern entwickelt hat. Forschungsergebnisse zeigen, dass amerikanische Mütter es angenehmer finden, Hausarbeit zu machen, als sich um die Kinder zu kümmern.[46] Amerikanische Soziologen gehen davon aus, dass Eltern heute unglücklicher sind als Nichteltern. Studien zeigen, dass Eltern höhere Depressionsraten aufweisen und dass ihre Unzufriedenheit mit jedem weiteren Kind zunimmt[47] (in Simons Fall schon, als er die weiteren Kinder nur auf dem Ultraschallbild sieht).

Vielleicht sollten wir einfach mal wieder abends ausgehen? Seit ich in Frankreich lebe, sind solche *Date Nights* das neue Penicillin für nordamerikanische Paare mit Kindern. Sie hassen Ihren Partner? Organisieren Sie eine *Date Night*! Sie würden ihre Kinder am liebsten erwürgen? Gehen sie essen! Die Obamas haben *Date Nights*. Sogar Soziologen befassen sich mittlerweile damit. In einem Aufsatz über Mittelschicht-Kanadier[48] steht, »dass es einen als Paar wahnsinnig weiterbringt, verjüngt und in der Elternrolle beflügelt, wenn man freie Zeit zu zweit verbringen kann.« Nur, dass die Paare der Studie diese freie Zeit kaum hatten. »Viele (Teilnehmer) fühlten sich von ihrem Umfeld gezwungen, die Bedürfnisse der Kinder über die der Partnerschaft zu stellen«, so die Autoren. Ein Mann berichtete beispielsweise, im Gespräch mit seiner Frau »minütlich« von den Kindern unterbrochen zu werden.

Das ist natürlich auch eine Folge der *concerted cultivation*, die viel Freizeit verschlingt und die Beschleunigung der Kindesentwicklung als oberste Priorität betrachtet. Ich sehe das überall, wenn ich in die Vereinigten Staaten und nach Großbritannien reise. Eine amerikanische Cousine von mir – eine Krankenschwester mit vier Kindern – hat Verwandte in der Nähe, die bereit wären, bei ihr zu babysitten. Aber nach einer Arbeitswoche, in der meine Cousine und ihr Mann die Kinder zur Schule, zur Gymnastik, zu Leichtathletikwettkämpfen und in die Kirche bringen, haben sie und ihr Mann – der als Polizist regelmäßig Nachtschichten machen muss – keine Lust mehr, zu zweit auszugehen. Sie sind einfach zu müde. Eine Lehrerin aus Manchester erzählt mir, dass sie ihr Kleinkind auf ihre Hochzeitsreise mitnehmen, obwohl ihre Mutter angeboten hat, in dieser Zeit auf das Kind aufzupassen. »Ich hätte einfach ein zu schlechtes Gewissen, es zu Hause zu lassen«, so die Mutter.

Auf einer Hochzeit sitze ich neben einer Vollzeitmutter aus Colorado, die mir erklärt, dass sie einen Vollzeit-Babysitter hat, ihn aber niemals mit ihren drei Kindern allein lässt. (Ihr Mann ist nicht auf der Hochzeit, weil er gerade zu Hause den Babysitter beaufsichtigen muss.)

Eine Künstlerin aus Michigan erzählt mir, dass sie sich im ersten Lebensjahr ihres Sohnes nicht dazu durchringen konnte, einen Babysitter zu engagieren. »Er sah so winzig aus und war mein erstes Kind. Allein die Vorstellung, ihn abzugeben...«

Manche amerikanischen Eltern wenden derart komplizierte Diätpläne und Disziplinierungstechniken an, dass es sogar den Großeltern schwerfällt, sie zu befolgen. Ein Großvater aus Virginia erzählt, seine Tochter sei ausgeflippt, als er den Kinderwagen mit seinem Enkel »falsch« über eine Schwelle geschoben habe. Seine Tochter hatte gelesen, dass das Risiko für Gehirnverletzungen sinkt, wenn Babys rückwärts über Schwellen geschoben werden.

Simon und ich haben nicht das Geringste gegen Babysitter. Wir beschäftigen derzeit die halben Philippinen. Trotzdem habe ich, seit die Jungen auf der Welt sind, nur wenige Stunden außer Haus verbracht. Meist tue ich genau das, was auch die Mutter aus Colorado tut: Ich benutze den

Babysitter als eine Art Assistentin, die die Windeln wechselt und die Wäsche macht. In der Regel bin ich zu Hause.

Dieses System hat den Vorteil, dass wir zeitgleich sowohl unsere Ersparnisse plündern als auch unsere Beziehung ruinieren können. Ich fühle mich selbst abstoßend. Dass ich langsam durchdrehe, merke ich, als ich eine Viertelstunde vor Eintreffen der Babysitterinnen eine SMS bekomme. Ich gerate in Panik, weil ich befürchte, die Babysitterin könnte sich verspäten. Dabei ist es bloß eine SMS von einem Nachrichtenservice, den ich abonniert habe, der mich informiert, dass es in Südamerika ein verheerendes Erdbeben mit vielen Toten gegeben hat. Ich bin erleichtert.

Natürlich ist es einfacher, sich mit seinem Partner zu vertragen, wenn Babys im Alter von drei Monaten durchschlafen, Kinder sich selbst beschäftigen und man sie nicht ständig von einer Aktivität zur nächsten karren muss. Und es hilft auch, dass französische Paare hohe Preise für Kinderbetreuung, Gesundheitsvorsorge und Ausbildung gar nicht kennen.

Was allerdings kurzfristig wirklich zu helfen scheint, sind die so ganz anderen romantischen Vorstellungen französischer Paare. Die sind sogar auch dann noch vorhanden, wenn kleine Kinder da sind. Ich bekomme eine Ahnung davon, als mir meine Gynäkologin zehn Stunden *rééducation périnéale* verschreibt, was man wortwörtlich mit »Perineum-Umschulung« übersetzen könnte. Das hat sie schon nach Beans Geburt (vergeblich) getan und tut es jetzt wieder.

Vor meiner ersten »Umschulung« hatte ich nur eine

vage Ahnung von der Existenz meines Perineums (dem sogenannten »Damm«) gehabt, geschweige denn, dass ich genau gewusst hätte, was das eigentlich ist. Wie sich herausstellt, gehört es zur hängemattenartigen Beckenbodenmuskulatur, die durch Schwangerschaft und Geburt oft überdehnt wird. Diese Dehnung kann den Geburtskanal erweitern und dazu führen, dass Mütter Pipi machen müssen, wenn sie husten oder niesen.

In den Vereinigten Staaten wird auch manchmal zur Beckenbodengymnastik geraten. Aber noch häufiger wird zu gar nichts geraten. Ein bisschen schlaff und undicht zu sein ist einfach nur ein nicht weiter erwähnenswerter Teil des amerikanischen Mutterdaseins.

In Frankreich sind solche Probleme *pas acceptable*. Freundinnen erzählen mir, dass ihre französischen Frauenärzte abschätzen, ob ein paar Stunden Beckenbodengymnastik nötig sind, indem sie fragen: »Ist *monsieur* glücklich?«

Ich glaube, mein *monsieur* wäre bereits glücklich, wenn er nur in die Nähe meines Perineums dürfte. Eine Zeitlang brauchte Simon nur in die Nähe meiner Brüste zu kommen, und es herrschte Feueralarm: Sofort verspritzten sie Milch. Wie dem auch sei, Schlafen steht weiter oben auf unserer Wunschliste. Ich bin neugierig genug auf die »Perineum-Umschulung«, um einen Versuch zu wagen. Meine erste »Umschulerin« ist eine schlanke Spanierin namens Mónica mit einer Praxis im Marais. Unsere Einführungsstunde beginnt mit einem 45-minütigen Interview, in dem sie mir Dutzende Fragen zu meinen Toilettengewohnheiten und meinem Liebesleben stellt.

Dann ziehe ich mich untenrum aus und lege mich auf

einen gepolsterten Tisch, der mit zerknittertem Einweg-papier bedeckt ist. Mónica streift Chirurgenhandschuhe über und leitet mich in etwas an, das ich nur als assistierte »Crunches« für meine Vagina bezeichnen kann. Sie werden in Sätzen à fünfzehn Übungen absolviert (»Und los! Und locker lassen«). Eine Art Pilates für den weiblichen Unterleib.

Anschließend zeigt mir Mónica einen schlanken weißen Zauberstab, den sie in der nächsten Stunde vorstellen wird. Er erinnert an diese Geräte, denen man sonst nur in Sex-shops begegnet. Der Stab wird meine Minicrunches durch Elektrostimulation unterstützen. Dieses Beckenbodentrai-ning ist schrecklich intim, aber auch seltsam klinisch. Während der Übungen siezen Mónica und ich uns. Aber sie bittet mich, die Augen zu schließen, damit ich die Muskeln besser isolieren kann.

Meine Ärztin verordnet mir auch Bauchmuskeltraining. Sie hat festgestellt, dass ich mehr als ein Jahr nach Geburt der Zwillinge eine Art Wulst um meine Taille habe, die teils aus Fett, teils aus ausgeleiertem Gewebe und teils aus einer unbekannten Substanz besteht. Ehrlich gesagt weiß ich auch nicht genau, was da drin ist. Es wird höchste Zeit, Ge-genmaßnahmen zu ergreifen, als mir in der Pariser Metro eine alte, klapprige Frau ihren Sitzplatz anbietet. Sie denkt, ich bin schwanger.

Nicht alle Französinnen gehen nach der Geburt zum Be-ckenbodentraining. Aber viele schon. Warum auch nicht? Frankreichs gesetzliche Krankenversicherung übernimmt fast alle Kosten, einschließlich der für den weißen Zauber-stab. Der Staat schießt sogar Geld fürs Bauchmuskeltraining zu, allerdings erst, wenn der Bauch der Mutter tiefer als ihr Schambein hängt oder das Liebesleben behindert.

Natürlich sorgt all das Training auch dafür, dass die Mütter wieder schnell durchstarten können. Und was tun Französinnen, sobald ihre Bäuche und Beckenböden wieder einsatzbereit sind?

Einige konzentrieren sich auch ausschließlich auf die Kinder. Aber anders als in den Vereinigten Staaten oder in Großbritannien werden sie von ihrem sozialen Umfeld nicht dazu ermutigt oder dafür belohnt. Den eigenen Kindern das Liebesleben zu opfern gilt als extrem ungesund und unausgewogen. Auch Franzosen wissen, dass ein Baby so einiges verändert, vor allem am Anfang. Die meisten Paare stellen sich darauf ein, dass nach der Geburt eine ziemlich intensive Zeit auf sie wartet, in der sich alles nur ums Baby dreht. Doch anschließend sollten die Eltern wieder zu ihrem Beziehungs-Gleichgewicht zurückfinden.

»In Frankreich geht man davon aus, dass jeder Mensch Lust hat. Sie verschwindet nie für lange. Wenn doch, ist man depressiv und sollte sich behandeln lassen«, erklärt mir Marie-Anne Suizzo, Soziologin an der *University of Texas*.

Die französischen Mütter aus meinem Bekanntenkreis reden ganz anders über *le couple* als die amerikanischen. »Bei mir kommt die Beziehung vor den Kindern«, sagt Virginie, die Vollzeitmutter, die mich gelehrt hat, beim Essen »auf mich zu achten«.

Virginie ist eine prinzipientreue, intelligente, engagierte Mutter. Als einzige junge Pariserin aus meinem Bekanntenkreis ist sie bekennende Katholikin. Aber sie hat nicht vor, ihr Liebesleben brachliegen zu lassen, bloß weil sie drei Kinder hat.

»Die Beziehung ist das Wichtigste. Sie ist das Einzige im Leben, wofür wir uns bewusst entscheiden. Die Kinder hat man sich nicht ausgesucht, aber den Mann schon. Und mit ihm baut man sich ein gemeinsames Leben auf. Also will man, dass es funktioniert. Denn wenn die Kinder aus dem Haus sind, möchte man auch noch mit ihm auskommen. Für mich ist das *prioritaire*.«

Französische Eltern fragen sich nicht, *ob* sie je wieder ein erfülltes Liebesleben haben werden, sondern *wann*. »Man kann den Eltern nicht diktieren, wann sie wieder zueinanderfinden sollten«, so der französische Psychologe Jean Epstein. »Wenn es die Umstände erlauben und wenn sie bereit dazu sind, werden die Eltern dem Baby einen Platz einräumen, aber der befindet sich außerhalb der Paarbeziehung.«

Amerikanische Experten erwähnen auch manchmal, dass die Eltern sich Zeit für sich selbst nehmen sollen. In Dr. Spocks *Säuglings- und Kinderpflege* gibt es zwei Kapitel, die mit »Unnötige Selbstaufopferung« und »Übertriebene Sorge« überschrieben sind. Darin steht, dass junge Eltern von heute dazu neigen, »sämtliche Freiheiten und Hobbys aufzugeben. Nicht, weil das so praktischer ist, sondern aus Prinzip.« Selbst wenn diese Eltern sich manchmal davonschleichen, »haben sie ein viel zu schlechtes Gewissen, um es richtig genießen zu können.« Das Buch drängt Eltern, für gemeinsame *quality time* zu sorgen, aber erst, nachdem sie »die notwendigen zeitlichen und inhaltlichen Opfer für ihre Kinder gebracht haben«. Für französische Erziehungs-

und Beziehungsexperten ist *quality time* kein nettes Extra, sondern ein unverzichtbarer Teil des täglichen Familienlebens. Sie sprechen auch sehr nüchtern und direkt aus, wie sehr Kinder eine Ehe belasten können: »Nicht umsonst trennt sich eine erhebliche Anzahl Paare in den ersten Jahren oder gar ersten Monaten nach der Geburt eines Kindes. Alles wird anders«, so ein Artikel.

In den französischen Erziehungsratgebern, die ich lese, ist *le couple* ein zentrales, wichtiges Thema. Einige französische Eltern-Websites warten manchmal mit genauso vielen Artikeln über *le couple* wie über die Schwangerschaft auf. »Das Kind sollte nicht das gesamte Leben der Eltern vereinnahmen… Eltern, die sich ein ausgewogenes Familienleben wünschen, benötigen auch Raum für sich«, schreibt Hélène De Leersnyder, die Kinderärztin. »Auch kleine Kinder verstehen problemlos, dass Eltern Zeit haben müssen, die nicht mit Arbeit, Haushalt, Einkaufen und Kindern verbracht wird.«

Wenn die französischen Eltern ihrer anfänglichen Cocooning-Phase entwachsen sind, nehmen sie diese Aufforderung zur Beziehungspflege ernst. Es gibt sogar eine Tageszeit in Frankreich, die »Erwachsenen«- oder »Elternzeit« genannt wird. Sie bricht an, sobald die Kinder im Bett sind. Die Vorfreude auf die »Erwachsenenzeit« erklärt auch, warum französische Eltern – nachdem die Gutenachtgeschichte vorgelesen und Schlaflieder gesungen wurden – strikt auf die Einhaltung fester Schlafenszeiten pochen. Sie betrachten die »Erwachsenenzeit« nicht als seltenes, hart erkämpftes Privileg, sondern als menschliches Grundbedürfnis. Judith, eine Kunsthistorikerin mit drei kleinen Kindern, sagt, alle müssten gegen acht, halb neun eingeschlafen sein, »weil ich dann Zeit für mich brauche«.

Französische Eltern finden diese Trennung nicht nur aus egoistischen Gründen gut, sie sind auch aufrichtig davon überzeugt, dass sie für Kinder wichtig ist. Sie sollen lernen, dass Eltern eigene Interessen haben. »Dadurch begreift das Kind, dass es nicht der Nabel der Welt ist, und das ist unabdingbar für seine Entwicklung«, so der französische Erziehungsratgeber *Votre Enfant*.

Französische Eltern haben nicht nur die Nächte für sich allein. Nachdem Bean eingeschult wurde, werden wir mit jeder Menge zweiwöchiger Schulferien konfrontiert. In dieser Zeit kann ich für sie nicht mal eine Verabredung zum Spielen organisieren. Die meisten von Beans Freunden werden in den Ferien zu ihren Großeltern aufs Land geschickt. Ihre Eltern nutzen die Zeit, um zu arbeiten, zu reisen, Sex zu haben und um allein zu sein.

Virginie sagt, dass sie und ihr Mann jedes Jahr zehn Tage alleine wegfahren. Und das ist nicht verhandelbar. Ihre Kinder zwischen vier und vierzehn bleiben bei Virginies Eltern in einem Dorf, das zwei Zugstunden von Paris entfernt ist. Elterliche Schuldgefühle hätten in diesen Ferien nichts zu suchen, so Virginie. »Das, was in diesen zehn Tagen zwischen uns entsteht, kann nur gut für die Kinder sein.« Laut Virginie brauchen auch Kinder manchmal eine Auszeit von ihren Eltern. Wenn sie sich dann anschließend wiedersehen, kommt es zu rührenden Szenen.

Französische Eltern aus meinem Bekanntenkreis gönnen sich Erwachsenenzeit, wann immer es geht. Caroline, die Physiotherapeutin, erzählt mir ohne jedes schlechte

Gewissen, dass ihre Mutter ihren dreijährigen Sohn häufig am Freitag aus der *maternelle* abholt und sich bis Sonntagabend um ihn kümmert. An ihrem freien Wochenende wollen ihr Mann und sie ausschlafen und ins Kino gehen.

Französische Eltern gönnen sich aber auch Erwachsenenzeit, wenn die Kinder zu Hause sind. Florence, 42, mit drei Kindern zwischen drei und sechs, erzählt, dass die Kinder morgens am Wochenende »nicht in unser Zimmer dürfen, bis wir die Tür aufmachen.« Bis dahin schaffen sie es auf wundersame Weise, sich allein zu beschäftigen. (Inspiriert von ihrem Beispiel probieren Simon und ich das auch aus. Zu unserem Erstaunen funktioniert es sogar meistens. Auch wenn wir es den Kindern alle paar Wochen neu beibringen müssen.)

Meinen französischen Kollegen kann ich das Konzept der *Date Night* nur schwer vermitteln. Zunächst einmal »datet« man in Frankreich nicht. In Frankreich klingt »Date« viel zu unentschlossen und mehr nach einem Vorstellungsgespräch als nach einem romantischen Abend. Auch für Paare, die bereits zusammenleben. Eine *Date Night* legt nahe, dass man auf Kommando aus dem Jogginganzug und in Stilettos schlüpft – etwas, das meine französischen Freunde als viel zu gekünstelt empfinden. Sie stören sich daran, dass das »wahre Leben« unsexy und anstrengend sein soll und sie Romantik planen sollen wie einen Zahnarzttermin.

Dabei hätten die Französinnen allen Grund, sich mehr zu beklagen als die Amerikanerinnen. In Sachen Gleichberechtigung liegen sie nämlich weit hinter amerikanischen Standards zurück, zum Beispiel was den Frauenanteil in der Politik und in den Vorstandsetagen anbelangt. Auch der Gehaltsunterschied zwischen Männern und Frauen ist größer.[49]

Die Ungleichheit zeigt sich auch zu Hause. Französische Frauen verbringen rund 90 Prozent mehr Zeit mit Hausarbeit und Kinderbetreuung als Männer.[50] Trotz allem sind meine amerikanischen (und britischen) Freundinnen mit Kindern deutlich schlechter auf ihre Ehemänner und Lebensgefährten zu sprechen als meine französischen.

»Ich koche vor Wut, dass er sich in vielen Bereichen gar nicht erst schlaumacht«, schreibt meine Freundin Anya in einer E-Mail über ihren Mann. »Er hat eine Meckerziege aus mir gemacht, und wenn ich erst mal sauer bin, kann ich mich schwer wieder beruhigen.«[51]

Amerikanische Freundinnen – ja sogar bloße Bekannte – nehmen mich bei Dinner Partys regelmäßig beiseite, um sich über ihre Männer auszukotzen. Ganze Mittagessen gehen mit solchen Beschwerden drauf. Die Frauen ärgern sich, dass es ohne sie keine sauberen Handtücher, keine lebenden Pflanzen oder keine zusammenpassenden Socken geben würde.

Simon bekommt wenigstens jede Menge Fleißpunkte. Er nimmt Bean eines Samstags brav mit in die Stadt, um Fotos zu machen, die für einen amerikanischen Pass geeignet sind. Aber natürlich kommt er mit Bildern zurück, auf denen Bean aussieht wie eine fünfjährige Psychopathin an einem Bad-Hair-Day.

Seit die Jungen auf der Welt sind, finde ich Simons Unzulänglichkeiten weniger charmant. Ich finde es nicht mehr hinreißend mysteriös, dass bei all seinen Uhren die Sekundenzeiger kaputtgehen, und auch nicht, dass er unsere teuren Zeitschriften in der Dusche liest. An manchen Vormittagen scheint der Weiterbestand unserer Ehe nur noch davon abzuhängen, ob er den Orangensaft schüttelt, bevor er ihn einschenkt.

Aus irgendeinem Grund streiten wir hauptsächlich übers Essen. (Ich hänge einen »Simon nicht anschnauzen!«-Zettel in die Küche.) Er lässt seine geliebten Käse uneingewickelt im Kühlschrank liegen, wo sie schnell austrocknen. Als die Jungen etwas älter sind, bekommt Simon einen Anruf, während er ihnen die Zähne putzt. Ich übernehme das Zähneputzen, nur um festzustellen, dass Leo noch eine getrocknete Aprikose im Mund hat. Als ich mich deswegen beschwere, sagt Simon, er fühle sich »ohnmächtig« wegen meiner »komplizierten Regeln«.

Treffe ich mich mit meinen angloamerikanischen Freundinnen, ist es nur eine Frage der Zeit, bis solche Dinge zur Sprache kommen. Bei einem Abendessen in Paris stellen drei von sechs Frauen am Tisch fest, dass ihre Männer sich immer für eine längere Sitzung auf die Toilette zurückziehen, wenn es Zeit wird, die Kinder ins Bett zu bringen. Sie beklagen sich derart heftig, dass ich mir ins Gedächtnis rufen muss, wie glücklich verheiratet sie sind. Es ist schließlich nicht so, dass sie alle kurz vor der Scheidung stehen.

Treffe ich mich mit Französinnen, höre ich solche Klagen nie. Bohre ich nach, geben sie zu, ihre Männer manchmal zu mehr Hausarbeit zwingen zu müssen. Die meisten sagen, sie hätten das Gefühl, der ganze Haushalt laste nur auf ihren Schultern, während ihre Männer auf dem Sofa liegen.

Aber irgendwie führt dieses Ungleichgewicht in Frankreich nicht dazu, dass beide Ehepartner das, was sie tun, ständig gegeneinander aufrechnen. Französinnen sind es zweifellos auch oft leid, Mutter, Ehefrau und Arbeitskraft gleichzeitig zu sein. Aber sie werfen das ihrem Partner nicht reflexartig vor, zumindest nicht mit derselben Gehässigkeit wie Amerikanerinnen.

Vielleicht sind Französinnen auch einfach nur diskreter. Aber selbst Mütter, die ich gut kenne, scheinen nicht an der Überzeugung zu ersticken, dass sie eigentlich etwas Besseres verdient haben. Ihre Unzufriedenheit hört sich einfach nur an wie ganz normale Unzufriedenheit. Egal, wie tief ich bohre, ich kann keine Wut bei ihnen entdecken.

Bestimmt auch deswegen, weil Französinnen nicht finden, dass Männer und Frauen gleich sein sollen. Sie betrachten Männer als eine fremde Spezies, die von Natur aus schlecht darin ist, Babysitter zu buchen, Tischdecken zu kaufen oder sich Kinderarzttermine zu merken. »Ich glaube, Französinnen akzeptieren die Geschlechterunterschiede eher«, so Debra Ollivier, Autorin von *What French Women Know*.

Erwähnen die Französinnen aus meinem Bekanntenkreis Schwächen ihrer Partner, dann nur, damit man darüber lacht, wie bewundernswert unfähig Männer sind. »Sie können es einfach nicht, wir sind besser!«, witzelt Virginie, während ihre Freundinnen kichern. Eine andere Mutter bekommt einen Lachanfall, als sie beschreibt, wie ihr Mann ihrer gemeinsamen Tochter die Haare föhnt, ohne sie vorher durchzukämmen, sodass die Kleine eine Frisur hat wie Boxpromotor Don King, als sie zur Schule geht.

Diese humorvolle, entspannte Haltung setzt eine positive

Kettenreaktion in Gang. Französinnen reiten nicht auf den Schwächen oder Fehlern ihrer Männer herum. Folglich sind diese auch nicht demoralisiert. Sie sind großzügiger gegenüber ihren Frauen und loben sie für ihr tolles Familienmanagement und den funktionierenden Haushalt. Dieses Lob – statt der Anspannung und Bitterkeit, die in amerikanischen Haushalten herrscht – scheint die Ungleichheit erträglicher zu machen. »Mein Mann sagt, er würde nie schaffen, was ich schaffe«, verkündet Camille, eine andere Pariser Mutter, stolz. Nichts davon entspricht unseren feministischen Überzeugungen. Aber so läuft es einfach deutlich glatter.

Dass Männer und Frauen gleich sind, ist einfach kein Maßstab für die Pariserinnen aus meinem Bekanntenkreis. Vielleicht wird sich das eines Tages ändern. Den französischen Müttern, die ich kenne, geht es nicht um Gleichheit, sondern um ein Gleichgewicht, das funktioniert. Laurence, eine Unternehmensberaterin mit drei Kindern, hat einen Mann, der unter der Woche bis spät in die Nacht arbeitet. (Sie selbst arbeitet Teilzeit.) Das Paar pflegte sich das ganze Wochenende zu streiten, wer was erledigen muss. Aber seit Kurzem überredet Laurence ihren Mann, samstagvormittags zum Aikido zu gehen, weil er anschließend deutlich entspannter ist. Sie kümmert sich lieber etwas mehr um die Kinder, hat aber im Gegenzug einen gut gelaunten, gelassenen Ehemann.

Französische Mütter scheinen auch besser die Kontrolle abgeben und ihre Ansprüche herunterschrauben zu können, wenn ihnen das mehr Freizeit und weniger Stress einbringt. Es hat aber auch strukturelle Gründe, dass Französinnen gelassener wirken als Amerikanerinnen. Sie haben einundzwanzig Tage mehr Urlaub im Jahr.[52] In Frankreich wird außerdem nicht so viel über Feminismus geredet, aber es gibt mehr Institutionen, die es Frauen ermöglichen zu arbeiten. Da wären der bezahlte Mutterschaftsurlaub, die staatlich geförderten Kindermädchen und *crèches*, die Gratis-Vorschule ab drei Jahren, eine Unmenge von Steuererleichterungen und das Kindergeld. All das sorgt noch nicht dafür, dass Männer und Frauen gleichberechtigt sind, aber dafür, dass Französinnen Beruf und Kinder vereinbaren können.

Löst man sich von der Erwartung, Männer und Frauen wären gleich, kann man genießen, dass französische Ehemänner ziemlich viel Kinderbetreuung, Kochen und Abwasch übernehmen. Laut einer französischen Studie aus dem Jahr 2006[53] kümmerten sich nur 25 Prozent der Väter von Säuglingen genauso viel um die Kinder wie die Mütter, gerade mal elf Prozent übernahm die Hauptverantwortung. Aber 44 Prozent der Männer unterstützten ihre Frauen sehr aktiv. Man sieht diese bewundernswert lässigen Väter samstagvormittags Kinderwagen durch den Park schieben und anschließend Lebensmittel nach Hause schleppen.

Die französischen Mütter aus meinem Bekanntenkreis sagen, ihre Männer kümmerten sich vor allem um bestimmte Bereiche wie Haushalt und Abwasch nach dem Abendessen. Vielleicht ist diese Arbeitsteilung das Geheimnis. Aber vielleicht sind französische Paare auch einfach nur realistischer, was die Institution Ehe angeht:

»Eines der stärksten Gefühle in einer Beziehung oder Ehe ist Dankbarkeit. Man ist dankbar, dass der andere noch nicht gegangen ist«, so Laurence Ferrari, Moderatorin von Frankreichs wichtigsten Abendnachrichten. Ferrari, 43, ist eine hübsche Blondine, die von ihrem zweiten Mann im sechsten Monat schwanger ist. Sie unterhält sich mit dem flotten Philosophen und Profi-Provokateur Pascal Bruckner. Die beiden diskutieren für eine Zeitschrift über »Liebe und Ehe: Ist das eine gute Kombination?«.

Ferrari und Bruckner gehören zur französischen Elite – zu einem ausgesuchten Kreis von Journalisten, Politikern, Akademikern und Geschäftsleuten, die miteinander befreundet sind und untereinander heiraten. Ihre Ansichten sind eine überspitzte, vielleicht auch wünschenswerte Version dessen, was die Franzosen denken.

»Heute klingt das Wort Ehe längst nicht mehr so bürgerlich, im Gegenteil! Für mich zeugt das vor allem von Mut«, so Ferrari.

»Die Ehe ist ein revolutionäres Abenteuer«, erwidert Bruckner. »Liebe ist ein unberechenbares Gefühl. Die Tragik der Liebe besteht darin, dass sie sich ändert und dass wir diesen Prozess nicht kontrollieren können.«

Ferrari pflichtet ihm bei. »Und genau deshalb bestehe ich darauf, dass eine Liebesheirat ein wunderbares Abenteuer ist.«

* * *

Zum Zeichen unserer sozialen Einbindung werden Simon, die Kinder und ich von meiner Freundin Hélène und ihrem Mann William in ihr Wochenendhaus auf dem Land eingeladen. Sie haben ebenfalls Zwillinge und ein weiteres Kind. Hélène, eine große Frau mit einem herzförmigen Gesicht und verträumten blauen Augen, ist in Reims, der Hauptstadt der Champagne, aufgewachsen. Das Ferienhaus ihrer Familie liegt unweit der Ardennen, dicht an der belgischen Grenze.

Hélène und William sind tagsüber hingebungsvolle Eltern. Aber mir fällt auf, dass sie jeden Abend, den wir dort sind, Zigaretten und Wein herausholen, sobald die Kinder im Bett sind. Dann machen sie das Radio an und genießen ganz offensichtlich die »Erwachsenenzeit«. Sie möchten *profiter* (»genießen«) – die Gesellschaft von Freunden und die warmen Sommerabende. (Eines Nachmittags, als wir mit den Kindern im Auto sitzen, ist Hélène so versessen darauf zu *profiter*, dass sie einfach neben einem Feld hält, eine Decke aus dem Kofferraum nimmt und einen Kuchen für unser *goûter* hervorholt. Die Kulisse ist dermaßen bilderbuchmäßig, dass es schon fast weh tut.)

An den Wochenenden steht William mit den Kindern früh auf. Eines Morgens verlässt er das Haus, während Simon auf die Kinder aufpasst, um frische *pains au chocolat* und knuspriges Baguette zu kaufen. Hélène kommt irgendwann im Schlafanzug und mit entzückend zerzausten Haaren herunter und lässt sich am Frühstückstisch auf einen Stuhl plumpsen. Als sie das Brot sieht, das William gekauft hat, sagt sie: »*J'adore cette baguette!*« (»Ich liebe dieses Baguette!«).

Das ist eine ganz einfache, liebevolle Bemerkung. Ich kann mir nicht vorstellen, so etwas zu Simon zu sagen. Normalerweise beschwere ich mich, dass er das falsche Baguette gekauft hat, oder befürchte, dass er beim Frühstückmachen ein Chaos hinterlässt, das ich anschließend aufräumen muss.

Wenn ich morgens aufwache, bin ich ihm gegenüber nicht gerade großherzig. Er bringt mich nicht zum Strahlen, zumindest nicht schon am frühen Morgen. Diese mädchenhafte Freude – *j'adore cette baguette* – gibt es zwischen uns leider nicht mehr.

Ich erzähle Simon die Baguette-Geschichte, als wir von den Ardennen nach Hause fahren, vorbei an Feldern mit gelben Blumen und dem einen oder anderen Kriegerdenkmal. »Wir brauchen mehr *J'adore cette baguette*-Momente«, sagt er. Und er hat Recht, die brauchen wir wirklich.

»Du musst nur probieren!«

Die am meisten gestellte Frage zu Zwillingen, abgesehen von der, wie sie gezeugt wurden, lautet, worin sie sich unterscheiden. Manche Zwillingsmütter können das ganz genau sagen: »Eine ist die Geberin, die andere die Nehmerin«, flötet die Mutter zweijähriger Mädchen, als ich sie in einem Park in Miami treffe. »Sie verstehen sich prächtig!«

So einfach ist das bei Leo und Joey nicht. Sie wirken wie ein altes Ehepaar – unzertrennlich, aber ständig streitend. (Vielleicht haben sie sich das von Simon und mir abgeschaut.) Die Unterschiede treten deutlicher zutage, als sie anfangen zu sprechen. Leo, der Dunklere, spricht bis auf das eine oder andere seltsame Wort monatelang gar nicht. Dann wendet er sich eines Abends beim Essen an mich und sagt mit einer roboterartigen Stimme: »Ich bin beim Essen.«

Es ist kein Zufall, dass Leo als Erstes die Verlaufsform des Präsens erlernt hat. Er lebt in der Verlaufsform Präsens. Er ist in ständiger Bewegung, und das sehr schnell. Er geht nicht, er rennt. Ich kann an der Geschwindigkeit der Schritte erkennen, wer gerade kommt.

Joeys bevorzugte grammatische Form ist das Possessivpronomen: *mein* Kaninchen, *meine* Mommy. Er bewegt sich so langsam wie ein alter Mann, weil er immer versucht, seine wichtigsten Besitztümer mit sich herumzuschleppen. Diese variieren, aber es sind immer sehr viele. (Einmal schläft er mit einem kleinen Küchenquirl ein.) Irgendwann steckt er alles in zwei Köfferchen, die er von Zimmer zu Zimmer trägt. Leo nimmt sie ihm gerne weg und rennt davon. Müsste ich unsere Jungen mit einem Satz beschreiben, würde ich sagen, der eine ist ein Nehmer, der andere ein Sammler.

Beans bevorzugte grammatische Form ist nach wie vor die Befehlsform. Wir können nicht länger ihre Erzieher dafür verantwortlich machen. Es gefällt ihr einfach, Befehle zu erteilen. Simon nennt sie nur noch »die Gewerkschaftsführerin«: »Die Gewerkschaftsführerin möchte gern Spaghetti zum Abendessen.«

Es war schon schwer genug, Bean französisches Benehmen beizubringen, als sie das einzige Kind in unserer Familie war. Jetzt, wo die Erwachsenen bei uns zu Hause in der Minderheit sind, fällt es noch schwerer, für etwas französischen *cadre* zu sorgen, ist aber umso wichtiger. Gelingt es uns nicht, die Kinder zu kontrollieren, werden sie uns kontrollieren.

Ein Bereich, in dem wir sichtbare Erfolge erzielen, ist das Essen. Das Essen ist etwas, worauf die Franzosen selbstverständlich sehr stolz sind und über das sie gerne reden. Meine französischen Kollegen in dem Gemeinschaftsbüro, in dem ich einen Schreibtisch gemietet habe, reden beim Mittagessen hauptsächlich darüber, was es am Vorabend bei ihnen gegeben hat. Geht Simon mit seiner französischen Fußballmannschaft nach dem Training auf ein Bier, wird dabei angeblich über Essen und nicht über Frauen geredet.

Wie französisch die Essensangewohnheiten unserer Kinder sind, wird deutlich, als wir nach Amerika fliegen. Meine

Mutter freut sich riesig, Bean den amerikanischen Klassiker *Kraft Maccaroni and Cheese* vorstellen zu können. Aber Bean weigert sich, mehr als ein paar Bissen davon zu essen. »Das ist kein Käse!«, sagt sie.

Wir sind im Urlaub, wenn wir nach Amerika reisen, deshalb gehen wir häufig auswärts essen. Der Vorteil ist, dass amerikanische Restaurants deutlich kinderfreundlicher sind als französische. Es gibt so ausgefallene Annehmlichkeiten wie Hochstühle, Buntstifte und Wickeltische auf den Toiletten. (Manchmal gibt es diese Dinge auch in Paris, aber so gut wie nie alle drei auf einmal.)

Aber so langsam beginne ich, mich vor den allgegenwärtigen »Kindermenüs« in amerikanischen Restaurants zu fürchten. Egal, welches Lokal wir aufsuchen, sei es nun ein Fischrestaurant, ein italienisches oder kubanisches Lokal, das Kindermenü ist mehr oder weniger überall das gleiche: Hamburger, Chicken Nuggets, Pizza, vielleicht noch Spaghetti. Es gibt so gut wie nie Gemüse, außer man zählt Pommes oder Kartoffelchips zu dieser Kategorie. Manchmal gibt es Obst. Nicht nur die Restaurants behandeln Kinder, als hätten sie noch keine voll entwickelten Geschmacksknospen. Bei einem Heimataufenthalt melde ich Bean für ein paar Tage zu einem Tenniscamp an, wo auch zu Mittag gegessen wird. Das Mittagessen entpuppt sich als Weißbrot mit zwei Scheibletten in einer Tüte. Sogar Bean, die am liebsten ausschließlich Nudeln oder Hamburger essen würde, ist entsetzt. »Morgen gibt es Pizza!«, flötet einer der Trainer.

In Amerika ernähren sich viele Kinder (unterstützt von ihren Eltern) jahrelang nach einer Art Mono-Diät. Der Sohn einer Freundin in Atlanta isst nur weiße Lebensmittel wie

Reis und Nudeln. Ihr anderer Sohn isst nur Fleisch. Der kleine Neffe einer anderen Freundin in Boston sollte in der Weihnachtszeit von der Muttermilch auf feste Nahrung umgestellt werden. Als sich der Junge weigert, etwas anderes als in Alufolie gehüllte Schokonikoläuse zu essen, horten seine Eltern eine Unmenge davon, weil sie nach den Feiertagen nicht mehr auf Lager sein würden.

Mäkelige Kinder mit Essen zu versorgen ist harte Arbeit. Eine Mutter aus Long Island macht jedem ihrer vier Kinder ein anderes Frühstück und ein fünftes für ihren Mann. Ein amerikanischer Vater, der mit seiner Familie Paris besichtigt, sagt in ehrfürchtigem Ton, sein Siebenjähriger habe Probleme mit der Konsistenz verschiedener Lebensmittel. Der Junge möge Käse und Tortillas, aber nur getrennt voneinander. Er weigere sich, sie gemeinsam zu essen, weil die Tortilla dann »zu knusprig« werde, flüstert er mit einem Seitenblick auf seinen Sohn.

Statt gar nicht erst auf diese Mäkelei mit dem Essen einzugehen, kapitulieren die Eltern davor. In *What to Expect: The Toddler Years* steht: »Einem Kleinkind zu erlauben, sich monatelang fast ausschließlich von Müsli, Milch und Nudeln oder Brot und Käse zu ernähren (vorausgesetzt, ein paar Obst- und/oder Gemüsesorten sind auch mit dabei, die für etwas mehr Ausgewogenheit sorgen), bedeutet nicht, es zu verwöhnen, und es ist auch nicht inakzeptabel. Es wäre vielmehr unfair, darauf zu bestehen, dass Kinder essen sollen, was ihnen vorgesetzt wird, während die Erwachsenen bei Tisch freie Wahl haben.«

Und dann wären da noch die Snacks: Bei meinen Amerikabesuchen tauchen zwischen den Mahlzeiten ständig irgendwelche Tüten mit Salzbrezeln und anderem Knabberzeug auf. Dominique, eine französische Mutter, die in New York lebt, erzählt, sie sei anfangs schockiert gewesen, dass ihre Tochter in der Vorschule jede Stunde etwas zu essen bekommt. Sie staunte auch, als sie sah, wie Eltern ihre Kinder am Spielplatz rund um die Uhr mit Snacks versorgen. »Bekommt ein Kleinkind einen Wutanfall, kriegt es was zu essen, damit es sich beruhigt. Essen dient dazu, Krisen zu vermeiden.«

In Frankreich wäre das undenkbar. In Paris kaufe ich überwiegend im Supermarkt ein. Aber als Angehörige der Mittelschicht haben meine Kinder noch nie Maissirup oder abgepacktes Fertigbrot gegessen. Statt Fruchtgummis essen sie Früchte. Sie sind dermaßen an frisches Obst gewöhnt, dass sie Fertigprodukte auf Obstbasis komisch finden.

Wie bereits erwähnt, essen französische Kinder in der Regel nur zu den Mahlzeiten sowie ein *goûter* am Nachmittag. Ich habe noch nie gesehen, dass sie um zehn Uhr vormittags Salzbrezeln (oder irgendetwas anderes) im Park essen. In einigen französischen Lokalen gibt es ebenfalls Kindermenüs. Diese Menüs sind in der Regel auch keine *haute cuisine*. Oft gibt es Steak mit Pommes. (»Zu Hause essen wir nie Pommes, mein Kind weiß, dass es nur dann welche gibt«, so meine Freundin Christine.)

Aber in den meisten Restaurants wird erwartet, dass Kinder von der normalen Speisekarte bestellen. Als ich in einem netten italienischen Lokal um Spaghetti mit Tomatensauce für Bean bitte, schlägt die französische Kellnerin freundlich vor, ihr etwas Aufregenderes zu bestellen – das Nudelgericht mit den Auberginen zum Beispiel.

McDonald's macht in Frankreich gute Geschäfte. Aber eine Regierungskampagne, die daran erinnert, mindestens fünf Mal am Tag Obst und Gemüse zu essen, ist zu einem geflügelten Wort geworden. (Ein beliebtes Mittagslokal in Paris heißt *5 Fruits et Légumes Chaque Jour.*)

Obwohl auch französische Kinder manchmal Hamburger und Pommes essen, bin ich noch keinem französischen Kind begegnet, das nur ein einziges Nahrungsmittel gegessen hätte, geschweige denn französischen Eltern, die das erlauben. Es ist nicht so, dass französische Kinder auf mehr Gemüse bestehen. Natürlich haben sie auch bestimmte Essensvorlieben, und es gibt jede Menge wählerische französische Dreijährige. Aber diese Kinder können nicht einfach bestimmte Konsistenzen, Farben und Nährstoffe verweigern, nur weil ihnen das so passt. Während es in Amerika und Großbritannien für ganz normal gehalten wird, extrem wählerisch beim Essen zu sein, betrachten französische Eltern das als gefährliche Essstörung oder bestenfalls als schlechte Angewohnheit.

Die Folgen dieser Unterschiede sind enorm: Nur 3,1 Prozent der französischen Fünf- bis Sechsjährigen sind übergewichtig.[54] In Amerika sind 10,4 Prozent der Kinder zwischen zwei und fünf übergewichtig.[55] Zwischen älteren französischen und amerikanischen Kindern ist diese Kluft sogar noch größer. Sogar in wohlhabenden amerikanischen Wohngegenden sehe ich ständig dicke Kinder. Doch nach fünf Jahren auf französischen Spielplätzen habe ich genau ein Kind gesehen, das als übergewichtig durchgehen kann (und auch das war vermutlich nur zu Besuch in Frankreich).

Was das Essen angeht, werde ich wohl dieselbe Frage

stellen müssen, die ich schon in so vielen anderen Bereichen der französischen Kindererziehung gestellt habe: Wie machen die französischen Eltern das? Wie schaffen sie es, ihre Kinder in kleine Gourmets zu verwandeln? Und warum werden französische Kinder nicht dick? Ich sehe die Ergebnisse überall, aber wie werden französische Kinder so?

* * *

Ich befürchte, das beginnt schon im Babyalter. Als Bean ein halbes Jahr alt ist und ich sie auf feste Nahrung umstellen will, merke ich, dass in französischen Supermärkten nicht die Reisflocken verkauft werden, die meine Mutter sowie meine angloamerikanischen Freundinnen für Babynahrung halten. Ich muss ins Reformhaus gehen, um eine teure, aus Deutschland importierte Bioversion zu bekommen.

Wie sich herausstellt, geben französische Eltern ihren Babys keinen langweiligen, farblosen Getreidebrei zu essen. Vom ersten Bissen an servieren sie Babys aromatisches Gemüse. Die erste feste Nahrung für französische Babys besteht in der Regel aus gedämpften, pürierten grünen Bohnen, Spinatblättern, Karotten, geschälten Zucchini und dem weißen Teil vom Lauch.

Amerikanische Babys essen natürlich auch Gemüse, manchmal sogar von Anfang an. Aber wir Angloamerikaner neigen dazu, Gemüse als fade Pflicht-Vitaminlieferanten zu betrachten. Obwohl wir unbedingt wollen, dass unsere Kinder Gemüse essen, erwarten wir nicht unbedingt, dass es ihnen schmeckt. Bestseller-Kochbücher erklären Eltern, wie sie Gemüse in Fleischbällchen, Fischstäbchen und Käsemakkaroni schummeln können, ohne dass es den Kindern überhaupt auffällt. Ich habe gesehen, wie Freundinnen von mir mit Joghurt bedecktes Gemüse in Kindermünder gelöffelt haben, während ihr Nachwuchs fernsah und gar nicht merkte, was er da aß. »Wer weiß, wie lange das noch geht!«, klagte die Mutter.

Französische Eltern bringen *légumes* eine ganz andere Wertschätzung entgegen. Sie erzählen von der ersten Begegnung ihres Kindes mit Sellerie oder Linsen, als handle es sich um eine Beziehung auf Lebenszeit. »Ich wollte, dass sie den Geschmack von Möhren kennen lernt. Und dann den von Zucchini«, schwärmt Samia, die Mutter mit den Oben-ohne-Fotos. Wie andere französische Eltern betrachtet Samia Gemüse – genau wie Obst – als Grundbaustein der kulinarischen *éducation* ihrer Tochter sowie als Mittel, um sie mit den vielen verschiedenen Geschmacksrichtungen vertraut zu machen.

In meinem amerikanischen Babyratgeber steht, dass man erst lernen muss, bestimmte Nahrungsmittel zu mögen. Lehnt ein Kind Nahrung ab, sollten die Eltern ein paar Tage warten und sie ihm dann noch mal anbieten. Meine angloamerikanischen Freundinnen und ich halten es alle so. Gleichzeitig gehen wir davon aus, dass Babys einfach keine Avocados, Süßkartoffeln oder Spinat mögen, wenn es nicht klappt.

In Frankreich ist derselbe Rat, den Babys die Nahrungsmittel wiederholt anzubieten, eine regelrechte Mission. Eltern gehen zwar davon aus, dass Kinder bestimmte Geschmacksvorlieben haben, sie sind aber auch davon überzeugt, dass der Geschmack eines jeden Gemüses von Natur aus interessant ist. Eltern betrachten es als ihre Aufgabe, dem Kind das nahezubringen. So wie sie dem Kind das Schlafen, das Warten und das *bonjour*-Sagen beibringen, müssen sie ihm auch das Schmecken beibringen.

Niemand behauptet, es sei einfach, all diese Nahrungsmittel auf dem Speiseplan der Kinder einzuführen. In einer Gratisbroschüre der französischen Regierung zum Thema Kinderernährung steht, jedes Baby sei anders. »Manche freuen sich, neue Lebensmittel zu entdecken. Andere sind weniger wissbegierig, und die Erweiterung der Speisenpalette dauert länger.« Aber die Broschüre fordert die Eltern auf, hartnäckig zu bleiben, wenn es um das Anbieten neuer Nahrungsmittel geht, und nicht gleich aufzugeben, wenn das Kind etwas dreimal oder öfter abgelehnt hat.

Französische Eltern gehen langsam vor. »Bitten Sie das Kind, nur ein wenig zu probieren, und gehen Sie anschließend zum nächsten Gang über«, so die Broschüre. Die Autoren raten dazu, etwas anderes anzubieten, um das abgelehnte Nahrungsmittel zu ersetzen. Möchte das Kind irgendetwas partout nicht essen, sollten die Eltern möglichst neutral reagieren. »Geht man nicht zu sehr auf seine Weigerung ein, wird das Kind seine Haltung irgendwann aufgeben«, prophezeien die Autoren. »Geraten Sie nicht in Panik! Sie können ihm problemlos weiterhin Milch geben, um sicherzustellen, dass es satt wird.«

Diese langfristige Herangehensweise an die Geschmacksbildung findet sich auch in Laurence Pernouds legendärem Erziehungsratgeber *J'élève mon enfant*. Ihr Kapitel über das Umstellen von Babys auf feste Nahrung ist mit dem Satz überschrieben: »Wie ein Kind Schritt für Schritt lernt, alles zu essen.«

»Es weigert sich, Artischocken zu essen?«, schreibt Pernoud. »Dann müssen Sie sich zunächst gedulden. Wenn Sie es ein paar Tage später wieder versuchen, mischen Sie doch einfach ein bisschen Artischocke unter sehr viel Püree«, unter Kartoffelpüree zum Beispiel.

Die Regierungsbroschüre rät Eltern auch, dieselben Zutaten in unterschiedlichen Zubereitungsarten anzubieten. »Versuchen Sie es mit Dämpfen, Backen, In-Pergamentpapier-Garen, Grillen, pur, mit Sauce oder mit Gewürzen. Ihr Kind wird verschiedene Farben, Texturen und Aromen entdecken«, so die Autoren.

Die Broschüre rät auch zu einer Gesprächstherapie à la Dolto: »Es ist wichtig, dem Kind die Angst zu nehmen und mit ihm über das neue Lebensmittel zu sprechen.« Das Gespräch über das Essen sollte über »Das mag ich« oder »Das mag ich nicht« hinausgehen. Es wird empfohlen, den Kindern ein Gemüse zu zeigen und zu fragen, »Glaubst du, das ist knusprig? Glaubst du, es macht ein Geräusch, wenn du hineinbeißt? Woran erinnert dich dieser Geschmack? Was spürst du in deinem Mund?« Die Eltern werden angeregt, Geschmacksspiele mit dem Kind zu spielen, zum Beispiel verschiedene Apfelsorten anzubieten und das Kind herausfinden zu lassen, welche die süßeste und welche die sauerste ist. Bei einem anderen Spiel verbindet man dem Kind die Augen und lässt es Nahrungsmittel essen und benennen, die es bereits kennt.

All die französischen Babybücher, die ich lese, fordern die Eltern auf, bei den Mahlzeiten gelassen und gut gelaunt zu bleiben und vor allem, den Teller stehen zu lassen, auch wenn das Kind keinen einzigen Bissen davon nimmt.

»Zwingen Sie es nicht, aber hören Sie nicht auf, es ihm anzubieten«, verkündet die Regierungsbroschüre. »Schritt für Schritt wird es sich daran gewöhnen, davon probieren ... und es zweifellos irgendwann zu schätzen wissen.«

Um noch besser verstehen zu können, warum französische Kinder so gute Esser sind, bin ich bei einer Menüplanung der Gemeinde dabei. Hier wird letzte Hand an die raffinierten Menüs, die jeden Montag in Beans Krippe aushängen, gelegt. Die Kommission beschließt, was die Pariser Krippen in den nächsten zwei Monaten mittags servieren werden.

Vermutlich bin ich die erste Ausländerin, die dieser Besprechung beiwohnt. Sie findet in einem fensterlosen Raum in einem Regierungsgebäude am Seine-Ufer statt. Den Vorsitz hat Sandra Merle, die Chefernährungswissenschaftlerin der Pariser Krippen. Merles Mitarbeiter sind ebenfalls anwesend sowie ein halbes Dutzend Köche, die in den Krippen arbeiten.

Die Kommission spiegelt die französischen Vorstellungen von Kindern und Essen im Kleinen wider. Der erste Grundsatz lautet, dass es so etwas wie ein »Kinderessen« gar nicht gibt. Eine Ernährungswissenschaftlerin liest die Menüvorschläge laut vor, einschließlich aller vier Gänge, ganz so, als handele es sich um eine amtliche Bekanntmachung. Pommes kommen ebenso vor wie Chicken Nuggets, Pizza, ja sogar Ketchup. Der Menüvorschlag für Freitag lautet Blaukrautsalat und *fromage blanc*, gefolgt von einem Weißfisch namens *colin* in Dillsauce und einer Beilage aus Biokartoffeln *à l'anglaise*. Der Käsegang ist Coulommiers (ein Brie-ähnlicher Weichkäse). Zum Dessert gibt es einen

Bio-Bratapfel. Jedes Gericht wird altersgerecht serviert, also entweder in kleine Stücke zerteilt oder püriert.

Der zweite Grundsatz der Kommission lautet: Vielfalt. Die Mitglieder streichen eine Lauchsuppe, als jemand darauf hinweist, dass die Kinder bereits in der Vorwoche Lauch gegessen haben. Merle streicht ein für Ende Dezember geplantes Tomatengericht – wieder eine Wiederholung – und ersetzt es durch einen Salat aus gekochter roter Beete.

Merle legt auch Wert auf optische und haptische Vielfalt. Hätten die Lebensmittel an einem Tag alle dieselbe Farbe, gebe es unweigerlich Klagen von den Krippenleitern. Bekämen die Älteren (also die Zwei- bis Dreijährigen) püriertes Gemüse als Beilage, sollten sie ein Stück ungekochtes Obst zum Nachtisch essen, weil zwei pürierte Gerichte als zu kindisch empfunden werden könnten, ermahnt sie die Köche.

Einige Köche rühmen sich ihrer neuesten Erfolge. »Ich habe eine Sardinenmousse mit etwas Sahne serviert«, so eine schwarzgelockte Köchin. »Die Kinder haben sie geliebt und aufs Brot gestrichen.«

Viele singen ein Loblied auf Suppen. »Die Kinder lieben Suppen, egal ob Bohnen- oder Gemüsesuppe!«, fügt eine dritte Köchin hinzu.

Als jemand *fagots de haricots verts* erwähnt, müssen alle lachen.

Dieses traditionelle Weihnachtsgericht mussten alle Krippen im Vorjahr zubereiten. Dafür werden grüne Bohnen blanchiert, in Bündeln mit dünnem Räucherspeck umwickelt, mit einem Zahnstocher fixiert und anschließend gegrillt. Anscheinend war das sogar für die von Ästhetik besessenen

Krippenköche zu viel (obwohl sie nicht mit der Wimper zucken, als sie aus einer Kiwi eine Blume schnitzen sollen).

Ein weiteres wichtiges Prinzip bei der Menügestaltung ist, dass die Kinder, wenn ihnen etwas nicht schmeckt, mehrfach davon probieren sollen. Merle erinnert die Köche daran, neue Lebensmittel nach und nach einzuführen und sie unterschiedlich zuzubereiten. Sie schlägt vor, Beeren zunächst zu pürieren, da diese Textur den Kindern bereits vertraut ist. Anschließend können die Köche klein geschnittene Beeren servieren.

Ein Koch fragt, was er mit Grapefruit machen soll. Merle schlägt vor, eine dünne, mit Zucker bestreute Scheibe zu servieren, später dasselbe ohne Zucker. Mit Spinat wird ebenso verfahren. »Unsere Kinder essen überhaupt keinen Spinat. Der landet bloß im Müll!«, knurrt eine Köchin. Merle rät ihr, Spinat mit Reis zu mischen, damit er appetitlicher aussehe. Sie kündigt an, ein Merkblatt herumzuschicken, in dem noch einmal steht, wie es funktioniert. »Sie stellen Spinat rund ums Jahr in den verschiedensten Varianten vor, und irgendwann werden sie ihn mögen«, verspricht sie. Beginne ein Kind mit dem Spinatessen, würden die anderen folgen, so Merle. »Das ist die Grundlage der Ernährungserziehung«, sagt sie.

Nach etwa zwei Stunden bei Neonbeleuchtung lässt meine Konzentration nach. Ich würde jetzt gern nach Hause gehen und etwas essen. Aber die Kommission ist noch nicht mal beim Weihnachtsmenü angekommen.

»*Foie gras?*«, schlägt ein Koch als Appetizer vor. Ein anderer bietet Entenmousse an. Erst denke ich, die machen

Witze, aber niemand lacht. Anschließend wird debattiert, ob es Lachs oder Thunfisch als Hauptgericht geben soll. (Der erste Vorschlag lautet Seeteufel, aber Merle sagt, das sei zu teuer.)

Und was ist mit dem Käsegang? Merle verbietet Ziegenkäse mit Kräutern, weil die Kinder bereits beim Herbstpicknick Ziegenkäse hatten. Schließlich entscheidet man sich für ein Menü, das Fisch, Brokkolimousse und zwei Sorten Kuhmilchkäse enthält. Zum Nachtisch gibt es Apfelzimtkuchen, einen Joghurtkuchen mit Möhren und eine traditionelle Weihnachtsgalette mit Birnen und Schokolade. (»Man darf nicht zu stark von der Tradition abweichen. Die Eltern werden eine Galette wollen«, sagt jemand.) Als Nachmittags-*goûter* soll es eine Mousse aus Blockschokolade geben, doch Merle hat Sorgen, die könnte nicht festlich genug sein. Man einigt sich auf eine etwas raffiniertere *chocolat liégois* – eine Art Schokoeis mit Schlagsahne.

Nicht ein einziges Mal wendet jemand ein, ein Geschmack könnte zu intensiv oder zu kompliziert für einen Kindergaumen sein. Keines der Nahrungsmittel schmeckt extrem streng – es gibt viele Kräuter, aber keinen Senf, nichts sauer Eingelegtes und keine Oliven. Aber dafür Pilze, Sellerie und alle möglichen Gemüse im Überfluss. Es geht nicht darum, dass alle Kinder alles mögen. Es geht darum, dass sie jedem Nahrungsmittel eine neue Chance geben.

Nicht lange nachdem ich bei der Menü-Besprechung dabei war, leiht mir eine Freundin das Buch *Der Mann, der alles isst: Aufzeichnungen eines Gourmets* vom amerikanischen Gastrokritiker Jeffrey Steingarten.

Steingarten schreibt, er habe nach seiner Ernennung zum Restaurantkritiker der *Vogue* befürchtet, seine persönlichen Essensvorlieben könnten ihn voreingenommen machen: »Ich hatte Angst, nicht objektiver zu sein als ein Kunstkritiker, der die Farbe Gelb hasst.« Er nimmt sich vor zu lernen, die von ihm gehassten Speisen zu mögen.

Steingarten hasste Nahrungsmittel wie Kimchi (vergorener Kohl, ein koreanisches Nationalgericht), Schwertfisch, Sardellen, Dill, Muscheln, Schmalz und Desserts in indischen Restaurants, die laut ihm »den Geschmack und die Konsistenz von Gesichtscremes« haben. Steingarten liest sich in die Geschmackswissenschaft ein und schließt daraus, dass das Hauptproblem an ungewohnten Nahrungsmitteln ist, dass sie ungewohnt sind. Man müsse sich ihnen deshalb nur immer wieder aussetzen, um die angeborene Abneigung zu verlieren.

Steingarten ist so mutig, jeden Tag eines seiner verhassten Nahrungsmittel zu essen. Er versucht es mit feinen Varianten: klein gehackte Sardellen in Knoblauchsauce in Norditalien, perfekt gegarte Capellini mit Muscheln in Weißweinsauce in einem Restaurant auf Long Island. Er verbringt ganze Nachmittage damit, selbst Schmalz auszulassen, und isst zehn Mal Kimchi in zehn verschiedenen koreanischen Restaurants.

Nach einem halben Jahr hasst Steingarten indische Desserts immer noch. (»Nicht jedes indische Dessert hat die Konsistenz und den Geschmack von Gesichtscreme. Ganz im Gegenteil, manche haben auch die Konsistenz und den Geschmack von Tennisbällen.«) Aber er beginnt, die meisten anderen bisher verhassten Lebensmittel zu mögen.

Nach der zehnten Portion Kimchi »ist es auch zu meinem persönlichen Nationalgericht geworden«, schreibt er. Steingarten gelangt zu dem Schluss, dass kein Geruch oder Geschmack von Natur aus widerwärtig ist und dass einmal Erlerntes auch wieder verlernt werden kann.

Steingartens Experiment spiegelt die französische Herangehensweise in Sachen Kinderernährung wider: Hört man nicht auf, immer wieder von Speisen zu kosten, wird man die meisten irgendwann mögen. Dazu muss man anscheinend kein Restaurantkritiker sein. Ganz normale französische Mittelschicht-Eltern verkünden mit einem schier missionarischen Eifer, dass da draußen eine ganze Welt an köstlichen Geschmacksrichtungen wartet, die ihre Kinder schätzen lernen sollen.

Das ist nicht nur irgendein theoretisches Lernziel, das nur in der kontrollierten Krippenumgebung erreicht werden kann. Es wird tatsächlich in den Küchen und Esszimmern ganz normaler französischer Familien umgesetzt. Ich sehe das mit eigenen Augen, als ich Fanny besuche, die Zeitschriftenherausgeberin, die in einer Altbauwohnung mit hohen Decken im Osten von Paris lebt – zusammen mit ihrem Mann Vincent, der vierjährigen Lucie und dem drei Monate alten Antoine.

Fanny hat eine hübsche, rundliche Figur und einen nachdenklichen Blick. Sie kommt in der Regel gegen sechs von der Arbeit und serviert Lucie um halb sieben das Abendessen, während Antoine in einer Liegewippe sitzt und an seinem Fläschchen nuckelt. Unter der Woche essen Fanny und Vincent gemeinsam, wenn die Kinder schlafen.

Fanny sagt, sie mache nur selten etwas so Aufwändiges

wie gedünstete Endivien mit Mangold, die Lucie aus der *crèche* kennt. Trotzdem betrachtet sie jedes Abendessen als Teil von Lucies kulinarischer Erziehung. Sie macht sich weniger Sorgen darum, wie viel Lucie isst, sondern besteht darauf, dass sie zumindest von allem auf ihrem Teller probiert.

Deshalb bekommen auch alle dasselbe Essen. Es gibt keine Wahlmöglichkeiten oder Alternativen. »Ich frage nie, ›Was willst du?‹ Ich sage, ›Heute gibt es das und das‹«, so Fanny. »Isst Lucie ein Gericht nicht auf, ist das in Ordnung. Aber wir essen alle das Gleiche.«

Amerikanische Eltern finden vielleicht, dass man sich damit zum rücksichtslosen Herrscher über den hilflosen Nachwuchs aufspielt. Fanny dagegen glaubt, dass es Lucie mental stärkt. »Sie fühlt sich erwachsener, wenn wir alle zusammen und das Gleiche essen.« Laut Fanny staunen amerikanische Besucher, wenn sie Lucie beim Essen sehen. »›Wie kommt es, dass eure Tochter schon Camembert, Gruyère und Chèvre auseinanderhalten kann?‹, fragen sie dann.«

Fanny versucht auch, das Essen amüsant zu gestalten. Lucie kann schon Kuchen backen, weil ihre Mutter und sie an den meisten Wochenenden gemeinsam backen. Fanny lässt Lucie auch beim Abendessen mithelfen, beim Zubereiten oder Tischdecken. »Wir unterstützen sie, gestalten die Sache aber spielerisch. Und das jeden Tag«, erzählt sie.

Sitzen alle am Tisch, hebt Fanny streng den Finger und befiehlt Lucie, von allem zu kosten. Man spricht über das Essen. Oft wird der Geschmack jeder einzelnen Käsesorte diskutiert. Und da Lucie an der Zubereitung des Essens beteiligt war, ist sie auch neugierig, wie es schmeckt. Es herrscht eine Art Komplizenschaft. Misslingt ein Gericht, »lachen wir gemeinsam darüber«, so Fanny.

Damit die Stimmung locker bleibt, dauert die Mahlzeit nicht allzu lange. Hat Lucie von allem probiert, darf sie vom Tisch aufstehen. Im Ratgeber *Votre Enfant* steht, ein Essen mit Kleinkindern solle nicht länger als dreißig Minuten dauern. Mit der Zeit lernen französische Kinder, immer längere Mahlzeiten durchzuhalten. Sind sie alt genug, um später zu Bett zu gehen, nehmen sie auch unter der Woche öfter an den abendlichen Mahlzeiten der Eltern teil.

Die Abendessensplanung ist eine Lektion in Ausgewogenheit. Ich staune, dass Mütter wie Fanny die Speisenabfolgen im Kopf haben. Sie gehen davon aus, dass ihre Kinder die Hauptproteinmahlzeit schon mittags in der Krippe oder in der Schule eingenommen haben. Abends servieren sie meist Kohlenhydrate wie Nudeln mit Gemüse.

Fanny mag gerade erst aus dem Büro nach Hause gehetzt sein, aber *trotzdem* gibt es ein Abendessen in mehreren Gängen. Sie gibt Lucie eine kalte Gemüsevorspeise wie geriebene Möhren mit einer Vinaigrette. Dann kommt das Hauptgericht, meist Nudeln oder Reis mit Gemüse. Manchmal brät sie auch ein Stück Fisch oder Fleisch. »Ich vermeide es nach Möglichkeit, abends Proteine auf den Teller zu bringen, vermutlich weil ich selbst so erzogen wurde. Einmal am Tag reicht, sagt man. Ich konzentriere mich auf Gemüse.«

Manche Eltern erzählen mir, dass es im Winter oft Suppe zum Abendessen gibt, dazu ein Stück Baguette oder ein paar Nudeln. Das ist eine sättigende Mahlzeit auf Getreide- und Gemüsebasis. Viele Eltern pürieren diese Suppen. Zum

Frühstück oder zum *goûter* trinken die Kinder vielleicht Saft, aber zum Mittag- und Abendessen gibt es Wasser, normalerweise zimmerwarm oder nur leicht gekühlt.

Familienmahlzeiten sind meist den Wochenenden vorbehalten. Fast alle französischen Familien aus meinem Bekanntenkreis essen sowohl Samstag als auch Sonntag ausgiebig zu Mittag. Die Kinder werden von klein auf ins Kochen und Tischdecken mit einbezogen. »An den Wochenenden backen und kochen wir. Ich habe sogar eigene Kochbücher für Kinder«, erzählt Denise, die Medizinethikerin und Mutter von zwei Mädchen.

Anschließend versammeln sich alle um den Tisch und essen. Die französischen Soziologen Claude Fischler und Estelle Masson, Autoren des Buches *Manger*, schreiben, dass ein Franzose, der mittags im Gehen ein Sandwich isst, das nicht einmal als »Essen« mitzählt. »Für Franzosen bedeutet ›essen‹, mit anderen um einen Tisch zu sitzen, sich Zeit zu nehmen und nichts nebenher zu tun, während Amerikaner essen, weil es sein muss.«[56]

Als ich an Beans fünftem Geburtstag verkünde, dass es Zeit zum Kuchenessen ist, strömen die Kinder, die vorher wild gespielt haben, sofort in unser Esszimmer und setzen sich brav an den Tisch. Auf einmal sind sie alle *sage*. Bean sitzt am Kopfende und reicht Teller, Löffel und Servietten weiter. Bis auf das Anzünden der Kerzen und das Kuchenhereintragen habe ich kaum etwas zu tun. Sich als Fünfjährige ruhig zum Essen an einen Tisch setzen ist für Franzosen ganz selbstverständlich. Dass auf dem Sofa vor dem Fernseher oder vor dem Computer gegessen wird, kommt gar nicht infrage.

Ein Vorteil von etwas *cadre* innerhalb der eigenen vier Wände besteht darin, dass man auch mal vom *cadre* abweichen kann, ohne befürchten zu müssen, dass er deshalb gleich zusammenbricht. Denise erzählt mir, dass ihre beiden sieben und neun Jahre alten Töchter einmal die Woche vor dem Fernseher essen dürfen.

An Wochenenden und während der zahlreichen Schulferien sind französische Eltern lockerer, was die Essens- und Zubettgehzeiten betrifft. Sie vertrauen darauf, dass der *cadre* wieder funktioniert, wenn sie ihn brauchen. Zeitschriften schreiben darüber, wie man die Kinder nach den Ferien wieder an einen anderen Zeitplan gewöhnt. Als wir mit Hélène und William Urlaub machen, bekomme ich kurz Panik, als es schon halb zwei ist und William noch nicht mit den Zutaten für unser Mittagessen zurück ist.

Aber Hélène geht davon aus, dass die Kinder sich anpassen können. Sie sind schließlich Menschen wie wir und müssen mit etwas Frust umgehen können. Sie macht eine Tüte Kartoffelchips auf, und die sechs Kinder versammeln sich um den Küchentisch, um sie zu essen. Anschließend stürmen sie wieder hinaus, um zu spielen, bis das Mittagessen fertig ist. Das ist überhaupt kein Problem. Kurz darauf genießen wir gemeinsam ein ausgiebiges, köstliches Mahl an einem Tisch, den wir unter einen Baum gestellt haben.

Der Ehrgeiz mancher amerikanischer Eltern betrifft nicht nur das Beschleunigen der Entwicklung eines Kindes, sondern auch die Beeinflussung des kindlichen Geschmacks. Dass ich das auch mache, merke ich, als ich die zweijährige Bean auf ihre erste Halloween-Party mitnehme. In Frankreich wird Halloween nicht groß gefeiert. (Ich werde auf eine Halloween-Party für Erwachsene eingeladen, auf der alle Frauen als sexy Hexen verkleidet sind und die meisten Männer als Draculas.) Daher mietet eine Gruppe von angloamerikanischen Eltern jedes Jahr das Obergeschoss eines Starbucks unweit der Bastille und verteilt kleine *Trick or Treat*-Stationen im Raum.

Sobald Bean das Prinzip begriffen hat – all diese Leute schenken ihr Süßigkeiten –, beginnt sie, sie zu essen. Sie isst nicht nur ein paar, sondern versucht, sämtliche Süßigkeiten in ihrer Tüte zu essen. Sie sitzt in einer Zimmerecke und stopft sich mit pinkem, gelbem und grünem Zuckerzeug voll. Ich muss sie bremsen.

In diesem Moment wird mir klar, dass ich den falschen Umgang mit Süßigkeiten gewählt habe. Vor dieser Halloween-Party hat Bean fast keinen Weißzucker bekommen. Meines Wissens nach hat sie noch nie ein einziges Gummibärchen gegessen. Ich habe ganz offensichtlich versucht, so zu tun, als gäbe es gar keine Süßigkeiten.

Diese entspannte Haltung im Rahmen des *cadre* legen französische Eltern auch beim Thema Süßigkeiten an den Tag. Ich habe miterlebt, wie sich angloamerikanische Eltern den Kopf darüber zerbrechen, ob sie ihren Kindern Süßigkeiten geben sollen oder nicht. Eines Nachmittags erzählt mir eine Engländerin, dass ihre kleine Tochter keinen Keks haben darf, obwohl alle anderen Kinder einen essen: »Sie muss das nicht kennen«, sagt sie. Eine andere Mutter – eine Psychologin – ist hin- und hergerissen, ob ihr anderthalbjähriges Kind ein Wassereis bekommen darf oder nicht – und das an einem heißen Sommernachmittag, an dem alle unsere Kinder im Freien spielen. (Letztendlich willigt sie ein.) Ich sehe ein Paar, das nervös diskutiert, ob ihr Vierjähriger einen Lutscher haben darf.

Aber Zucker existiert, und französische Eltern wissen das. Sie versuchen nicht, sämtliche Süßigkeiten aus der Ernährung ihrer Kinder zu verbannen. Stattdessen passen sie Süßigkeiten in den *cadre* ein. Für ein französisches Kind haben Süßigkeiten ihren festen Platz. Sie sind ein regelmäßiger Bestandteil in ihrem Leben, sodass sie sich nicht darauf zu stürzen brauchen wie ein Verhungernder, sobald sie sie in die Finger bekommen. Meist scheinen die Kinder auf Kindergeburtstagen und Schulfesten Süßigkeiten zu essen oder aber zur Belohnung. Bei diesen Gelegenheiten dürfen sie in der Regel so viel davon essen, wie sie wollen. Als ich versuche, den Bonbon- und Schokoladenkuchenkonsum meiner Söhne auf der Weihnachtsfeier der Krippe einzuschränken, schaltet sich eine der Erzieherinnen ein. Sie sagt, ich solle sie die Feier und ihre Freiheit doch ruhig genießen lassen. Ich muss an meine dünne Freundin Virginie denken, die unter der Woche strikt darauf achtet, was sie isst, aber an den Wochenenden schlemmt, worauf sie Lust hat. Auch Kinder brauchen Momente, in denen die üblichen Regeln nicht gelten.

Aber die Eltern entscheiden, wann dieser Moment gekommen ist. Als ich Bean zur Geburtstagsfeier von Abigail, einem kleinen Mädchen in unserem Haus, bringe, ist sie die Erste. (Wir haben noch nicht herausgefunden, dass man hier zu Kindergeburtstagen nicht pünktlich erscheinen muss.) Abigails Mutter hat gerade einen Teller mit Plätzchen und Bonbons auf den Tisch gestellt. Abigail fragt, ob sie etwas davon haben darf. Ihre Mutter sagt *non* und erklärt ihr, dass noch nicht Essenszeit ist. Dass Abigail nur einen sehnsüchtigen Blick auf die Süßigkeiten wirft und dann mit Bean davonsaust, um in einem anderen Zimmer zu spielen, kommt mir wie ein kleines Wunder vor.

Schokolade ist ebenfalls ein fester Bestandteil im Leben französischer Kinder. Mittelschicht-Franzosen sprechen über Schokolade, als sei das eine eigene Lebensmittel-gruppe, wenn auch eine, die man nur in Maßen zu sich nehmen sollte. Als Fanny mir beschreibt, was Lucie an einem ganz normalen Tag isst, enthält der Speiseplan auch ein paar Kekse oder Kuchen. »Und natürlich will sie auch irgendwann Schokolade«, so Fanny.

Hélène gibt ihren Kindern heiße Schokolade, wenn es draußen kalt ist. Sie serviert sie zum Frühstück mit einem Stück Baguette oder gibt sie ihnen als *goûter* am Nachmittag zusammen mit ein paar Keksen. Meine Kinder lieben Bücher mit T'choupi, einer französischen Kinderbuchfigur, die einem Pinguin nachempfunden ist. Wenn er krank ist, darf er zu Hause bleiben und heiße Schokolade trinken. »Die tröstet sie, dass sie zur Schule müssen, außerdem glaube ich, dass Schokolade ihnen Energie spendet«, erklärt Denise, die Medizinethikerin. Sie hasst McDonald's und kocht ihren Töchtern jeden Abend frisches Essen. Aber jede von ihnen bekommt einen Riegel Schokolade zum Frühstück sowie etwas Brot und Obst.

Französische Kinder essen keine Unmenge von Schokolade, sondern einen kleinen Riegel, eine Tasse heiße Schokolade oder ein *pain au chocolat*. Sie genießen sie und erwarten keinen Nachschlag. Aber Schokolade gehört fest zur

Ernährung und ist keine verbotene Nascherei. Bean kommt einmal mit einem Schokosandwich aus dem Sommerferienlager zurück: Es besteht aus einem Stück Baguette und einem Riegel Schokolade. Ich bin so erstaunt, dass ich es fotografiere. (Später erfahre ich, dass das Schokosandwich – normalerweise mit dunkler Schokolade – ein klassisches französisches *goûter* ist.)

Auch bei Süßigkeiten kommt es auf den *cadre* an: Französische Eltern haben keine Angst vor zuckerhaltigen Nahrungsmitteln. In der Regel servieren sie Kuchen oder Plätzchen als Teil des Mittagessens oder als Nachmittagssnack. Aber nach dem Abendessen gibt es keine Schoko-Desserts oder andere mächtige Nachtische. »Was man abends isst, bleibt jahrelang hängen«, weiß Fanny.

Nach dem Abendessen serviert Fanny in der Regel frisches Obst oder Obstkompott, das ohne zusätzlichen Zucker gekocht wird. Es gibt eine eigene Kompott- und Obstbrei-Abteilung in französischen Supermärkten. Fanny sagt, sie kaufe auch Naturjoghurts und verschiedene Marmeladen, die Lucie dann untermischen könne.

Wie in den meisten Bereichen setzen französische Eltern den Kindern auch bei den Mahlzeiten strenge Grenzen, innerhalb derer sie große Freiheiten genießen.

Ich kann mich nicht mehr genau daran erinnern, wann ich angefangen habe, meinen Kindern mehrgängige Menüs zu servieren. Aber jetzt tue ich das andauernd. Das ist einfach französisch-genial. Es beginnt schon beim Frühstück: Wenn sich die Kinder setzen, stelle ich ihnen in mundgerechte Stückchen geschnittenes Obst hin. Daran knabbern sie, während ich ihren Toast oder ihr Müsli zubereite. Sie dürfen Saft zum Frühstück trinken, wissen aber, dass es mittags und abends nur Wasser gibt. Selbst die Gewerkschaftsführerin beklagt sich nicht deswegen. Wir sprechen darüber, warum wir uns nach dem Genuss von klarem Wasser so gut fühlen.

Mittags und abends gibt es zunächst Gemüse, denn dann sind die Kinder noch am hungrigsten. Der Hauptgang kommt erst, wenn sie wenigstens einmal von der Vorspeise probiert haben. Normalerweise essen sie sie auf. Weigert sich Leo beim ersten Mal, lässt er sich wenigstens dazu herab, daran zu schnuppern – und beim nächsten Mal knabbert er schon daran.

Bean reizt die Regel manchmal bis zum Äußersten aus, indem sie ein mikroskopisches Stück Zucchini isst und dann darauf besteht, probiert zu haben. Neulich hat sie verkündet, sie werde von allem kosten, »außer vom Salat«, womit sie grünen Blattsalat meint. Aber meistens schmecken ihr unsere Vorspeisen. Dazu zählen auch in Scheiben geschnittene Avocados, Tomaten mit Vinaigrette oder gedämpfter Brokkoli mit etwas Sojasauce. Als ich *carottes rapées* (»geraspelte Möhren«) serviere und versuche, das auszusprechen, müssen wir alle lachen.

Meine Kinder kommen hungrig zu Tisch, weil sie bis auf das *goûter* keine Snacks bekommen. Es hilft, dass hier in Frankreich die anderen Kinder auch keine Snacks essen. Trotzdem hat es einen eisernen Willen erfordert, sie so weit zu bringen. Ich gebe einfach nicht nach, wenn sie zwischen den Mahlzeiten nach einem zu satt machenden Brot oder nach ganzen Bananen verlangen. Jetzt, wo die Kinder älter sind, haben sie es aufgegeben. Und wenn sie doch quengeln, sage ich einfach »Nein, in einer halben Stunde gibt es Abendessen«. Sind sie nicht gerade übermüdet, geben sie sich damit in der Regel zufrieden. Ich bin sehr stolz, als ich mit Leo im Supermarkt bin und er auf eine Schachtel mit Keksen zeigt und sagt: »*goûter*«.

Ich versuche, nicht zu fanatisch zu sein (oder »französischer als die Franzosen«, wie Simon das nennt). Wenn ich koche, gebe ich den Kindern manchmal einen kleinen Vorgeschmack auf das Essen – ein Stück Tomate oder ein paar Kichererbsen. Führe ich eine neue Zutat wie Pinienkerne ein, biete ich ihnen schon beim Kochen etwas davon an, um sie auf den Geschmack zu bringen. Manchmal ist es anstrengend, meine Kinder dazu zu bringen, den Lebensmittel-*cadre* einzuhalten. Vor allem wenn Simon auf Reisen ist, bin ich oft versucht, die Vorspeise wegzulassen, ihnen einen Teller Nudeln vorzusetzen und das Abendessen zu nennen. Kommt das manchmal vor, schlingen sie sie glücklich hinunter. Forderungen nach Salat und Gemüse werden dabei nicht laut.

Wie die Französinnen habe ich aber grundsätzlich akzeptiert, dass es meine Pflicht ist, meine Kinder mit den verschiedensten Geschmacksrichtungen vertraut zu machen und Mahlzeiten zuzubereiten, die *equilibrés* sind. Meist halten wir uns an die französische Regel, mittags üppige, proteinhaltige Speisen und abends leichtere, kohlenhydrathaltige Gemüsegerichte zu essen. Die Kinder essen viel Nudeln, aber ich versuche, mit Hilfe von unterschiedlichen Nudelformen und Saucen für Abwechslung zu sorgen. Wenn ich Zeit habe, mache ich einen großen Topf Suppe zum Abendessen (auch wenn ich mich nicht dazu durchringen kann, sie zu pürieren) und serviere sie mit Reis oder Brot.

Es überrascht nicht, dass den Kindern das Essen besser schmeckt, wenn es mit frischen Zutaten zubereitet und hübsch angerichtet wird. Ich versuche auch farblich für Ausgewogenheit zu sorgen und gebe ein par Scheiben Tomaten oder Avocado dazu, wenn das Essen langweilig aussieht. Wir haben eine Sammlung bunter Melaminteller. Aber zum Abendessen benutze ich weißes Porzellan, das die Farben der Nahrungsmittel besser zur Geltung bringt und den Kindern signalisiert, dass wir eine Erwachsenenmahlzeit genießen.

Ich erlaube ihnen, sich selbst zu bedienen. Schon als die Jungen sehr klein waren, habe ich an Nudelabenden eine Schüssel mit geriebenem Parmesankäse herumgehen lassen, den sie selbst über ihre Pasta streuen durften. Sie dürfen einen Löffel Zucker in ihre heiße Schokolade und manchmal auch in ihre Joghurts geben. Bean bittet mich gegen Ende einer Mahlzeit oft um eine Scheibe Camembert oder ein anderes Stück Käse, den wir gerade im Haus haben. Mit Ausnahme von besonderen Anlässen gibt es abends weder Kuchen noch Eiscreme. Schokosandwiches bekommen die Kinder von mir nach wie vor nicht.

Es hat ein wenig gedauert, bis uns das alles in Fleisch und Blut übergegangen ist. Es hilft, dass vor allem die Jungs großen Appetit haben. Eine ihrer Erzieherinnen in der *crèche* nennt sie *gourmands*, was eine höfliche Umschreibung für Vielfraße ist. Ihr Lieblingswort sei *encore* (»mehr«). Sie haben die Unsitte entwickelt, am Ende einer Mahlzeit die Teller hochzuheben, um zu zeigen, dass sie schon aufgegessen haben. Wahrscheinlich haben sie das auch aus der Krippe.

Das bisschen Sauce oder Suppe, das sich noch darauf befindet, schwappt dann auf den Tisch. (In der *crèche* haben sie die bestimmt vorher mit Baguette aufgewischt.)

Süßigkeiten sind bei uns nicht länger verboten. Jetzt, wo wir sie in Maßen anbieten, behandelt Bean nicht jede Nascherei, als wäre sie die letzte. Ist es draußen so richtig kalt, mache ich den Kindern morgens heiße Schokolade. Ich gebe ihnen dazu ein Stück Baguette von gestern, das ich kurz aufgebacken habe, und Apfelschnitze, die die Kinder in ihre Schokolade tunken. Das schmeckt wie ein sehr französisches Frühstück.

Hélènes Rezept für
Chocolat chaud

(ergibt etwa 6 Tassen)

1–2 TL bitteren Kakao
1 l Magermilch
Zucker nach Belieben

In einem Topf 1 bis 2 TL bitteres Kakaopulver mit etwas kalter oder zimmerwarmer Milch zu einer dicken Paste verrühren. Die restliche Milch unterrühren. (Das Kakaopulver sollte sich gleichmäßig verteilen und keine Klümpchen bilden.) Bei mittlerer Hitze zum Kochen bringen. Die heiße Schokolade anschließend etwas abkühlen lassen. Haut, die sich eventuell gebildet hat, entfernen, und dann alles in Becher oder Tassen schütten. Die Kinder dürfen ihre Schokolade bei Tisch selbst süßen.

Schnelle Frühstücksschokolade

In einem großen Becher vermische ich 1 TL Kakaopulver und etwas Milch zu einer Paste. Den Becher zwei Minuten in die Mikrowelle stellen oder so lange, bis die Schokolade sehr heiß ist. 1 TL Zucker unterrühren. Etwas von diesem Kakaokonzentrat auf mehrere Becher verteilen, mit kalter oder zimmerwarmer Milch aufgießen. Mit knusprigem Baguette oder Toastbrot servieren.

»Ich entscheide!«

Leo, der dunkle Zwilling, ist von der ganz schnellen Truppe. Damit meine ich nicht, dass er hochbegabt ist, sondern nur, dass er sich doppelt so schnell bewegt wie Normalsterbliche. Schon im Alter von zwei Jahren hat er eine richtige Sprinterfigur und saust von Zimmer zu Zimmer. Er spricht auch schnell. Als Bean Geburtstag hat, beginnt er zu singen: *»Hayppybirthdaytoya!«,* schrill und quietschend. Das ganze Lied ist in wenigen Sekunden vorbei.

Es ist sehr schwer, diesen kleinen Tornado in den Griff zu bekommen. Schon jetzt läuft er mir mehr oder weniger davon. Wenn ich mit ihm in den Park gehe, bin auch ich ständig in Bewegung. Er scheint Spielplatzumzäunungen als Einladung zu betrachten, sie zu überwinden.

Das mit am Beeindruckendste und wahrscheinlich Schwierigste an der französischen Erziehung ist Autorität. Viele französische Eltern aus meinem Bekanntenkreis besitzen eine natürliche Autorität gegenüber ihren Kindern, um die ich sie nur beneiden kann. Die Kinder hören tatsächlich auf sie. Französische Eltern müssen nicht ständig hinter ihren Kindern herrennen, auf sie einreden oder lange mit ihnen verhandeln. Aber wie genau stellen sie das an? Und wie kann ich mir diese magische Autorität ebenfalls aneignen?

Eines Sonntagvormittags bekommt meine Nachbarin Frédérique mit, wie ich versuche, Leo bei einem gemeinsamen Parkbesuch mit unseren Kindern zu bändigen. Frédérique ist eine Reisebürokauffrau aus dem Burgund. Sie ist Mitte vierzig, hat eine heisere Stimme und eine pragmatische Art. Nachdem ihr jahrelang alle möglichen bürokratischen Hürden in den Weg gelegt wurden, hat sie Tina, eine wunderhübsche rothaarige Dreijährige aus einem russischen Waisenhaus, adoptiert. Als wir unseren gemeinsamen Ausflug machen, ist sie gerade mal seit drei Monaten Mutter.

Doch schon unterweist mich Frédérique in *éducation*. Allein, weil sie Französin ist, hat sie eine ganz andere Auffassung davon, was *possible* und was *pas possible* ist. Das zeigt sich am Sandkasten. Frédérique und ich sitzen auf der Sandkasteneinfassung und versuchen, uns zu unterhalten. Aber Leo saust immer wieder durch das Tor der Spielplatzumzäunung. Bei jedem Mal stehe ich auf, um ihn einzufangen, und schleife ihn schimpfend zurück, während er lauthals schreit. Das ist nervig und anstrengend.

Frédérique beobachtet dieses kleine Ritual schweigend und sagt dann irgendwann kein bisschen herablassend, dass wir hier nicht gemütlich sitzen und plaudern können, wenn ich ständig hinter Leo herrenne.

»Stimmt«, sage ich. »Aber was bleibt mir anderes übrig?«

Frédérique sagt, ich solle strenger mit Leo sein, damit er begreift, dass er den Sandkasten nicht verlassen darf. »Sonst musst du ihm die ganze Zeit hinterherrennen, und das geht doch nicht!« Aus meiner Sicht ist das unvermeidbar, aus ihrer *pas possible*.

Frédériques Strategie hört sich in meinen Ohren nicht sehr vielversprechend an. Ich wende ein, dass ich ja schon seit zwanzig Minuten mit Leo schimpfe. Frédérique lächelt. Sie sagt, ich müsse klarer Nein sagen und wirklich daran glauben.

Als Leo das nächste Mal die Umzäunung verlässt, sage ich schärfer Nein als sonst. Er läuft trotzdem davon. Ich folge ihm und schleife ihn zurück.

»Siehst du?«, sage ich zu Frédérique. »Es geht nicht.«

Frédérique lächelt erneut und sagt, mein Nein müsse überzeugender werden. Mir fehle der Glaube, dass er auf mich hört. Sie rät mir, nicht zu schreien, sondern mehr Überzeugung in meine Stimme zu legen.

Ich habe Angst, ihn zu verängstigen.

»Mach dir deswegen keine Sorgen!«, drängt mich Frédérique.

Beim nächsten Mal hört Leo auch nicht auf mich. Aber ich spüre, dass meine Neins langsam überzeugender klingen. Sie sind nicht laut, aber selbstbewusst. Ich habe das Gefühl, einen ganz anderen Elterntypus zu verkörpern.

Beim vierten Versuch, als ich nur so strotze vor Überzeugungskraft, geht Leo auf das Tor zu, macht es aber wundersamerweise nicht auf. Er sieht sich um und beäugt mich misstrauisch. Ich reiße die Augen auf und versuche, ihn streng anzusehen.

Nach etwa zehn Minuten gibt es Leo auf davonzurennen. Er scheint das Tor vergessen zu haben und spielt mit Tina, Joey und Bean im Sandkasten. Bald plaudern Frédérique und ich angeregt und haben die Beine hochgelegt.

Ich kann kaum glauben, dass Leo mich plötzlich als Autoritätsperson wahrnimmt.

»Siehst du!«, sagt Frédérique ohne jede Überheblichkeit. »Es war dein Tonfall.«

Sie weist darauf hin, dass Leo deshalb keinen traumatisierten Eindruck macht. Im Moment – ja vielleicht sogar zum allerersten Mal – benimmt er sich wie ein französisches Kind. Jetzt, wo alle meine drei Kinder plötzlich *sage* sind, kann ich mich im Park endlich ein bisschen entspannen. Das ist eine bisher unbekannte Erfahrung für mich. Fühlt es sich so an, eine französische Mutter zu sein?

Ich bin erleichtert, komme mir aber auch ein bisschen dämlich vor. Wenn es so einfach ist, warum mache ich das dann nicht schon seit Jahren so? Nein sagen ist nicht gerade eine avantgardistische Erziehungstechnik. Neu ist, dass Frédérique mir beigebracht hat, meine Zwiespältigkeit abzulegen und meine eigene Autorität zu akzeptieren. Sie selbst weiß das instinktiv, weil sie selbst so erzogen wurde. Aus ihrem Mund hört es sich an wie gesunder Menschenverstand.

Frédérique ist auch fest davon überzeugt, dass das, was Eltern guttut – nämlich entspannt im Park sitzen und zu plaudern, während die Kinder spielen –, auch für die Kinder das Beste ist. Sie scheint damit Recht zu haben. Leo ist deutlich weniger gestresst als noch vor einer halben Stunde. Statt in einem Teufelskreis aus Davonlaufen und Eingefangenwerden festzustecken, spielt er zufrieden mit den anderen Kindern.

Am liebsten würde ich diese neue Technik – das tief empfundene, selbstbewusste Nein – in Flaschen abfüllen und teuer verkaufen. Aber Frédérique warnt mich und sagt, es gäbe keinen Zaubertrank, der dafür sorgt, dass die Kinder die Autorität der Eltern akzeptieren. Das müsse immer wieder neu erarbeitet werden. »Es gibt kein Patentrezept«, sagt sie. »Du musst situationsbedingt reagieren.«

Und was sonst erklärt, warum französische Eltern eine solche Autorität gegenüber ihren Kindern besitzen? Woher nehmen sie die Tag für Tag, Abendessen für Abendessen? Und wie kann ich mir mehr davon aneignen?

Wenn ich mich für Autorität interessiere, sagt mir eine französische Kollegin, müsse ich mit ihrer Cousine Dominique reden. Dominique, eine französische Sängerin, die drei Kinder in New York großzieht, sei eine heimliche Expertin, was die Unterschiede zwischen französischen und amerikanischen Eltern angehe.

Dominique ist 43 und sieht aus wie die Hauptdarstellerin eines *Nouvelle vague*-Films. Sie hat dunkle Haare, feine Züge und einen intensiven Gazellenblick. Wäre ich dünner, schöner und könnte singen, könnte man sagen, dass wir gewissermaßen das Spiegelbild der jeweils anderen sind: Sie ist Pariserin und zieht ihre Kinder in New York groß, während ich als New Yorkerin meine Kinder in Paris großziehe. Mein Leben in Frankreich hat mich gelassener und weniger neurotisch gemacht, während Dominique trotz ihres guten Aussehens gelernt hat, sich so wortreich infrage zu stellen, wie man das in Manhattan eben so macht. Sie spricht ein lebhaftes Englisch mit französischem Akzent, wobei sie dauernd *like* und *oh my God* sagt.

Dominique kam als 21-jährige Studentin nach New York. Sie wollte ein halbes Jahr Englisch lernen und dann in die Heimat zurückkehren. Aber New York wurde ihr schnell zur zweiten Heimat. »Ich fühlte mich wirklich toll und inspiriert, hatte eine Unmenge von Energie – etwas, das ich in Paris schon lange nicht mehr erlebt hatte«, so

Dominique. Schließlich heiratete sie einen amerikanischen Musiker.

Als sie das erste Mal schwanger war, war Dominique noch von den amerikanischen Erziehungsmethoden begeistert. »Es gibt ein starkes Zusammengehörigkeitsgefühl, das in Frankreich so nicht existiert... Wenn man Yoga mag und schwanger ist, geht man einfach in eine Yoga-Gruppe für Schwangere.«

Dominique fiel auch auf, wie viel Aufmerksamkeit Kinder in den Vereinigten Staaten bekommen. Bei einem großen Thanksgiving-Dinner bei der Familie ihres Mannes staunte sie, dass beim Eintreffen einer Dreijährigen alle zwanzig Erwachsenen am Tisch aufhörten zu reden und sich ganz auf das Kind konzentrierten.

»Ich dachte: Was für eine unglaubliche Kultur! Die tun ja fast so, als wäre das Kind ein Gott. Wahnsinn! Kein Wunder, dass Amerikaner so selbstbewusst und glücklich sind und Franzosen so deprimiert. Bei der Aufmerksamkeit!«

Aber mit der Zeit begann Dominique diese Form der Aufmerksamkeit mit anderen Augen zu sehen. Sie merkte, dass dieselbe Dreijährige, die die Unterhaltung an Thanksgiving zum Erliegen gebracht hatte, übertriebene Ansprüche entwickelte.

»Und da dachte ich: Dieses Mädchen nervt echt! Sie kommt an und denkt, ihre bloße Anwesenheit reicht aus, dass die anderen alles stehen und liegen lassen und sie beachten.«

Dominique, deren Kinder elf, acht und zwei sind, erzählt, ihre Zweifel seien lauter geworden, als sie hörte, wie die Kinder in der Vorschule auf die Anweisungen ihrer Lehrer reagierten. Sie sagten einfach: »Du hast mir nichts zu sagen!« (»In Frankreich wäre das undenkbar!«, so Dominique.) Waren sie und ihr Mann bei amerikanischen Familien mit Kleinkindern eingeladen, musste Dominique am Ende häufig selbst kochen, weil die Gastgeber damit beschäftigt waren, ihre Kinder im Bett zu halten.

»Statt streng zu sein und zu sagen: ›Nein, es reicht, du bekommst jetzt keine Aufmerksamkeit mehr, es ist Elternzeit, meine Zeit, die ich als Erwachsener mit Freunden verbringen möchte. Du hast deine Zeit bereits gehabt. Geh ins Bett, das war's!‹, ist nichts dergleichen passiert. Keine Ahnung, warum die Eltern das nicht machen, aber sie tun es einfach nicht. Sie können das einfach nicht. Sie sind rund um die Uhr nur für die Kinder da. Das hat mich echt umgehauen!«

Dominique liebt New York nach wie vor und zieht amerikanische Schulen den französischen vor. Aber was die Erziehung anbelangt, ist sie nach und nach auf französische Methoden mit ihren festen Regeln und Grenzen umgeschwenkt.

»Die französische Methode ist manchmal ein bisschen zu streng. Man könnte netter und freundlicher zu den Kindern sein. Aber die amerikanische ist das andere Extrem, dort vermittelt man Kindern den Eindruck, sie würden die Welt regieren.«

Es fällt mir schwer, meinem »Spiegelbild« zu widersprechen. Ich kann mir die Dinnerpartys, von denen sie mir erzählt, lebhaft vorstellen. Amerikanische Eltern (ich eingeschlossen) sind oft sehr zwiespältig, wenn sie Autorität an den Tag legen sollen. Rein theoretisch finden auch wir, dass Kinder Grenzen brauchen. Doch in der Praxis wissen wir oft nicht, wo diese Grenzen verlaufen sollen, oder fühlen uns unwohl, wenn wir ihre Einhaltung einfordern.

»Ich fühle mich so schuldig, wenn ich wütend werde. Das schlechte Gewissen ist stärker als meine Wut«, rechtfertigt ein Studienfreund von Simon das schlechte Benehmen seiner dreijährigen Tochter. Eine Freundin von mir erzählt, ihr dreijähriger Sohn habe sie gebissen. Aber sie habe ihn nicht anschreien wollen, denn daraufhin hätte er bestimmt geweint. Also habe sie die Sache auf sich beruhen lassen.

Angloamerikanische Eltern haben Angst, zu viel Strenge könnte die Kreativität ihrer Kinder im Keim ersticken. Eine amerikanische Mutter auf Besuch in Paris war schockiert, als sie bei uns einen Laufstall entdeckte. Anscheinend gelten bei uns zu Hause Laufställe als zu einengend. (Wir wussten das gar nicht. In Paris sind sie *de rigueur*, sprich ein Muss.)

Eine Mutter aus Long Island erzählt mir von ihrem unerzogenen Neffen, dessen Eltern aus ihrer Sicht viel zu nachsichtig waren. Aber sie erzählt mir auch, dass dieser Neffe inzwischen als Oberarzt auf einer amerikanischen Krebsstation arbeitet und sich damit brüstet, ein unerträgliches Kind gewesen zu sein. »Ich glaube, hochintelligente Kinder, die nicht so viel Disziplin haben, sind unerträglich, wenn sie klein sind. Aber lässt man ihnen ihre Freiheiten, sind sie später kreativer«, behauptet sie.

Es fällt schwer zu sagen, wo die Grenzen verlaufen sollten. Wenn ich Leo zwinge, im Laufstall oder im Sandkasten zu bleiben – halte ich ihn dann davon ab, eines Tages Krebs heilen zu können? Wo hören persönliche Freiheiten auf, und wo fängt intolerables, schlechtes Benehmen an?

Wenn ich erlaube, dass meine Kinder an jedem Kanaldeckel stehen bleiben und ihn sich näher ansehen – verfolgen sie dann ihren eigenen Weg oder verwandeln sie sich in ungezogene Blagen?

Viele angloamerikanische Eltern befinden sich in dem unangenehmen Zwiespalt, Diktator und Muse gleichzeitig sein zu wollen. Mit dem Ergebnis, dass sie ständig verhandeln müssen. Einen Vorgeschmack darauf bekomme ich, als Bean ungefähr drei ist. Unsere neue Regel lautet, dass sie eine Dreiviertelstunde am Tag fernsehen darf. Eines Tages möchte sie ein bisschen länger fernsehen.

»Nein. Deine Fernsehzeit für heute ist um«, sage ich.

»Aber als ich noch ein Baby war, habe ich ja überhaupt nicht ferngesehen«, erwidert Bean.

Genau wie wir setzen die meisten angloamerikanischen Eltern aus meinem Bekanntenkreis irgendwo Grenzen. Aber da so viele verschiedene Erziehungsstile existieren, gibt es auch Eltern, die jegliche Autorität ablehnen. Bei einem meiner Besuche in den Vereinigten Staaten treffe ich ein solches Elternpaar.

Liz ist Grafikdesignerin und Mitte dreißig, sie hat eine fünf Jahre alte Tochter namens Ruby. Wenn sich Ruby aufführt, versuchen Liz und ihr Mann das Mädchen davon zu überzeugen, dass es moralisch im Unrecht ist. »Wir wollen unerwünschtes Verhalten ausmerzen, ohne auf Machtspielchen zurückzugreifen«, so Liz. »Ich will nicht ausnutzen, dass ich größer und stärker bin als Ruby, indem ich sie festhalte. Und ich versuche auch nicht, mich darauf zu berufen, dass ich finanziell am längeren Hebel sitze, indem ich sage, ›Du darfst das und das haben, aber das nicht‹.«

Mich rühren Liz' Bemühungen, eine ganz eigene Erziehungsphilosophie zu entwickeln. Sie hat nicht einfach irgendwelche Regeln übernommen, sondern sich intensiv mit bestimmten Denkern beschäftigt und das übernommen, was sie für richtig hält. Ihr individueller Erziehungsstil sei ganz anders als der, nach dem sie selbst erzogen worden sei, so Liz.

Aber er habe auch seine Nachteile. Ihr unorthodoxer Stil habe sie nicht nur von vielen Nachbarn und Gleichaltrigen isoliert, sondern auch von ihren eigenen Eltern. Ihre Eltern stünden der Art, wie sie Ruby erzieht, sehr ablehnend gegenüber. Die Kluft zwischen ihnen sei so groß, dass jede Diskussion darüber unmöglich sei. Besuche zu Hause seien mit viel Stress verbunden, vor allem wenn Ruby sich aufführe.

Trotzdem sind Liz und ihr Mann weiterhin fest entschlossen, keine Autorität an den Tag zu legen. Seit Kurzem schlägt Ruby ihre Eltern. Jedes Mal setzen sie sich geduldig mit ihr hin und erklären ihr, warum das falsch ist. Diese gut gemeinten Erklärungen bleiben jedoch folgenlos.

Im Vergleich dazu fühlt sich Frankreich an wie ein anderer Planet: Selbst die größten Bohemiens brüsten sich damit, wie streng sie ihren Kindern gegenüber sind und dass kein Zweifel daran besteht, wer bei ihnen in der Familie das Sagen hat. In einem Land, das die Revolution und den Sturm auf die Barrikaden feiert, scheint für Anarchisten kein Platz am Familientisch zu sein.

»Es ist paradox«, gibt Judith, die dreifache Mutter und Kunsthistorikerin aus der Bretagne, zu. Judith bezeichnet sich als »antiautoritär«, wenn es um Politik geht, aber in puncto Erziehung hat sie das Sagen, Punkt! »Erst kommen die Eltern und dann die Kinder«, erklärt sie die innerfamiliäre Hierarchie. »Dass man Macht an die Kinder abgibt, ist in Frankreich undenkbar.«

In den französischen Medien und in der älteren Generation ist jedoch auch schon die Rede davon, dass das *enfant-roi*-Syndrom in Frankreich immer mehr einreißt. Aber wenn ich mit Pariser Eltern spreche, höre ich nur: »*C'est moi qui décide!*« – (»Ich bestimme!«) Es gibt auch noch eine militantere Variante: »*C'est moi qui commande!*« (»Ich habe hier das Sagen!«). Eltern verkünden das, um sowohl ihre Kinder als auch sich selbst daran zu erinnern, wer hier der Chef ist.

Amerikanern kommt diese Hierarchie wie Tyrannei vor. Robynne ist Amerikanerin und lebt seit Kurzem in Paris. Sie hat einen französischen Ehemann und zwei Kinder, Adrien und Lea. Während eines Familienessens erzählt sie mir, wie sie mit Adrien, als er noch ein Kleinkind war, beim Kinderarzt war: Adrien weinte und weigerte sich, auf die Waage zu gehen, also kniete sich Robynne neben ihn, um ihn dazu zu überreden.

Der Arzt unterbrach sie. »Erklären Sie ihm nicht lange, warum. Sagen Sie einfach: ›Du steigst jetzt auf diese Waage, keine Diskussion!‹« Robynne war schockiert. Sie sagt, sie habe letztlich den Kinderarzt gewechselt, weil der ihr zu streng gewesen sei.

Robynnes Mann Marc hört sich diese Geschichte ebenfalls an. »Nein, nein, so hat er das nicht gesagt!«, wirft er ein. Marc ist Profigolfer und in Paris aufgewachsen. Er gehört zu den Franzosen mit Kindern, die scheinbar mühelos Autorität ausüben können. Ich merke, wie aufmerksam seine Kinder zuhören, wenn er das Wort an sie richtet, und wie sie sofort auf ihn hören.

Laut Marc war der Arzt nicht übertrieben streng. Im Gegenteil, er habe bei Adriens *éducation* geholfen. Marc erinnert sich ganz anders an den Vorfall:

»Er hat gesagt, dass du dir deiner Sache sicher sein und dass du dein Kind nehmen und es auf die Waage stellen solltest. Gibst du deinem Kind zu viele Wahlmöglichkeiten, fühlt es sich verunsichert … Du musst ihm zeigen, wie das funktioniert. Und dass es keine gute oder weniger gute Art gibt, das zu tun, sondern nur eine einzige. Das ist eine ganz simple, aber unabdingbare Erkenntnis«, so Marc. »Manche Dinge muss man nicht erklären. Das Kind muss gewogen werden, also stellt man es auf die Waage, und damit basta!«

Dass Adrien die Erfahrung unangenehm fand, sei Teil der Lektion gewesen. »Es gibt Dinge im Leben, die einem nicht gefallen, aber man muss sie trotzdem tun. Man kann nicht immer nur das tun, was man mag oder möchte.«

Als ich Marc frage, wie er zu dieser Autorität gekommen sei, wird deutlich, dass auch er sie nicht so mühelos ausübt, wie gedacht. Er hat sich sehr bemüht, so eine Beziehung zu seinen Kindern aufzubauen. Über seine Autorität macht er sich viele Gedanken, gleichzeitig ist sie für ihn oberste Priorität. Alle seine Bemühungen speisen sich aus der Überzeugung, dass selbstbewusste Eltern eine beruhigende Wirkung auf das Kind haben.

»Ich finde es angenehm, einen Anführer zu haben, jemanden, der mir zeigt, wo es langgeht«, so Marc. »Ein Kind sollte das Gefühl haben, dass seine Mutter oder sein Vater alles unter Kontrolle hat.«

»Das ist so ähnlich wie beim Reiten«, mischt sich der inzwischen neunjährige Adrien ein.

»Ein guter Vergleich!«, lobt ihn Robynne.

Marc fügt noch hinzu: »Wir Franzosen haben da ein Sprichwort: Es ist einfacher, eine Schraube zu lockern, als sie festzuziehen. Mit andern Worten, man muss energisch vorgehen. Geht man zu energisch vor, kann man ja immer noch etwas nachgeben. Aber ist man von Anfang an zu nachgiebig, hilft alles Nachbessern nichts.«

Marc beschreibt den *cadre*, den französische Eltern in den ersten Lebensjahren ihres Kinders installieren. Manchmal auch, indem sie einfach auf ihre Rechte pochen und sagen: »Keine Diskussion, geh auf die Waage!«

Amerikanische Eltern wie ich gehen davon aus, dass sie den ganzen Nachmittag im Park hinter ihren Kindern herlaufen oder das halbe Abendessen damit verbringen müssen, sie ins Bett zu kriegen. Das ist nervig, scheint für uns aber normal zu sein.

Französische Eltern empfinden ein so außer Rand und Band geratenes Kind als Belastung für die ganze Familie. Sie glauben, dass dadurch der gesamte Alltag beschwerlich wird – sowohl für die Eltern als auch für das Kind. Sie wissen, welch enorme Anstrengungen es kostet, den *cadre* zu installieren, aber für sie gibt es dazu keine Alternative, denn sie wissen, dass es sich lohnt. Es ist der *cadre*, der verhindert, dass französische Eltern ihre Kinder zwei Stunden lang ins Bett bringen müssen.

»In Amerika wird akzeptiert, dass man mit Kindern nicht

frei über seine Zeit verfügen kann«, so Marc. Seiner Meinung nach müssen Kinder jedoch verstehen, dass sie nicht der Nabel der Welt sind und dass sich nicht nur alles um sie dreht.

Wie installieren französische Eltern diesen *cadre*? Es kann ziemlich mühsam sein, bis der endlich steht. Denn es geht nicht nur darum, Nein zu sagen und zu bestimmen. Eine Methode, den *cadre* durchzusetzen, besteht auch darin, viel darüber zu reden. Französische Eltern verbringen viel Zeit damit, ihren Kindern zu erklären, was erlaubt ist und was nicht. All das lässt den *cadre* automatisch im Alltag konkrete Gestalt annehmen. Er bekommt dadurch eine fast physische Präsenz, wie eine Wand, die man mit guter Pantomime entstehen lassen kann.

Die vielen Gespräche über den *cadre* verlaufen dabei durchaus respektvoll und höflich. Französische Eltern sagen sehr oft »bitte«, auch zu Säuglingen. (Ihre Überzeugung: Babys verdienen es, dass man höflich zu ihnen ist, schließlich verstehen sie, was gesagt wird.) Wenn es darum geht, Kindern Grenzen zu setzen, wird viel über Recht und Unrecht gesprochen. Statt zu sagen »Hör auf, Jules zu schlagen!«, heißt es: »Du darfst Jules nicht schlagen.« Das ist mehr als nur ein semantischer Unterschied: Es fühlt sich auch anders an, das zu sagen und zu hören. Die französische Formulierung suggeriert, dass es einen logischen Regelkanon gibt, an dem sich sowohl Kinder als auch Erwachsene orientieren. Sie macht auch deutlich, dass das Kind andere Dinge durchaus darf.

Kinder schnappen diesen Satz schnell auf und kontrollieren sich damit gegenseitig. Ein Schulhoflied bei Kleinkindern ist der Reim, »*Oh là là, on a pas le droit de faire ça!*« (»Oh, là, là, das dürfen wir nicht!«)

Ein anderer Satz, mit dem sich Eltern häufig an ihre Kinder wenden, lautet: »Das finde ich nicht gut«, zum Beispiel: »Ich finde es nicht gut, dass du Erbsen auf den Boden wirfst.« Eltern sagen das in seinem sehr ernsthaften Ton und sehen das Kind dabei direkt an. »Das finde ich nicht gut« bedeutet mehr als nur Nein. Es etabliert den Erwachsenen als Gegenüber, auf den das Kind Rücksicht nehmen muss. Und es lässt dem Kind seine eigene Meinung über Erbsen auf dem Boden, auch wenn diese überstimmt wird. Das Erbsenwerfen wird als etwas betrachtet, wofür sich das Kind rational entschieden hat, also kann es sich auch bewusst dagegen entscheiden.

Das erklärt auch, warum Familienmahlzeiten in Frankreich so entspannt verlaufen: Statt mit einer Riesenkrise zu rechnen und sich drakonische Bestrafungen auszudenken, konzentrieren sich Eltern und Erzieher auf viele kleine, respektvolle, vorbeugende Maßnahmen, die auf allgemein anerkannten Regeln beruhen.

Das erlebe ich auch in der *crèche*, als ich mit den anderthalbjährigen Kindern für ein weiteres köstliches Vier-Gänge-Mittagsmenü Platz nehme. Sechs Kleinkinder mit identischen knallbunten Frotteelätzchen sitzen um einen rechteckigen Tisch, während Anne-Marie die Mahlzeit beaufsichtigt. Die Atmosphäre ist völlig entspannt. Anne-Marie beschreibt die Lebensmittel eines jeden Ganges und erklärt den Kindern, was sie von ihnen erwartet. Mir fällt auf, dass sie sehr genau hinschaut, was wer macht, und schon kleinste Regelverstöße kommentiert, ohne die Stimme zu erheben.

»*Doucement* – so geht man nicht mit einem Löffel um«, sagt sie zu einem Jungen, der angefangen hat, mit seinem Löffel auf den Tisch zu hämmern. »Nein, nein, nein, den Käse nehmen wir noch nicht, der ist für später«, ermahnt sie einen anderen. Wenn sie mit einem Kind spricht, stellt sie stets Blickkontakt her. Am Ende sind die Kindergesichter essensverschmiert. Aber es liegen höchstens ein paar Krümel am Boden.

Französische Eltern und Erzieher üben Autorität aus, ohne wie Diktatoren zu wirken. Sie wollen keine Roboter heranziehen, im Gegenteil: Sie hören den Kindern immer aufmerksam zu und reden mit ihnen. Die Eltern mit der größten Autorität behandeln ihr Kind nicht wie einen Untergebenen, sondern als gleichberechtigten Gesprächspartner. »Wenn etwas verboten ist, muss man stets den Grund dafür nennen«, so Anne-Marie.

Wenn ich frage, was sich französische Eltern am meisten für ihre Kinder wünschen, antworten sie: »Dass sie sich wohl in ihrer Haut fühlen und ihren eigenen Weg machen.« Sie möchten, dass ihre Kinder eigene Vorlieben und Meinungen entwickeln. Ja, Franzosen machen sich sogar regelrecht Sorgen, wenn ihre Kinder zu brav sind. Sie sollen Charakter haben.

Gleichzeitig sind sie der Auffassung, dass Kinder dies nur erreichen können, wenn sie ihre Grenzen kennen und sich beherrschen können. Neben dem Charakter muss auch ein *cadre* existieren.

* * *

Es ist nicht leicht, von so vielen wohlerzogenen Kindern und Eltern mit hohen Erwartungen umgeben zu sein. Tag für Tag schäme ich mich in Grund und Boden, wenn meine Jungs losbrüllen oder quengeln, wenn wir vom Lift quer durch den Innenhof unseres Hauses laufen. Es ist, als würde ich sämtlichen Nachbarn verkünden: Die Amerikaner sind wieder da!

In den Weihnachtsferien sind Bean und ich eines Nachmittags bei einer Spielfreundin von ihr zum *goûter* eingeladen. Die Kinder bekommen heiße Schokolade und Kekse (mir wird Tee vorgesetzt). Als wir gemeinsam um den Tisch sitzen, beschließt Bean, dass das ein guter Moment ist, um *bêtises z*u machen. Sie nimmt einen Schluck von ihrer heißen Schokolade und spuckt sie zurück in ihren Becher.

Ich bin wie gelähmt vor Entsetzen. Wenn ich wüsste, welches Bein zu meiner Tochter gehört, würde ich unterm Tisch dagegen treten. Ich zische sie an, sofort damit aufzuhören, möchte aber kein allzu großes Theater machen, um die Atmosphäre nicht zu ruinieren. Währenddessen sitzen die drei Töchter der Gastgeberin *sage* am Tisch und knabbern an ihren Keksen.

Ich kann sehen, wie Franzosen ihren *cadre* installieren. Ich verstehe bloß nicht, wie sie ihre Kinder gelassen dazu bringen, sich daran zu halten. Ich selbst muss leider immer an das Sprichwort denken »Mitgefangen, mitgehangen«: Schicke ich Bean auf ihr Zimmer, muss ich bei ihr im Zimmer bleiben, denn sonst läuft sie wieder raus.

Ermutigt durch die Leo-Episode im Park versuche ich, gleichbleibend streng zu sein. Aber das funktioniert nicht immer. Ich weiß nicht genau, wann ich die Schraube festziehen und wann ich sie lockern muss.

Um mir Rat zu holen, verabrede ich mich mit Madeleine, einer französischen Nanny, die für Robynne und Marc gearbeitet hat, zum Mittagessen. Sie wohnt in einer Kleinstadt in der Bretagne, macht aber gerade bei einem Neugeborenen Nachtschichten in Paris. (»Das Kind ist noch auf der Suche danach, wie Durchschlafen geht«, wie Madeleine so schön sagt.)

Die 36-jährige Madeleine ist selbst Mutter von drei Kindern. Sie hat kurzes, braunes graugesträhntes Haar und ein warmes Lächeln. Sie strahlt die natürliche Autorität aus, die ich an Frédérique und den anderen Eltern sehe. Wie sie ist Madeleine selbstverständlich fest von ihren Methoden überzeugt.

»Je verwöhnter ein Kind ist, desto unglücklicher ist es«, erklärt sie, kaum dass wir uns gesetzt haben.

Wie schafft sie es also, ihre Zöglinge parieren zu lassen?

Les gros yeux (»große Augen«) – mit anderen Worten, sie reißt die Augen auf. Madeleine gibt mir eine Privatvorführung. Dabei verwandelt sie sich von einer lieben Dame im rosa Pulli in eine furchterregende Eule. Obwohl sie nur Demonstrationszwecken dient, ist diese Vorführung höchst überzeugend.

Ich möchte ebenfalls lernen, die Augen aufzureißen. Nachdem unsere Salate serviert wurden, üben wir. Zunächst fällt es mir schwer, einen auf Eule zu machen, ohne laut loszuprusten. Aber wie bei Frédérique im Park spüre ich den Unterschied, als ich endlich mit Überzeugung bei der Sache bin. Und schon ist mir gar nicht zum Lachen zumute.

Madeleine versucht nicht, den Kindern Angst einzujagen, damit sie ihr gehorchen. Das Augenaufreißen funktioniert ihrer Aussage nach am besten, wenn eine enge Beziehung zum Kind besteht, die von gegenseitigem Respekt geprägt ist. Das Befriedigendste an ihrem Job sei, eine »Komplizenschaft« mit dem Kind herzustellen, zu versuchen, die Welt durch dessen Brille zu betrachten. Daher wisse sie meist schon im Voraus, was ein Kind tut. Das setze jedoch voraus, dass man es genau beobachtet, mit ihm redet und ihm gewisse Freiheiten lässt.

Um eine Beziehung zum Kind aufzubauen, bei der *les gros yeux* funktioniert, müsse man zwar streng sein, aber dabei flexibel bleiben und dem Kind eine gewisse Selbstständigkeit und Wahlfreiheit lassen. Für sie ist es kein Widerspruch, eine innige, von gegenseitigem Respekt geprägte Beziehung zu haben und streng zu sein. Ihre Autorität scheint sich aus der Beziehung zu den Kindern zu speisen, sie wird ihnen nicht übergestülpt. Madeleine schafft es, Komplizenschaft und Autorität miteinander zu verbinden. »Man muss auf sein Kind hören, hat aber auch die Aufgabe, ihm Grenzen zu setzen.«

Les gros yeux sind berühmt-berüchtigt in Frankreich. Bean hat sich davor gefürchtet, als sie noch in die *crèche* gegangen ist. Viele französische Erwachsene erinnern sich noch gut daran, ganz ähnlich angesehen worden zu sein.

»Sie hatte diesen Blick«, so Clotilde Dusolier, eine Pariser Kochbuchautorin, über ihre Mutter. »Meine Eltern benutzten einen Tonfall, bei dem wir sofort wussten, dass wir eine Grenze überschritten hatten. Ihr Gesichtsausdruck war streng und verärgert, alles andere als glücklich. Und dann mahnten sie, ›Das sagt man nicht!‹. Daraufhin fühlten wir uns gerügt und ein wenig beschämt. Aber irgendwann war es auch wieder vorbei.«

Ich finde vor allem bemerkenswert, dass sich Clotilde wohlwollend an *les gros yeux* und den *cadre* erinnert. Über ihre Mutter sagt sie: »Sie war immer sehr klar in ihren Ansagen, was wir dürfen und was nicht. Sie hat es geschafft, liebevoll und autoritär zu sein, ohne je laut werden zu müssen.«

Apropos laut werden: Ich werde sehr oft laut. Das hilft manchmal, wenn die Kinder sich die Zähne putzen oder vor dem Essen die Hände waschen sollen. Aber es verlangt mir so einiges ab und schafft eine unangenehme Atmosphäre. Je lauter ich werde, desto schlechter und erschöpfter fühle ich mich hinterher.

Französische Eltern sprechen in scharfem Ton mit ihren Kindern. Aber sie ziehen minimalinvasive Eingriffe einer Flächenbombardierung vor. Schreien bleibt wirklich kritischen Momenten vorbehalten, in denen man etwas ein für alle Mal klarmachen will. Schreie ich meine Kinder im Park, zu Hause oder wenn Freunde auf Besuch sind, an, werfen sich die anderen Eltern alarmierte Blicke zu, so als sei das ein schweres Vergehen.

Amerikanische Eltern glauben, dass Autorität eine Frage von Disziplin und Strafe ist. Französische Eltern sprechen von der *éducation* ihrer Kinder. Wie das Wort bereits sagt, geht es ihnen darum, den Kindern schrittweise beizubringen, was erlaubt ist und was nicht.

Die Vorstellung, dass man sie unterrichtet statt kontrolliert, führt zu einem viel freundlicheren Umgangston. Als Leo sich beim Abendessen weigert, sein Besteck zu benutzen, versuche ich mir vorzustellen, dass ich ihm beibringe, eine Gabel zu verwenden, so als brächte ich ihm das Alphabet bei. Das hilft mir, geduldig und gelassen zu bleiben. Ich fühle mich nicht mehr so provoziert, wenn er nicht sofort gehorcht. Ist die Stimmung nicht so angespannt, gibt er sich auch mehr Mühe. Ich schreie nicht, und das Abendessen gestaltet sich für alle Beteiligten angenehmer.

Ich brauche eine Weile, bis ich merke, dass Franzosen und Amerikaner unter »streng« etwas vollkommen anderes verstehen: Wir Amerikaner haben das Bild eines herrischen, freudlosen Lehrers vor Augen. Ich kenne nicht viele amerikanische Eltern, die sich selbst als streng bezeichnen würden. Aber fast alle Franzosen aus meinem Bekanntenkreis tun das.

Französische Eltern meinen damit, dass sie in bestimmten Dingen sehr streng sind, aber allem anderen gegenüber eine entspannte Einstellung haben. Das ist das *cadre*-Modell: ein fester Rahmen, der viele Freiheiten beinhaltet.

»Wir sollten dem Kind so viele Freiheiten lassen wie möglich, ohne ihm sinnlose Regeln aufzuerlegen«, so Françoise Dolto in *Les étapes majeures de l'enfance*. »Wir sollten ihm nur den *cadre* auferlegen, der für seine Unversehrtheit unabdingbar ist. Dann lernt das Kind aus Erfahrung, dass er unabdingbar ist, sobald es versucht, ihn zu überschreiten, und dass wir ihm nichts vorschreiben, nur um es zu ärgern.« Mit anderen Worten: Sind Eltern nur in Bezug auf ein paar wesentliche Dinge streng, wirken sie auch vernünftiger, und die Kinder werden ihnen mit höherer Wahrscheinlichkeit gehorchen.

Orientiert an Dolto erzählen mir Pariser Mittelschicht-Eltern, dass sie sich normalerweise über *bêtises*, also über unwesentliche Albernheiten, nicht groß aufregen. Sie gehen davon aus, dass sie einfach zur Kindheit dazugehören. »Wenn man jedes Fehlverhalten auf dem Fuße ahndet – woher sollen die Kinder dann wissen, was wirklich wichtig ist?«, so meine Freundin Esther.

Aber dieselben Eltern sagen, dass sie bei bestimmten Regelverstößen sofort eingreifen. Die Null-Toleranz-Bereiche variieren dabei etwas. Aber fast alle Eltern sagen, dass ein Bereich, der nicht verhandelbar ist, der Respekt im Umgang mit anderen ist. Damit meinen sie all die *bonjours*, *au revoirs* und *mercis*, aber auch, dass man Eltern oder andere Erwachsene respektvoll behandelt.

Körperliche Gewalt ist ein weiteres Tabu. Amerikanische Kinder scheinen oft damit durchzukommen, wenn sie ihre Eltern schlagen – und das, obwohl sie ganz genau wissen, dass das verboten ist. Französische Erwachsene tolerieren das in gar keiner Weise. Bean schlägt mich einmal in Gegenwart unseres Nachbarn Pascal, eines Bohemien-artigen Junggesellen um die fünfzig. Pascal ist normalerweise locker drauf, doch jetzt hält er Bean umgehend einen Vortrag, »dass man so etwas nicht tut«. Ich staune über seine unerschütterliche Überzeugungskraft. Ich sehe, dass auch Bean voll des Respekts ist.

Wenn es ums Schlafengehen geht, kann man die französische Balance zwischen Strenge in bestimmten Bereichen und Lockerheit in anderen besonders gut beobachten: Einige Eltern erzählen mir, dass ihre Kinder zur Schlafenszeit in ihren Zimmern bleiben müssen. Was sie dort tun, sei ihre Sache.

Ich stelle diese Idee Bean vor, und sie findet sie klasse.

Bean findet es nicht schlimm, dass sie das Zimmer nicht verlassen darf. Stattdessen verkündet sie mehrmals stolz, »Ich kann machen, was ich will!« Normalerweise spielt und liest sie noch ein bisschen und geht dann von allein ins Bett.

Als die Jungen ungefähr zwei Jahre alt sind und schon in richtigen Kinderbetten schlafen, mache ich sie mit demselben Prinzip vertraut. Da sie sich ein Zimmer teilen, wird es dort etwas lauter. Doch wenn es nicht wirklich gefährlich klingt, vermeide ich es, nach dem Gutenachtsagen noch einmal in ihr Zimmer zu kommen. Wird es zu spät und sie spielen immer noch, gehe ich zu ihnen und sage, dass Schlafenszeit ist und dass ich jetzt das Licht ausmache. Sie scheinen das nicht als Verstoß gegen das »Ihr könnt machen, was ihr wollt«-Prinzip zu betrachten. Denn dann sind sie meist schon erschöpft und gehen bereitwillig ins Bett.

Um meine Schwarz-Weiß-Sicht von Autorität zu ändern, besuche ich Daniel Marcelli. Marcelli ist Oberarzt in der Kinderpsychiatrie eines großen Krankenhauses in Poitiers und Autor von mehr als einem Dutzend Büchern. Ein neuerer Titel lautet *Il est permis d'obéir* (»Es ist erlaubt zu gehorchen«). Das Buch ist ein praktischer Elternratgeber, geht dabei aber auch der Frage nach, was eigentlich das Wesen von Autorität ist. Marcelli unterfüttert seine Argumente sorgfältig, er zitiert Hannah Arendt und liebt Paradoxe.

Marcelli schreibt, dass Eltern, um Autorität zu besitzen, fast immer Ja sagen sollen. »Wenn man ständig alles verbietet, ist man zwar autoritär, aber nicht Respekt einflößend«, so Marcelli bei Kaffee und Pralinen. Das Wichtigste an elterlicher Autorität sei, die Kinder zu bestimmten Dingen zu berechtigen, und nicht, sie zu blockieren.

Marcelli nennt das Beispiel eines Kindes, das eine Orange, ein Glas Wasser oder an den Computer möchte. Das heutige französische »liberale Erziehungsmodell« so Marcelli, schreibt vor, dass das Kind erst fragen sollte, bevor es etwas anfasst oder nimmt. Marcelli findet das gut, sagt aber auch, dass die Antwort der Eltern fast immer Ja lauten sollte.

Die Eltern sollten dem Kind das hin und wieder verbieten, wenn etwas zerbrechlich oder gefährlich ist. Aber im Grunde bestehe die Aufgabe der Eltern darin, dem Kind beizubringen, dass es fragen soll, bevor es sich etwas nimmt.

Marcelli sagt, dass man damit ein langfristigeres Ziel verfolge, was wiederum ein eigenes Paradox sei: Machen die Eltern alles richtig, wird das Kind dazu befähigt, sich bewusst dafür zu entscheiden, nicht zu gehorchen.

»Eine erfolgreiche Erziehung ist dadurch gekennzeichnet, dass man dem Kind so lange Gehorsam beibringt, bis es dazu in der Lage ist, hin und wieder nicht zu gehorchen. Denn wie soll man lernen, bestimmte Befehle nicht zu befolgen, wenn man nicht zuerst das Befolgen gelernt hat?

»Unterwerfung hat etwas Erniedrigendes«, so Marcelli, »während Gehorsam einem Kind erlaubt, erwachsen zu werden.« (Er sagt auch, dass Kinder ein bisschen fernschauen sollten, damit sie eine gemeinsame Kultur mit anderen Kindern haben.)

Ist man bereit, Marcellis Argumentation in puncto Autorität zu folgen, hilft es, in Frankreich aufgewachsen zu sein, denn dort wird schon in der Mittelschule Philosophie unterrichtet. Was mir jedoch sofort einleuchtet, ist, dass Kinder bei einem so strengen *cadre* ruhig einmal ausscheren dürfen. Dadurch hat er seine Gültigkeit schließlich nicht verloren.

Marcelli unterstreicht auch noch etwas anderes, das ich oft in Frankreich höre: Setzt man ihnen keine Grenzen, sind Kinder ihren Wünschen hilflos ausgeliefert. (»Denn von Natur aus kennt der Mensch keine Grenzen«, so Marcelli.) Der *cadre* hilft den Kindern, ihr inneres Chaos zu bändigen, sich zu beruhigen.

Das könnte auch erklären, warum meine Kinder die einzigen sind, die im Park einen Tobsuchtsanfall bekommen. Dazu kommt es, wenn ein Kind von seinen Wünschen überwältigt wird und nicht weiß, wie es sich wieder einkriegen soll. Die anderen Kinder sind an *nons* gewöhnt, daran, sie zu akzeptieren. Aber nicht meine. Mein »Nein« klingt in ihren Ohren zögerlich und alles andere als überzeugend. Es kann ihren Teufelskreis aus Wünschen nicht durchbrechen.

Laut Marcelli können Kinder trotz *cadre* durchaus kreativ und »erweckt« sein – ein Zustand, den französische Eltern auch als »aufblühen« beschreiben. Das französische Ideal besteht darin, das Aufblühen des Kindes innerhalb des *cadre* zu fördern. Eine winzige Minderheit französischer Eltern hielte das Aufblühen jedoch für das einzig Wichtige, und gebe ihren Kindern keinen *cadre*. Marcelli nimmt kein Blatt vor den Mund, wenn er sagt, was er davon hält: »Deren Kinder entwickeln sich gar nicht gut, sie verzweifeln in jeglicher Hinsicht.«

Mir gefällt diese neue Betrachtungsweise ziemlich gut. Von nun an will ich Respekt einflößend, aber nicht autoritär sein. Als ich Bean abends zu Bett bringe, sage ich zu ihr, ich wisse, dass sie ab und zu ein paar *bêtises* machen müsse. Sie wirkt erleichtert. Zwischen uns entsteht so etwas wie Komplizenschaft.

»Würdest du das bitte auch Daddy sagen?«, bittet sie mich.

Bean, die nicht umsonst den ganzen Tag in einer französischen Vorschule verbringt, hat ein besseres Verständnis von Disziplin als ich. Eines Morgens stehe ich im Treppenhaus unseres Hauses. Simon ist auf Reisen, ich bin mit den Kindern allein, und wir sind schon spät dran. Ich muss die Jungs in den Kinderwagen setzen, damit ich Bean zur Vorschule bringen und sie anschließend in der *crèche* abgeben kann. Aber die Jungs weigern sich, in ihren Zwillingskinderwagen zu klettern. Sie wollen laufen, was noch länger dauert. Außerdem befinden wir uns gerade im Innenhof unseres Hauses, sodass die Nachbarn alles hören können, was wir sagen. Ich nehme all meine Autorität zusammen und bestehe darauf, dass sie sich in den Kinderwagen setzen. Vergeblich.

Bean hat mich beobachtet. Sie ist der Auffassung, dass ich in der Lage sein sollte, den beiden kleinen Jungen Beine zu machen.

»Sag einfach ›eins, zwei, drei‹!«, mischt sie sich genervt ein. Anscheinend sagen das ihre Lehrer immer, wenn ein wenig kooperatives Kind gehorchen soll.

Eins-zwei-drei-Sagen ist nicht gerade nobelpreisverdächtig. Manche amerikanische Eltern sagen das auch. Aber die Logik, die dahintersteckt, ist äußerst französisch. »Das gibt dem Kind Zeit und zollt ihm Respekt«, so Daniel Marcelli.[57]

Das Kind sollte beim Gehorchen eine aktive Rolle spielen, und dazu gehört auch, dass es Zeit zum Reagieren hat.

In *Il est permis d'obéir* nennt Marcelli das Beispiel eines Kindes, das zu einem scharfen Messer greift. »Seine Mutter sieht es kühl an und sagt ruhig, aber bestimmt, mit leicht gerunzelter Stirn: ›Leg das weg!‹« In diesem Beispiel schaut das Kind seine Mutter an, rührt sich jedoch nicht. Fünfzehn Sekunden später fügt seine Mütter in noch bestimmterem Tonfall hinzu: »Du legst das sofort weg!«, und zehn Sekunden darauf: »Verstanden?«

Marcelli zufolge legt der kleine Junge das Messer anschließend auf den Tisch. »Das Gesicht der Mutter entspannt sich, ihre Stimme wird liebevoller, und sie sagt: ›Gut gemacht!‹ Dann erklärt sie ihm, dass das gefährlich ist und man sich mit einem Messer verletzen kann.«

Marcelli erklärt, dass das Kind letztlich gehorcht hat, aber auch aktiv an dem Prozess beteiligt war »Das Kind hat gehorcht, seine Mutter bedankt sich, wenn auch nicht übertrieben, und das Kind erkennt ihre Autorität an. Damit das funktioniert, muss man reden, Zeit, Geduld und gegenseitige Achtung mitbringen. Wäre die Mutter zum Kind gestürzt und hätte ihm das Messer aus der Hand gerissen, hätte das Kind nicht viel begriffen.«

Es ist schwer, Chef zu sein und dem Kind gleichzeitig zuzuhören und es zu respektieren. Als ich Joey eines Nachmittags anziehe und die *crèche* mit ihm verlassen will, bricht er plötzlich in Tränen aus. Ich bin noch ganz in meinem neuen »Ich entscheide!«-Modus. Ich bin fanatisch wie eine frisch Bekehrte. Ich meine, dass das so ein Vorfall wie mit Adrien auf der Arztwaage ist: Ich werde Joey zwingen, sich anzuziehen.

Aber Fatima, seine Lieblingserzieherin, hört den Krawall und betritt den Umkleideraum. Sie reagiert genau entgegengesetzt. Joey bekommt zu Hause öfter Wutanfälle, aber hier in der *crèche* ist das eher ungewöhnlich. Fatima beugt sich vor und streicht sanft über Joeys Stirn.

»Was hast du?«, fragt sie ihn wiederholt sanft. Sie betrachtet den Wutanfall nicht als bloße Trotzreaktion, sondern als Äußerung eines kleinen, blonden, vernunftbegabten Wesens.

Nach ein, zwei Minuten beruhigt sich Joey so weit, dass er mit Hilfe von Worten und Gesten mitteilen kann, er wolle seine Mütze aus dem Spind holen. Darum ging es die ganze Zeit! Fatima hebt Joey von der Bank, sieht zu, wie er zum Spind läuft, ihn aufmacht und die Mütze herausholt. Anschließend ist er *sage* und abmarschbereit.

Fatima ist nicht leicht zu manipulieren. Sie besitzt eine große Autorität im Umgang mit Kindern. Aus ihrer Sicht hat sie Joey nicht nachgegeben, nur weil sie ihm gelassen zugehört hat. Sie hat ihn nur beruhigt und ihm die Möglichkeit gegeben, seinen Wunsch zu äußern.

Leider gibt es endlos viele Szenarien und kein Patentrezept. Die Franzosen haben jede Menge widersprüchliche Prinzipien und einige Regeln, an denen nicht gerüttelt wird. Manchmal hört man sein Kind aufmerksam an. Und manchmal stellt man es einfach auf die Waage. Es geht darum, Grenzen zu ziehen, und gleichzeitig soll man das Kind beobachten, Komplizenschaft herstellen und dann situationsgerecht reagieren.

Den französischen Eltern ist das mehr oder weniger in Fleisch und Blut übergegangen. Aber noch frage ich mich, ob ich diesen Balanceakt jemals automatisch beherrschen werde. Es fühlt sich an, als wollte ich noch mit dreißig Salsa tanzen lernen, anstatt es schon als Kind mit dem eigenen Vater geübt zu haben: Ich zähle nach wie vor die Schritte und bewege mich hauptsächlich auf Zehenspitzen fort.

In einigen amerikanischen Haushalten ist es nicht weiter ungewöhnlich, dass Kinder während der Mahlzeiten auf ihre Zimmer geschickt werden. In Frankreich werden sie regelmäßig daran erinnert, wie man sich richtig benimmt, aber bestraft wird nur selten.

Und wenn, dann schicken die Eltern das Kind ebenfalls auf sein Zimmer oder in eine Ecke. In seltenen Fällen schlagen sie es. Ich habe in der Öffentlichkeit nur wenige Male miterlebt, dass Kinder geschlagen wurden, obwohl Pariser Freunde sagen, sie erlebten das öfter. Bei der Aufführung von *Goldilocks and the Three Bears* fragt die Schauspielerin, die den Mama-Bär spielt, das Publikum, was mit dem kleinen Bären passieren solle, der sich danebenbenommen hat.

»*La fessée!*« (»Eine Tracht Prügel!«), rufen die kleinen Kinder im Chor. Bei einer landesweiten Umfrage[58] gaben 19 Prozent der französischen Eltern an, ihre Kinder »hin und wieder« zu schlagen, 46 Prozent sagten »selten« und zwei Prozent »oft«. Weitere 33 Prozent gaben an, ihre Kinder niemals zu schlagen.[59]

In der Vergangenheit hat *la fessée* vermutlich eine größere Rolle gespielt, wenn es darum ging, die elterliche Autorität durchzusetzen. Aber die Zeiten haben sich geändert. Sämtliche französischen Erziehungsexperten, mit denen ich mich befasse, sind strikt dagegen.[60] Statt das Kind zu schlagen, empfehlen sie den Eltern zu lernen, Nein zu sagen. Wie Marcelli finden sie, dieses »Nein« sollte nur spärlich eingesetzt werden. Wurde es jedoch einmal ausgesprochen, ist es auch endgültig.

Diese Idee ist nicht neu. Sie stammt von Rousseau. »Alle eure Verweigerungen müssen jedoch unwiderruflich sein«, schreibt er in *Emile*. »Keine unausgesetzte Bestürmung mit derselben Bitte darf euch schwankend machen; das einmal ausgesprochene Nein muss dem Kind als eine eherne Mauer gelten, welche es, hat es dagegen seine Kräfte erst fünf- oder sechsmal erschöpft, nicht mehr niederzureißen versuchen wird. Auf diese Weise werdet ihr es geduldig, sanft, gelassen und ruhig machen, selbst wenn es seinen Wunsch nicht erfüllt sieht.«

Leo kam nicht nur mit dem Schnell-schnell-Gen zur Welt, sondern auch mit einer sehr subversiven Veranlagung.

»Ich will Wasser!«, verkündet er eines Abends beim Essen.

»Wie heißt das Zauberwort?«, frage ich freundlich.

»Wasser!«, sagt er grinsend.

Ein *cadre* für die Kinder zu installieren ist mit viel Arbeit verbunden. In den ersten Jahren erfordert es unzählige Wiederholungen und höchste Aufmerksamkeit. Ist er jedoch erst einmal etabliert, macht er das Leben deutlich leichter und entspannter (zumindest hoffe ich das). In Momenten absoluter Verzweiflung sage ich zu meinen Kindern auf Französisch: »*C'est moi qui décide!*« (»Ich bestimme!«) Allein das auszusprechen ist seltsam tröstlich. Ich mache einen ganz geraden Rücken, wenn ich das sage.

Die französische Methode erfordert jedoch auch einen Paradigmenwechsel im Denken. Ich bin daran gewöhnt, dass sich immer alles um die Kinder dreht. »Französischer« werden bedeutet, den Schwerpunkt zu verlagern, sodass meine eigenen Bedürfnisse auch zu ihrem Recht kommen.

Habe ich das Gefühl, zumindest ansatzweise die Kontrolle zu haben, wird es plötzlich machbarer, drei Kinder zu haben. Als Simon an einem Frühlingswochenende unterwegs ist, erlaube ich den Kindern, Teppiche und Decken auf den Balkon zu schleppen und dort eine Art marokkanische Lounge zu bauen. Ich bringe ihnen heiße Schokolade, und sie setzen sich und nippen daran.

Als ich Simon später davon erzähle, fragt er sofort, »War das nicht stressig?« Wenige Wochen zuvor wäre es das bestimmt gewesen. Dann hätte ich mich von den Kindern überrannt gefühlt oder hätte mir zu viele Sorgen gemacht, um es zu genießen. Es hätte lautes Geschrei gegeben, das auch unseren Nachbarn nicht entgangen wäre – schließlich geht unser Balkon auf den Innenhof hinaus.

Aber jetzt, wo ich diejenige bin, die bestimmt (wenigstens ein bisschen), halte ich es für machbar, drei Kinder mit heißer Schokolade auf dem Balkon zu haben. Ich setze mich sogar zu ihnen und trinke eine Tasse Kaffee.

Eines Morgens bringe ich Leo allein in die Krippe. (Simon und ich wechseln uns damit ab.) Als ich den Lift ins Erdgeschoss nehme, steigt Angst in mir auf. Ich beschließe, Leo in bestimmtem Ton zu sagen, dass im Hof nicht geschrien wird. Ich verkünde es klar und deutlich und schaue Leo dabei fest in die Augen. Ich frage ihn, ob er mich verstanden hat, und mache dann eine Pause, um ihm Gelegenheit zu einer Antwort zu geben. Nach einer nachdenklichen Pause sagt er: »Ja«.

Als wir die Glastür aufstoßen und den Innenhof betreten, herrscht Stille. Es gibt keinerlei Gebrüll oder Gezeter. Nur einen kleinen Jungen, der es sehr eilig hat und mich hinter sich herzerrt.

Leben und leben lassen

Eines Tages gibt es in Beans Schule einen Aushang: Eltern können Kinder zwischen vier und elf Jahren für ein Sommerlager in den Hautes-Vosges, eine fünf Autostunden von Paris entfernte Region, anmelden. Die Reise, selbstverständlich *sans* Eltern, soll acht Tage dauern.

Ich kann mir nicht vorstellen, die fünfjährige Bean allein auf eine achttägige Klassenfahrt zu schicken. Sie war nie länger als eine Nacht allein bei meiner Mutter. Meinen ersten Klassenausflug mit Übernachtung habe ich in der Mittelstufe ins *Sea World* gemacht.

Dieser Ausflug erinnert mich ein weiteres Mal daran, dass ich zwar inzwischen den französischen *Subjonctif* beherrsche und meine Kinder sogar dazu bringen kann, auf mich zu hören, aber trotzdem niemals eine echte Französin sein werde. Französin sein bedeutet, diesen Aushang sehen und wie die Mutter einer anderen Fünfjährigen zu sagen: »Wie schade! In diesem Zeitraum sind wir schon verplant!« Keiner der Franzosen findet die Vorstellung, Vier- bis Fünfjährige eine Woche lang ins Sommerlager mit Gemeinschaftsduschen und Schlafsälen zu schicken, beunruhigend.

Bald merke ich, dass dieser Ausflug erst der Anfang ist: Ich war frühestens mit zehn oder elf im Zeltlager. Aber in Frankreich gibt es Hunderte von *colonies de vacances* (»Ferienkolonien«), und das schon für Kinder ab vier. Die Kleinen fahren in der Regel sieben, acht Tage aufs Land, wo sie Ponyreiten machen, Ziegen füttern, Lieder lernen und »die Natur entdecken«. Für die Größeren gibt es *colonies*, die sich auf Theater, Kajaken oder das Sternebeobachten speziali-siert haben.

Französische Eltern legen offensichtlich großen Wert da-rauf, dass ihre Kinder früh unabhängig werden und Durch-haltevermögen und Selbstständigkeit entwickeln. Die Fran-zosen nennen das *autonomie*. Sie versuchen, den Kindern genau so viel Unabhängigkeit zu gewähren, wie diese schul-tern können. Das schließt auch physische Trennungen wie Klassenausflüge mit ein. Aber auch emotionale Trennun-gen: Sie sollen lernen, unabhängig vom Lob der Eltern oder Erwachsenen Selbstbewusstsein zu entwickeln.

Ich bewundere so einiges an der französischen Erzie-hung. Ich habe versucht, die französische Art zu essen, Au-torität auszuüben und den Kindern beizubringen, sich mit sich selbst zu beschäftigen, zu übernehmen. Ich habe da-mit begonnen, ausgiebig mit Säuglingen zu sprechen, und erlaube es meinen Kindern eigene »Entdeckungen« zu ma-chen, statt sie zu drängen, bestimmte Fähigkeiten zu erler-nen. Wenn ich eine Krise habe oder nicht weiterweiß, frage ich mich oft: Was würde eine französische Mutter jetzt tun?

Aber es fällt mir schwer zu akzeptieren, welch großen Wert Franzosen der Selbstständigkeit beimessen. Natür-lich möchte ich nicht, dass meine Kinder von mir abhängig bleiben. Aber wozu die Eile? Müssen sie schon in einem so zarten Alter zur Selbstständigkeit gedrängt werden? Über-treiben es die Franzosen da nicht ein bisschen? Manchmal steht der Wunsch, die Kinder zu eigenständigen Persönlichkeiten zu erziehen, meinem angeborenen Bedürfnis, sie zu beschützen und mich um sie zu kümmern, entgegen.

Französische Eltern möchten ihre Kinder auch beschützen, sind aber nicht von irgendwelchen Eventualitäten oder Kontrollfantasien besessen. Sind sie unterwegs, schreiben sie ihrem Partner nicht wie ich einmal am Tag eine Mail, um ihn daran zu erinnern, die Haustür abzuschließen und darauf zu achten, dass die Toilettendeckel zugeklappt sind (damit kein Kind hineinfallen kann).

In Frankreich herrscht eher ein gegenteiliger sozialer Druck. Überbehütet ein Elternteil das Kind oder will es die Erfahrungen des Kindes bis ins Detail kontrollieren, wird man ihn auffordern, endlich lockerzulassen. Meine Freundin Sharon, die Literaturagentin mit den zwei Kindern, erzählt: »Bei uns in Amerika geht es darum, das Maximum aus einem Kind rauszuholen. Doch hier werden alle sagen: Du musst zulassen, dass das Kind sein eigenes Leben lebt!«

Dass Franzosen so viel Wert auf Selbstständigkeit legen, geht auf Françoise Dolto zurück. »Das Wichtigste ist, dass das Kind innerhalb eines sicheren Rahmens so früh wie möglich selbstständig wird«, so Dolto in *Les étapes majeures de l'enfance*. »Die Gefahr in der Beziehung der Eltern zu ihrem Kind besteht darin, die wahren Bedürfnisse des Kindes nicht zu erkennen – und dazu gehört auch Freiheit ... Das Kind hat das Bedürfnis, geliebt zu werden, egal, wie es sich entwickelt. Es möchte selbstbewusst seine Umwelt erkunden, und das in einem immer größeren Radius. Es möchte eigene Erfahrungen machen, gemeinsam mit Gleichaltrigen.«

Dolto plädiert dafür, das Kind in einer sicheren Umgebung allein zu lassen, damit es eigenständig Dinge herausfindet. Das bedeutet auch, es als unabhängige Persönlichkeit wahrzunehmen, die Herausforderungen meistern kann. Aus Doltos Sicht sollte ein sechsjähriges Kind alles zu Hause und draußen in der Gesellschaft bewältigen können, was es direkt betrifft.[61]

Selbst für perfekt integrierte Amerikaner ist diese Einstellung schwer verdaulich. Meine Freundin Andi, eine Künstlerin, die seit mehr als zwanzig Jahren in Frankreich lebt, erzählt, dass sie von einem geplanten Klassenausflug erfuhr, als ihr Sohn sechs war.

»Alle haben gesagt, wie toll das ist, wenn im April die *classe verte* stattfindet. Also habe ich gefragt, was das wohl ist. ›Oh, ein Ausflug aufs Land, ich verstehe. Eine Woche lang? Im Ernst?‹« An der Schule ihres Sohnes sind diese Ausflüge bis zur ersten Klasse freiwillig. Anschließend wird von allen 25 Schülern erwartet, dass sie jeden Frühling eine Woche lang mit ihrem Lehrer verreisen.

Nach amerikanischen Maßstäben sei sie keine Mutter, die extrem klammere, so Andi. Trotzdem hatte sie Probleme mit der *classe verte*, die unweit von irgendwelchen Salzwiesen im Westen Frankreichs stattfinden sollte. Ihr Sohn hatte noch nicht mal allein auswärts übernachtet. Andi musste ihn noch jeden Abend duschen. Sie konnte sich nicht vorstellen, dass er einschläft, ohne von ihr vorher zu Bett gebracht worden zu sein. Sie mochte seine Lehrerin, kannte aber die anderen Erwachsenen nicht, die als Begleitung mitfuhren, darunter auch die Nichte der Lehrerin sowie eine Aufsichtskraft vom Spielplatz. »Die Dritte war bloß irgendeine Bekannte der Lehrerin«, erinnert sich Andi.

Als Andi ihren drei Schwestern in den Vereinigten Staaten von dem Ausflug erzählt, »sind die völlig ausgeflippt. ›Du musst das nicht tun!‹, haben sie gesagt. Eine ist Anwältin und wollte sofort wissen: ›Hast du irgendwas unterschrieben?‹« Andi sagt, sie hätten hauptsächlich Angst vor Pädophilen gehabt.

Bei einem informellen Treffen wegen des Ausflugs fragte eine andere amerikanische Mutter die Lehrerin, was sie tun würde, wenn aus Versehen ein Elektrokabel in den Pool fiele, den ein Kind gerade betreten wolle. Laut Andi hätten die französischen Eltern gekichert. Sie war erleichtert, die Frage nicht selbst gestellt zu haben, gibt aber zu, dass sie ihre eigenen Neurosen hervorragend widergespiegelt hätte.

Andis Hauptsorge, die sie bei diesem Treffen lieber nicht zur Sprache brachte, war, was wäre, wenn ihr Sohn während des Ausflugs traurig oder verzweifelt sein würde. »Kommt das zu Hause vor, versuche ich ihm zu helfen, aus seinen Gefühlen schlau zu werden. Wenn er weint, ohne dass ich weiß, warum, frage ich: ›Bist du verängstigt, frustriert oder wütend?‹ Das ist doch meine Aufgabe, so nach dem Motto ›Das stehen wir jetzt gemeinsam durch‹.«

Das französische Beharren auf Selbstständigkeit erstreckt sich nicht nur auf Schulausflüge. Mir bleibt noch heute regelmäßig das Herz stehen, wenn ich durch unser Viertel laufe, weil die Franzosen ihre kleinen Kinder oft auf dem Bürgersteig vor sich herrennen lassen. Sie verlassen sich darauf, dass die Kinder an der nächsten Straßenecke stehen bleiben und auf sie warten. Besonders schwer fällt es mir, das mit anzusehen, wenn die Kinder Roller fahren.

Ich nehme immer gleich das Schlimmste an. Wenn ich

unterwegs zufällig meine Freundin Hélène treffe und wir stehen bleiben, um zu reden, lässt sie ihre drei Mädchen bis zur Bordsteinkante weiterlaufen. Sie vertraut darauf, dass sie nicht plötzlich auf die Straße springen. Auch Bean würde das vermutlich nicht tun. Aber zur Sicherheit befehle ich ihr, neben mir stehen zu bleiben und meine Hand zu halten. Simon erinnert mich daran, dass ich einmal nicht mit Bean auf der Zuschauertribüne sitzen wollte, weil sie vom Ball getroffen werden könnte.

In Frankreich gibt es viele Momente, in denen ich meinen Kindern gern weiterhelfen würde. Doch es wird erwartet, dass sie allein zurechtkommen. Ich treffe oft Erzieherinnen aus der *crèche* der Jungen, während sie eine Gruppe Kleinkinder die Straße entlangführen, um Baguettes zu kaufen. Bean war auf Ausflügen in den Zoo oder in einen großen Park vor den Toren von Paris, was ich rein zufällig Wochen später erfahre, als ich sie in denselben Zoo mitnehme. Ich werde nur selten gebeten, Verzichtserklärungen zu unterschreiben. Französische Eltern scheinen sich keine Sorgen zu machen, dass auf diesen Ausflügen irgendwas Schlimmes passieren könnte.

Als Bean eine Ballettaufführung hat, darf ich nicht mal hinter die Bühne. Ich passe auf, dass sie weiße Leggins dabeihat, denn das ist die einzige Mitteilung an die Eltern. Ich spreche nicht einmal mit der Lehrerin. Sie hat eine Beziehung zu Bean und nicht zu mir. Als wir das Theater erreichen, übergebe ich Bean einer Assistentin, die sie hinter die Bühne begleitet.

Seit Wochen hat Bean gejammert: »Ich will keine Marionette sein.« Ich habe nie richtig verstanden, was sie damit meint, doch als der Vorhang aufgeht, wird mir alles klar. Bean und ein Dutzend weitere kleine Mädchen kommen verkleidet und geschminkt auf die Bühne und zappeln absichtlich zu einem Lied mit dem Titel »Marionetta« mit Armen und Beinen. Dass die Mädchen den Takt nicht halten, ist jedoch keine Absicht. Sie sehen aus wie Marionetten auf der Flucht, die zu viel Cognac getrunken haben.

Doch wie sich herausstellt, hat Bean ohne mein Wissen eine zehnminütige Choreographie eingeübt. Als sie nach der Vorstellung hinter der Bühne hervorkommt, lobe ich sie überschwänglich, aber sie sieht enttäuscht aus.

»Ich habe ganz vergessen, dass ich keine Marionette sein wollte!«

Französische Kinder sind nicht nur eigenständiger, wenn es um außerschulische Aktivitäten geht, sondern auch im Umgang miteinander. Französische Eltern greifen bei Spielplatzstreitigkeiten oder Auseinandersetzungen zwischen Geschwistern längst nicht so schnell ein. Sie erwarten, dass die Kinder das unter sich ausmachen. Französische Pausenhöfe sind bekannt dafür, dass alles erlaubt ist, während die Erzieher meist nur am Rand stehen und zuschauen.

Als ich Bean eines Nachmittags von der Vorschule abhole, hat sie eine rote Schramme an der Wange. Die Wunde ist nicht tief, blutet aber. Sie will mir nicht erzählen, was passiert ist. (Sie scheint sich keine Sorgen deswegen zu machen und hat auch keine Schmerzen.) Ihre Erzieherin behauptet, nicht zu wissen, was los war. Ich bin fast schon in Tränen aufgelöst, als ich die Vorschuldirektorin befrage, aber sie weiß auch nichts darüber. Alle staunen, welches Theater ich wegen einer kleinen Schramme mache.

Meine Mutter ist gerade auf Besuch, und sie kann dieses Laissez-faire kaum fassen. In Amerika würde eine ähnliche Verletzung sofort eine offizielle Befragung, Anrufe zu Hause und längere Erklärungen nach sich ziehen.

Französische Eltern finden solche Vorfälle ärgerlich, sehen aber auch keine Tragödie darin. »Wir Franzosen mögen es, wenn Kinder ein bisschen raufen«, erzählt mir die Journalistin und Autorin Audrey Goutard. »Das ist Teil unserer französisch-mediterranen Kultur. Es gefällt uns, dass unsere Kinder ihr Revier verteidigen und sich gegen andere behaupten ... Eine gewisse Gewalt unter Kindern finden wir nicht weiter beunruhigend.«

Beans Weigerung, mir zu sagen, woher sie die Schramme hat, ist vermutlich auch ein Ausdruck des Selbstständigkeits-Gedankens. Jemanden zu verpetzen – *rapporter contre* auf Französisch – wird nicht gern gesehen. Angeblich liegt das an der schrecklichen Erfahrung des todbringenden Denunzierens von Nachbarn während des Zweiten Weltkriegs. Auf der jährlichen Versammlung der Wohnungseigentümer, von denen viele den Krieg noch miterlebt haben, frage ich, wer unseren Kinderwagen im Treppenhaus umgeworfen hat.

»Wir denunzieren niemanden«, sagt eine ältere Dame. Alle lachen.

Amerikaner mögen Petzen ebenfalls nicht. Aber in Frankreich gilt es sogar unter Kindern als erstrebenswert, ein paar Schrammen einzustecken und den Mund zu halten. Sogar vor Familienangehörigen darf man Geheimnisse haben.

»Ich kann Geheimnisse mit meinem Sohn teilen, die er seiner Mutter nicht erzählen darf«, so Marc, der französische Golfer. Ich sehe einen französischen Film, in dem ein wohlhabender Betriebswirt seine Teenager-Tochter von einem französischen Polizeirevier abholt, auf das sie wegen Ladendiebstahls und Marihuanabesitzes gebracht worden ist. Auf der Heimfahrt verteidigt sie sich, indem sie sagt, sie habe wenigstens ihre Freundin nicht verraten, die mit von der Partie war.

Diese Kultur des Schweigens führt zu einer großen Solidarität unter den Kindern. Sie lernen, sich aufeinander und auf sich selbst zu verlassen, statt Eltern, Erzieher oder Lehrer um Hilfe zu bitten. Die Wahrheit um jeden Preis – diese Maxime gilt hier nicht. Marc und seine amerikanische Frau Robynne erzählen mir von einem aktuellen Vorfall, bei dem ihr mittlerweile zehnjähriger Sohn Adrien Zeuge wurde, wie ein Mitschüler Knallkörper gezündet hat. Es gab eine groß angelegte Befragung. Robynne drängte Adrien, der Schulleitung zu sagen, was er gesehen hatte. Marc riet ihm, die Beliebtheit des anderen Jungen zu berücksichtigen und zu überlegen, ob dieser Adrien zusammenschlagen könne.

»Du musst das Risiko kalkulieren«, so Marc. »Wenn es für dich besser ist, nichts zu tun, solltest du nichts tun. Ich will, dass mein Sohn eine Situation einschätzen kann.«

Dass Kinder hier dazu angehalten werden, ihre eigenen Erfahrungen zu machen, merke ich auch, als ich unsere Wohnung renoviere. Wie alle amerikanischen Eltern aus meinem Bekanntenkreis möchte ich unbedingt, dass sie absolut kindersicher ist. Ich entscheide mich für einen Gummifußboden im Kinderbad, damit niemand auf nassen Fliesen ausrutschen kann. Ich bestehe auch darauf, dass jedes Elektrogerät kindersicher und die Ofentür so gebaut ist, dass sie nicht heiß werden kann.

Régis, mein Bauunternehmer, ein derber, spitzbübischer Typ aus dem Burgund, hält mich für verrückt. Seiner Meinung nach wird ein Ofen dadurch »kindersicher«, dass das Kind ihn genau ein Mal anfasst und lernt, dass er heiß ist. Régis weigert sich, einen Gummifußboden im Bad zu verlegen, da das furchtbar aussehe. Ich gebe nach, aber erst, als er den Wiederverkaufswert der Wohnung erwähnt. Beim Ofen bleibe ich hart.

An dem Tag, als ich Beans Klasse in der *maternelle* eine englische Geschichte vorlese, gibt die Lehrerin vorher kurz Englischunterricht. Sie zeigt auf einen Füller und bittet die Kinder, auf Englisch zu sagen, welche Farbe er hat. Als Antwort erzählt ein Vierjähriger irgendetwas über seine Schuhe.

»Das hat nichts mit der Frage zu tun«, verkündet die Lehrerin.

Ich bin leicht schockiert über ihre Reaktion. Ich hätte erwartet, dass die Lehrerin die Nachricht positiver verpackt, auch wenn der Junge das Thema bei Weitem verfehlt hat. Ich komme von der amerikanischen Tradition her, dass man »den Beitrag eines jeden Kindes würdigt«[62], wie die Soziologin Annette Lareau so schön schreibt. Indem wir die Kinder sogar noch für banalste Kommentare loben, versuchen wir, ihnen Selbstbewusstsein zu geben und dafür zu sorgen, dass sie sich wohl in ihrer Haut fühlen.

In Frankreich wird diese Form der Erziehung höchst misstrauisch beäugt. Ich merke das, als ich die Kinder zu den Trampolins in die Tuilerien mitnehme. Jedes Kind springt innerhalb eines umzäunten Bereichs auf seinem eigenen Trampolin herum, während die Eltern von Bänken aus zusehen. Aber eine Mutter hat einen Stuhl mit hinter die Um-zäunung genommen und ihn direkt vor dem Trampolin ih-res Sohnes aufgebaut. »Wow!«, ruft sie bei jedem Sprung. Noch bevor ich sie weiter belauschen kann, weiß ich, dass sie wie ich Angloamerikanerin ist.

Ich selbst kann mich zwar gerade noch beherrschen, zu den Trampolins zu gehen, habe aber jedes Mal das Be-dürfnis, »Juchu!« zu rufen, wenn eines meiner Kinder eine Rutsche hinunterrutscht. »Juchu« ist eine Abkürzung für »Ich habe gesehen, wie du das gemacht hast! Bravo, du bist großartig!« Dementsprechend lobe ich meine Kinder auch für ihre misslungensten Zeichnungen und Bastelarbeiten. Ich glaube, das tun zu müssen, um ihr Selbstbewusstsein zu stärken.

Französische Eltern möchten auch, dass sich ihre Kin-der *bien dans leur peau*, sprich »wohl in ihrer Haut« fühlen. Aber sie verfolgen dabei eine andere Strategie. In gewisser Weise ist sie das genaue Gegenteil der amerikanischen. Sie glauben nämlich nicht, dass ein Lob stets positiv ist.

Die Franzosen sind der Auffassung, dass Kinder Selbst-bewusstsein entwickeln, wenn sie etwas alleine hinkrie-gen, und zwar gut. Haben Kinder das Sprechen gelernt, lo-ben ihre Eltern sie nicht für alles, was sie sagen. Sie loben sie, wenn sie etwas Interessantes gesagt haben oder sich gut ausdrücken. Die Soziologin Raymonde Carroll schreibt, französische Eltern möchten, dass sich ihre Kinder »verbal verteidigen können«. Sie zitiert eine Gesprächspartnerin mit den Worten: »Hat das Kind etwas zu sagen, hört man ihm in Frankreich zu. Aber das Kind darf nicht zu lange brauchen, weil es sonst die Aufmerksamkeit wieder verliert.

Zögert es, beendet die Familie den Satz für das Kind. Dadurch lernt es, besser zu formulieren, bevor es den Mund aufmacht. Auf diese Weise lernen Kinder sehr schnell das Sprechen und auch, interessant zu erzählen.«

Selbst wenn französische Kinder interessante Dinge erzählen – oder die richtige Antwort geben –, reagieren die französischen Erwachsenen eher mit Understatement. Sie finden nicht, dass man nach jeder richtig gelösten Aufgabe »Gut gemacht!« sagen muss. Als ich Bean zu einer kostenlosen Kontrolluntersuchung in die Klinik bringe, bittet sie die Ärztin, ein Holzpuzzle zu legen. Bean tut, was von ihr verlangt wird. Die Ärztin betrachtet das fertige Puzzle und macht dann etwas, wozu ich einfach nicht in der Lage bin, nämlich so gut wie nichts. Sie murmelt ein kaum hörbares »*Bon*«, das eher »Dann machen wir mal weiter« statt »Gut« bedeutet, um dann mit der Untersuchung fortzufahren.

Französische Erzieher und andere Autoritäten weigern sich nicht nur, Kinder direkt zu loben. Sie weigern sich auch, die Kinder gegenüber den Eltern zu loben. Ich hatte gehofft, das sei nur so eine Laune von Beans mürrischer Erzieherin im ersten Jahr gewesen. Im Jahr darauf hat sie zwei Erzieherinnen, die sich abwechseln. Eine ist eine dynamische, äußerst warmherzige junge Frau namens Marina, mit der sich Bean hervorragend versteht. Aber als ich Marina frage, wie es so läuft, sagt sie, Bean sei *très compétente*. (Ich gebe das in Google Translate ein, um mich davon zu überzeugen, dass mir nicht irgendeine Bedeutungsnuance entgangen ist, die so etwas wie »genial« bedeutet. Aber das Wort bedeutet einfach nur »kompetent«.)

Zum Glück habe ich keine hohen Erwartungen, als Simon

und ich uns nach dem ersten Halbjahr mit Agnès, Beans anderer Erzieherin, treffen. Auch sie ist reizend und aufmerksam. Doch sie weigert sich, Bean mit einem Adjektiv zu beschreiben oder irgendeine Aussage über sie zu machen. Sie sagt nur: »Alles bestens.« Dann zeigt sie uns ein einziges Arbeitsblatt – eines von Dutzenden! –, bei dem Bean Probleme hatte. Als das Treffen um ist, habe ich nicht die geringste Ahnung, wie Bean im Vergleich zu ihren Klassenkameraden abschneidet.

Nach dem Treffen bin ich sauer, dass Agnès nichts erwähnt hat, was Bean gut gemacht hat. Simon weist darauf hin, dass das in Frankreich nicht zu den Aufgaben einer Lehrerin gehört. Agnès' Aufgabe besteht vielmehr darin, Probleme zu erkennen. Hat ein Kind Probleme, sollten die Eltern davon erfahren. Kommt das Kind zurecht, gibt es nichts weiter dazu zu sagen.

Sich auf das Negative zu konzentrieren, statt die Stimmung bei Kindern und Eltern mit Hilfe positiver Rückmeldungen zu heben, ist ein altbekanntes (und häufig kritisiertes) Merkmal französischer Schulen. Es ist so gut wie unmöglich, ein *baccalauréat* mit Auszeichnung, also ein Einser-Abitur hinzulegen. Hat man 14 von 20 möglichen Punkten, ist das ein Sehr gut, 16 von 20 Punkten sind beinahe schon perfekt.[63]

Über Freunde lerne ich Benoît kennen, Professor an einer von Frankreichs Eliteuniversitäten und Vater von zwei Kindern. Benoît sagt über seinen Sohn, ein Gymnasiast, er sei ein herausragender Schüler. Trotzdem sei das Positivste, was ein Lehrer je unter seine Arbeiten geschrieben habe, *des qualités* (»ganz gut«) gewesen. Laut Benoît beurteilen französische Lehrer ihrer Schüler nicht im Vergleich zu den Mitschülern, sondern messen sie an einem Ideal, das so gut wie niemand erfüllt.[64] Selbst zu einer herausragenden Arbeit sagen die Franzosen, »nicht schlecht, aber das und das und das und das ist falsch.«

Auf der Oberschule werde wenig Wert darauf gelegt, dass die Schüler ihre Gefühle und Meinungen kundtun. »Sagt man: ›Ich liebe dieses Gedicht, weil es mich an eine bestimmte Erfahrung erinnert‹, ist das völlig falsch. Was man in der Schule lernt, ist logisches Denken. Man soll nicht kreativ sein, sondern sich gut ausdrücken können.«

Als Benoît eine Stelle in Princeton antrat, war er überrascht, als sich Studenten beschwerten und sagten, er würde viel zu streng benoten. »Ich habe gelernt, dass man dort selbst über den schlechtesten Aufsatz noch etwas Positives sagen muss«, erinnert er sich. Umgekehrt höre ich, dass eine Amerikanerin, die an einem französischen Gymnasium unterrichtet, Beschwerden zu hören bekam, als sie 18 von 20, und sogar 20 von möglichen 20 Punkten vergab. Die Eltern nahmen an, der Unterricht sei zu leicht und die Noten »gefälscht«.

So viel Kritik kann Kinder einschüchtern. Eine Freundin von mir, die französische Schulen besucht hat, bis sie in Chicago auf die Highschool kam, war völlig überrascht zu sehen, wie selbstbewusst sich amerikanische Schüler im Unterricht zu Wort melden. Anders als an französischen Schulen wurden sie nicht dafür kritisiert, falsche Antworten zu geben oder dumme Fragen zu stellen. Eine andere Freundin, eine französische Ärztin, die in Paris lebt, erzählt mir aufgeregt von ihrem neuen Yoga-Kurs, der von einer Amerikanerin geleitet wird. »Sie erzählt mir ständig, wie gut ich das mache und wie schön ich bin!« In all ihren Jahren an französischen Schulen ist sie vermutlich noch nie so viel gelobt worden.

Im Allgemeinen äußern sich französische Eltern aus meinem Bekanntenkreis lobender als französische Lehrer. Sie loben ihre Kinder und geben ihnen positive Rückmeldungen. Trotzdem übertreiben sie es nicht so wie wir Amerikaner.

Ich habe den Verdacht, dass sie Recht damit haben könnten, nicht so viel zu loben. Vielleicht merken sie, dass die Kinder dadurch süchtig nach positivem Feedback werden können. Nach einer Weile sind sie auf ständige Bestätigung von anderen angewiesen, um sich wohl in ihrer Haut zu fühlen. Und wenn Kinder ständig für alles gelobt werden, werden sie sich in Zukunft nicht mehr so anstrengen – gelobt werden sie ja sowieso.

Das Loben scheint ein weiterer Bereich zu sein, in dem französische Eltern mit Hilfe von Tradition und Intuition genau das tun, was Wissenschaftler empfehlen.

In ihrem Buch *10 schockierende Wahrheiten über Erziehung: Was eine Stunde Schlaf mit* ADS *zu tun hat, warum Sie Ihr Kind besser nicht loben sollten und warum besonders gut gemeinte Erziehung keine »Engel« produziert* schreiben Po Bronson und Ashley Merryman, dass die Überzeugung Lob, Selbstbewusstsein und Leistung würden miteinander einhergehen, von neueren Forschungsergebnissen zu Fall gebracht wurde. Diese belegen, dass exzessives Lob falsche Anreize schafft, »weil Kinder Dinge zusehends nur deshalb tun, um dafür gelobt zu werden. Die intrinsische Motivation geht verloren.« Bronson und Merryman weisen auf Forschungsergebnisse hin, die belegen, dass viel gelobte Schüler »immer risikoscheuer werden und sich als weniger selbstständig empfinden«. Als College-Studenten brechen sie »Kurse lieber ab, anstatt sich mit einer mittelmäßigen Note zufriedenzugeben, und es fällt ihnen schwer, sich für ein Hauptfach zu entscheiden – sie haben Angst, sich festzulegen, weil sie sich vor dem Scheitern fürchten.«[65]

Diese Forschungen widerlegen auch die traditionelle amerikanische Haltung, dass Eltern das Scheitern ihrer Kinder durch positives Feedback abmildern sollten. Besser ist es, sanft nachzuhaken, was schiefgelaufen ist, und den Kindern das Selbstbewusstsein und das Werkzeug an die Hand zu geben, mit dem sie es beim nächsten Mal besser machen können. Französische Lehrer mögen ein wenig streng sein, vor allem in der Oberschule. Aber genau das haben Beans Erzieher berücksichtigt.

Sie wissen, dass Lob in Maßen einem Kind guttut. Übertreibt man es jedoch, hindert man es daran, auf eigenen Füßen zu stehen.

In den Weihnachtsferien nehme ich Bean mit in die Vereinigten Staaten. Bei einem Familientreffen führt sie ein Ein-Kind-Stück auf, in dem sie die Lehrerin spielt und den Erwachsenen Befehle erteilt. Das ist süß, aber ehrlich gesagt nicht besonders genial. Und trotzdem verstummt nach und nach jeder Erwachsene im Raum und sagt, wie hinreißend Bean sei. (Sie ist so schlau, französische Sätze und Lieder mit einzuflechten, weil sie ganz genau weiß, dass das garantiert Eindruck macht.)

Als sie fertig ist, strahlt Bean und saugt das viele Lob auf wie ein Schwamm. Ich glaube, es ist der Höhepunkt ihres Amerikabesuchs. Ich strahle ebenfalls und interpretiere das Lob für sie als Lob für mich, nach dem ich in Frankreich so lange vergeblich gehungert habe. Während des gesamten Abendessens sagen alle in unserer Hörweite, wie toll die Aufführung war.

Im Urlaub ist so etwas fantastisch. Aber ich weiß nicht, ob ich möchte, dass Bean immer so viel unverdientes Lob bekommt. Es fühlt sich gut an, scheint aber mit unangenehmen Begleiterscheinungen einherzugehen, zum Beispiel damit, dass die Kinder einen ständig unterbrechen, weil sie sich für so furchtbar wichtig halten. Zu viel Lob könnte auch Beans Urteilsvermögen schmälern, sodass sie irgendwann gar nicht mehr weiß, was wirklich gut und unterhaltsam ist und was nicht.

Ich habe also mein Lob etwas zurückgefahren. Aber es fällt mir schwer, das in meinen Augen übertriebene französische Selbstständigkeitscredo zu akzeptieren. Natürlich weiß ich, dass meine Kinder ein eigenes Leben haben und dass ich sie nicht ständig vor Ablehnung und Enttäuschungen bewahren kann. Aber die Vorstellung, dass jedes meiner Kinder jetzt schon sein eigenes Leben leben muss, ist auf meiner emotionalen Landkarte einfach nicht verzeichnet. Vielleicht deckt sie sich nur nicht mit meinen eigenen emotionalen Bedürfnissen.

Trotzdem muss ich zugeben, dass meine Kinder am glücklichsten wirken, wenn ich darauf vertraue, dass sie alleine klarkommen. Ich gebe ihnen keine Messer in die

Hand und fordere sie auf, eine Wassermelone mit Schnitze-reien zu verzieren. Sie wissen in der Regel selbst, wann etwas ihre Fähigkeiten übersteigt. Aber ich lasse zu, dass sie sich ein bisschen anstrengen, und sei es nur, dass sie einen zer-brechlichen Teller zum Esstisch tragen. Nach diesen kleinen Erfolgserlebnissen sind sie gelassener und glücklicher. Dolto hat absolut Recht, wenn sie sagt, dass Selbstständigkeit ei-nes der wichtigsten Grundbedürfnisse von Kindern ist.

Sie mag auch Recht damit haben, dass mit sechs Jahren eine gewisse Schwelle erreicht ist. Eines Nachts habe ich Grippe und halte Simon mit meinem Husten wach. Mitten in der Nacht ziehe ich auf das unbequeme Sofa um. Als die Kinder gegen halb acht ins Wohnzimmer kommen, kann ich mich kaum bewegen. Ich beginne deshalb auch nicht wie sonst damit, das Frühstück zu machen.

Also übernimmt das Bean. Ich liege nach wie vor mit mei-ner Schlafmaske auf dem Sofa. Im Hintergrund kann ich hören, wie sie die Schubladen aufzieht, den Tisch deckt und Milch und Frühstücksflocken aus den Schränken holt. Sie ist fünfeinhalb Jahre alt und hat meine Aufgaben übernom-men. Sie hat sogar ein paar davon an Joey delegiert, der für Besteck sorgt.

Nach ein paar Minuten kommt Bean zu mir aufs Sofa. »Frühstück ist fertig, aber den Kaffee musst du machen!«, sagt sie. Sie ist völlig ruhig und zufrieden. Ich staune, wie glücklich – oder genauer gesagt *sage* – es sie macht, unab-hängig zu sein. Ich habe sie weder gelobt noch sonst irgend-wie ermutigt. Sie hat erfolgreich etwas Neues ausprobiert, und ich wurde Zeuge davon, was ihr ein sehr gutes Gefühl gibt.

Dolto meint, ich müsse meinen Kindern vertrauen. Indem ich ihnen vertraue und sie respektiere, bringe ich sie ihrerseits dazu, mir zu vertrauen und mich zu respektieren, was eine schöne Vorstellung ist. Ehrlich gesagt, finde ich das sehr befreiend. Die gegenseitige Abhängigkeit, die einem die Luft zum Atmen nimmt, und all die Sorgen, die amerikanische Eltern an ihre Kinder ketten, kommen einem manchmal unausweichlich vor. Aber gut angefühlt hat sich das noch nie. Das sind keine guten Ausgangsbedingungen für eine gute Erziehung.

Wer zulässt, dass Kinder ihr eigenes Leben leben, schickt sie nicht in die Wildnis und lässt sie auch nicht im Stich (obwohl französische Schulausflüge nach wie vor dieses Gefühl in mir auslösen). Es geht darum zu akzeptieren, dass Kinder nicht dafür da sind, den Ehrgeiz ihrer Eltern zu befriedigen oder ihre Träume zu erfüllen. Sie sind eigene Persönlichkeiten mit eigenen Fähigkeiten, Vorlieben und Erfahrungen. Sie habe sogar eigene Geheimnisse.

Meine Freundin Andi hat ihren Ältesten schließlich doch ins Schullandheim in die Salzwiesen mitfahren lassen. Er war begeistert. Anscheinend musste er gar nicht jeden Abend ins Bett gebracht werden – Andi hatte es gebraucht, ihn ins Bett zu bringen. Als Andis Jüngster schließlich dieselben Klassenausflüge macht, lässt sie ihn leichten Herzens fahren.

Vielleicht werde ich mich eines Tages auch noch an diese Fahrten gewöhnen, obwohl ich Bean noch zu keiner einzigen angemeldet habe. Meine Freundin Esther schlägt vor, dass wir unsere Töchter im nächsten Sommer gemeinsam in eine *colonie de vacances* schicken, wenn sie sechs Jahre alt sind. Für mich ist das nach wie vor schwer vorstellbar. Ich möchte auch, dass meine Kinder über Durchhaltevermögen verfügen, selbstständig und glücklich sind. Ich möchte sie nur nicht loslassen.

Unsere Zukunft à la française

Meine Mutter hat endlich akzeptiert, dass wir durch einen Ozean voneinander getrennt sind. Sie lernt sogar Französisch. (Auch wenn es nicht so gut läuft wie erhofft.)

Ich habe drei Kinder in einer öffentlichen Schule und pflege freundliche Beziehungen zu Fischhändlern, Schneidern und Cafébesitzern in der Nachbarschaft. Paris legt endlich Wert darauf, dass ich hier bin.

Ich schwärme immer noch nicht für diese Stadt. Mich ermüden die vielen *bonjours* und langwierigen Höflichkeitsfloskeln und dass ich alle, bis auf Kollegen und enge Freunde, siezen muss. Das Leben in Frankreich ist mir ein bisschen zu formell und widerspricht meinem spontanen Naturell. Wie sehr ich mich verändert habe, merke ich aber, als ich eines Morgens in der Métro instinktiv vor einem Mann zurückweiche, der neben dem einzig freien Platz sitzt. Er kommt mir irgendwie gestört vor. Doch dann wird mir klar, dass mein einziger Anhaltspunkt dafür ist, dass er Shorts trägt.

Trotzdem fühle ich mich inzwischen in Paris heimisch. Wie sagen die Franzosen so schön? »Ich habe meinen Platz gefunden.« Dass ich ein paar wunderbare Freunde gefunden habe, hat sicherlich auch dazu beigetragen. Wie sich herausstellte, haben Pariserinnen hinter ihrer kühlen Fassade ebenfalls das Bedürfnis, sich gegenseitig zu bestätigen und sich miteinander anzufreunden. Sie verstecken sogar ein bisschen Cellulitis. Dank dieser Freundschaften kann ich jetzt auch richtig Französisch. Oft staune ich mitten im Gespräch, dass grammatikalisch korrekte französische Sätze aus meinem Mund kommen.

Es ist auch aufregend mit anzusehen, wie meine Kinder zweisprachig aufwachsen. Als ich mich eines Morgens anziehe, zeigt Leo auf meinen BH.

»Was ist das?«, fragt er.

»Ein *bra*«, erwidere ich.

Er zeigt sofort auf seinen Arm. Ich brauche einen Moment, bis ich verstehe: Das französische Wort *bras* (das »s« bleibt stumm) bedeutet »Arm«. Er muss das Wort in der *crèche* gelernt haben. Ich hake nach und stelle fest, dass er die anderen Körperteile auch alle auf Französisch weiß.

Was mich aber wirklich mit Frankreich verbindet, ist meine Entdeckung der französischen Erziehungsweisheiten. Ich habe gelernt, dass Kinder phasenweise alleine zurechtkommen und vernünftig handeln können – etwas, das ich als Amerikanerin nie für möglich gehalten hätte. Ich kann dieses Wissen nicht mehr verlernen, selbst wenn wir einmal irgendwo anders landen sollten.

Natürlich lassen sich manche französischen Prinzipien einfacher anwenden, wenn man in diesem Land lebt. Bekommen andere Kinder auf dem Spielplatz mittags keinen Snack, fällt es leichter, den eigenen Kindern auch keinen zu geben. Es fällt auch leichter, Grenzen zu setzen, wenn alle um einen herum mehr oder weniger dieselben Grenzen setzen. (Oft frage ich Bean: »Darfst du das in der Schule auch?«)

Aber vieles an der französischen Erziehung ist völlig unabhängig davon, wo man lebt. Es lässt sich in Cleveland genauso gut anwenden wie in Cannes. Man muss nur seine Beziehung zu den eigenen Kindern überdenken und seine Erwartungshaltung ihnen gegenüber.

Freunde fragen mich oft, ob ich meine Kinder eher zu Franzosen oder zu Amerikanern erziehe. Bin ich mit ihnen in der Öffentlichkeit, ist es eine Mischung: Im Vergleich zu den französischen Kindern benehmen sie sich schlecht, aber im Vergleich zu amerikanischen Kindern gut.

Sie sagen nicht immer *bonjour* und *au revoir*, aber sie wissen, dass sie das sollten. Wie eine echte französische Mutter erinnere ich sie ständig daran. Ich betrachte das inzwischen als Teil eines fortwährenden Prozesses, bei dem sie nach und nach lernen, andere zu respektieren und zu warten. Diese *éducation* scheint langsam Wirkung zu zeigen.

Ich strebe nach wie vor nach dem französischen Ideal, meinen Kindern aufmerksam zuzuhören, ohne das Gefühl zu haben, mich ihrem Willen zu beugen.[66] Ich sage in Krisensituationen immer noch: »Ich bestimme!«, um alle daran zu erinnern, dass ich das Sagen habe. Ich betrachte es als meine Aufgabe, meine Kinder daran zu hindern, sich in immer neuen Wünschen zu verzehren. Aber ich versuche auch, so oft wie möglich Ja zu sagen.

Simon und ich haben aufgehört, darüber zu diskutieren, ob wir in Frankreich bleiben wollen oder nicht. Falls ja, weiß ich nicht, was passiert, wenn unsere Kinder größer werden. Wenn französische Kinder ins Teenageralter kommen, lassen ihnen ihre Eltern ziemlich viele Freiheiten und gehen ganz sachlich damit um, dass sie eine eigene Privatsphäre, ja sogar ein eigenes Liebesleben haben. Vielleicht haben die Teenager deshalb weniger Gründe zu rebellieren.

Französische Teenager scheinen auch leichter akzeptieren zu können, dass ihre *maman* und ihr *papa* ebenfalls ein Privatleben haben. Schließlich haben ihre Eltern immer so gelebt, als hätten sie eines. Sie haben nicht ihr ganzes Leben nach den Kindern ausgerichtet. Französische Kinder haben irgendwann vor, von zu Hause auszuziehen. Aber wenn ein Franzose mit Mitte zwanzig immer noch bei seinen Eltern wohnt, ist das keine solche Schande wie in Amerika. »Leben und leben lassen!«, heißt es da in Frankreich nur.

In dem Sommer, bevor Bean in den Kindergarten kommt, merke ich, dass mir die französische Erziehung wirklich in Fleisch und Blut übergegangen ist. Fast alle ihre französischen Freundinnen verbringen die Sommerferien bei den Großeltern. Ich beschließe, Bean nach Miami zu meiner Mutter zu schicken. Meine Mutter wird uns sowieso bald in Paris besuchen, sodass beide gemeinsam zurückfliegen können.

Simon ist dagegen. Was, wenn Bean schlimmes Heimweh bekommt und wir durch einen ganzen Ozean voneinander getrennt sind? Ich habe drüben ein Tagescamp mit Schwimmunterricht gefunden. Aber aus zeitlichen Gründen muss Bean mittendrin einsteigen. Wird es ihr dann nicht schwerfallen, Freunde zu finden? Simon schlägt vor, lieber noch ein Jahr zu warten.

Aber Bean hält die Reise für eine großartige Idee. Sie sagt, sie werde sich bei der Oma pudelwohl fühlen, und freut sich schon auf das Camp. Simon gibt schließlich nach, vielleicht in dem Glauben, dass er während Beans Abwesenheit mehr Zeit im Café verbringen kann. Ich fliege dann nach Miami und hole Bean zurück nach Hause.

Ich gebe meiner Mutter nur wenige Anweisungen: kein Schweinefleisch, viel Sunblocker. Bean und ich verbringen eine Woche damit, den Inhalt ihres Handgepäcks auf ihre Bedürfnisse abzustimmen. Als ich ihr verspreche, täglich anzurufen, werden wir melancholisch.

Und ich halte mein Versprechen. Aber als Bean in Miami ist, geht sie dort so in ihren Abenteuern auf, dass sie höchstens ein, zwei Minuten am Telefon bleibt. Ich kann mich nur auf die Berichte meiner Mutter und ihrer Freundinnen verlassen. Eine von ihnen schreibt mir in einer E-Mail: »Sie hat heute Abend mit uns Sushi gegessen, uns ein bisschen Französisch beigebracht und uns wichtige Neuigkeiten über ihre Schulfreunde erzählt. Dann ist sie mit einem Lächeln auf den Lippen eingeschlafen.«

Schon nach wenigen Tagen klingt Beans Englisch fast richtig amerikanisch. Trotzdem nutzt sie ihren Expat-Status sträflich aus. Meine Mutter erzählt, dass sie im Auto eine ihrer Sprachkassetten gehört hat, woraufhin Bean verkündet habe: »Der Mann kann kein Französisch«.

Bean versucht herauszufinden, was während ihrer Abwesenheit in Paris passiert. »Ist Daddy fett? Ist Mommy alt?«, fragt sie nach einer Woche. Laut meiner Mutter erzählt Bean allen ungefragt, wann ich nach Miami komme, wie lange ich bleiben werde und wo wir anschließend hinfahren. Wie Françoise Dolto vorausgesagt hat, braucht sie sowohl Unabhängigkeit als auch einen festen Bezugsrahmen.

Als ich Freunden von Beans Reise erzähle, sind ihre Meinungen entsprechend ihrer Nationalität geteilt. Die Nordamerikaner finden Bean »tapfer« und fragen, wie sie mit der Trennung zurechtkommt. Keiner von ihnen schickt Kinder ihres Alters zehn Tage lang zu den Großeltern, erst recht nicht über den großen Teich. Aber meine französischen Freunde gehen davon aus, dass ein bisschen Abstand allen Beteiligten guttut. Sie sind fest davon überzeugt, dass Bean auch alleine Spaß haben kann und ich die wohlverdiente Auszeit genieße.

Während die Kinder immer unabhängiger werden, verstehen Simon und ich uns wieder besser. Er ist immer noch reizbar, und ich bin immer noch gereizt. Aber er hat beschlossen, dass es auch okay ist, manchmal gute Laune zu haben. Und er gibt zu, dass er meine Gesellschaft genießt. Hin und wieder lacht er sogar über meine Witze. Seltsamerweise scheint er aber vor allem Beans Humor urkomisch zu finden.

»Als du geboren wurdest, dachte ich, du wärst ein Esel«, neckt er sie eines Morgens.

»Na, und als du geboren wurdest, dachte ich, du wärst *caca*«, erwidert sie. Simon muss dermaßen darüber lachen, dass ihm fast die Tränen kommen. Anscheinend habe ich nie seinen Fäkalhumor getroffen.

Ich habe zwar nicht damit begonnen, Toilettenwitze zu reißen, bin aber andere Kompromisse eingegangen. Ich kontrolliere Simon weniger, nicht einmal, wenn ich morgens ins Wohnzimmer komme und sehe, dass er den Kindern ungeschüttelten Orangensaft serviert. Ich habe gelernt, dass er sich, genau wie sie, mehr Unabhängigkeit wünscht. Wenn das bedeutet, dass ich ein Glas Saft mit dem ganzen Fruchtfleisch bekomme – von mir aus! Ich frage ihn auch nicht mehr, woran er denkt. Ich habe gelernt, dass es einer Ehe guttut, Geheimnisse voreinander zu haben, und weiß es zu schätzen.

Im letzten Sommer sind wir wieder an den Ort an der Küste gefahren, wo mir zum ersten Mal die französischen Kinder, die so fröhlich und ordentlich im Restaurant gegessen haben, aufgefallen sind. Diesmal haben wir nicht nur ein Kind, sondern gleich drei dabei. Statt zu versuchen, im Hotel klarzukommen, sind wir diesmal so schlau, ein Ferienhaus mit Küche zu mieten.

Eines Tages nehmen wir die Kinder mittags mit in ein Hafenrestaurant. Es ist einer dieser idyllischen französischen Sommertage, an dem die weißgekalkten Häuser in der Mittagssonne leuchten. Und seltsamerweise können wir es alle fünf genießen. Wir bestellen in aller Ruhe unser Menü und essen mehrere Gänge. Die Kinder bleiben ruhig auf ihren Plätzen und genießen das Essen – darunter auch Fisch und Gemüse. Nichts landet auf dem Boden. Es ist nicht so entspannt, wie mit Simon allein essen zu gehen, aber es fühlt sich tatsächlich so an, als hätten wir Ferien. Zum Abschluss bestellen wir sogar noch einen Kaffee.

Anhang

Glossar französischer Erziehungsbegriffe

Attends! – Warte, Stopp! Kommando, das französische Eltern ihren Kindern geben. »Warte!« bedeutet, dass das Kind nicht umgehend bekommt, was es will, und dass es sich auch selbst beschäftigen kann.

Au revoir! – Auf Wiedersehen! Höfliche Grußformel, mit der sich ein französisches Kind von ihm bekannten Erwachsenen verabschieden muss. Eines von vier französischen »Zauberwörtern« für Kinder, siehe auch *Bonjour!*.

autonomie – Die richtige Mischung aus Selbstständigkeit und Selbstvertrauen, zu der französische Eltern ihre Kinder von klein auf ermutigen.

bêtise – Unsinn. Die Herabstufung eines Fehlverhaltens zur bloßen *bêtise* erlaubt es französischen Eltern, ganz gelassen zu reagieren.

Bonjour! – Guten Tag! Höfliche Grußformel, mit der ein französisches Kind ihm bekannte Erwachsene begrüßen muss.

caca boudin – wortwörtlich »Kackawurst«, ein Schimpfwort, das fast nur französische Vorschulkinder benutzen.

cadre – Rahmen, Gerüst. Metapher für das französische Erziehungsideal, bei dem man Kindern klare Grenzen setzt, innerhalb derer sie allerdings große Freiheiten genießen.

caprice – Laune, Wunsch oder Forderung eines Kindes, häufig von Quengeln und Weinen begleitet. Französische Eltern halten nichts davon, *caprices* nachzugeben.

classe verte – jährliche Klassenfahrt, beginnend mit der ersten Klasse, auf der die Schüler eine Woche im Grünen verbringen. Der Klassenlehrer und ein paar zusätzliche Erwachsene sind als Aufsichtspersonen dabei.

colonie de vacances – Ferienlager. Gruppenreise für Kinder ab vier Jahren ohne elterliche Begleitung, meist aufs Land.

complicité – Komplizenschaft. Ein enges Vertrauensverhältnis, das französische Eltern, Tagesmütter und Erzieher zu den Kindern aufbauen, und zwar von Geburt an. *Complicité* setzt die Annahme voraus, dass sich auch Kleinkinder rational verhalten können und man eine Beziehung zu ihnen aufbauen kann, die von gegenseitigem Respekt geprägt ist.

crèche – Krippe. Französische Ganztagsbetreuung, die vom Staat subventioniert und geregelt wird. Eltern aus der Mittelschicht schicken ihre Kinder in der Regel dorthin, statt sie Tagesmüttern oder privaten Einrichtungen anzuvertrauen.

doucement – sanft, behutsam, immer mit der Ruhe. Eines der häufigsten Wörter, die Eltern und Betreuer zu kleinen Kindern sagen, wobei sie voraussetzen, dass diese in der Lage sind, sich zu beherrschen und vernünftig zu verhalten.

doudou – das obligatorische Schmusetier von Kleinkindern.

école maternelle – Vorschule. Sie beginnt jeweils im September, und zwar mit dem vollendeten dritten Lebensjahr des Kindes.

éducation – Erziehung *à la française.*

enfant roi – wortwörtlich »Kindkönig«, also ein kleiner Tyrann: ein unglaublich anstrengendes Kind, das ständig um Aufmerksamkeit buhlt und keinerlei Frustrationstoleranz hat.

équilibre – Ausgewogenheit. Die Kunst, darauf zu achten, dass kein Lebensbereich zu übermächtig wird – auch nicht die Mutter- oder Vaterrolle!

éveillé/ée – hellwach, aufgeweckt: eine von vielen Eigenschaften, die französische Kinder haben sollen. Wie zum Beispiel auch die, *sage* zu sein.

gourmand/e – Jemand, der zu schnell, zu einseitig und zu viel isst.

goûter – ein Snack für Kinder, der nachmittags gegen halb fünf gegessen wird. Er ist der einzige des Tages.

les gros yeux – wortwörtlich »große Augen«: Mahnender Blick, mit dem französische Eltern ihre Kinder ansehen, wenn diese aufhören sollen, *bêtises* zu machen.

maman-taxi – Taximutter: Ein Frau, die den Großteil ihrer Zeit damit verbringt, die Kinder zu außerschulischen Aktivitäten zu kutschieren. Das ist alles andere als *équilibré!*

n'importe quoi – Mir doch egal! Ein Kind, das sich gegenüber seinen Mitmenschen völlig rücksichtslos verhält.

non – Nein, unter keinen Umständen.

profiter – Das Hier und Jetzt genießen und davon profitieren.

punir – bestrafen. Kinder zu bestrafen, ist eine ernste, aber wichtige Angelegenheit.

rapporter – petzen, denunzieren. Französische Kinder und ihre Eltern halten das für ein schweres Vergehen.

sage – klug, aber auch brav. Dieses Adjektiv beschreibt ein Kind, das sich beherrschen und gut konzentrieren kann.

tétine – Schnuller. Es kommt durchaus vor, dass drei- bis vierjährige Franzosen immer noch damit herumlaufen.

Dank

Mein besonderer Dank gilt meiner Agentin Suzanne Clark sowie Ann Godoff und Virginia Smith bei Penguin Press.

Ein großes Dankeschön geht auch an Sapna Gupta für die genaue Manuskriptlektüre. Adam Kuper gab mir Ratschläge und ermutigende Worte mit auf den Weg, als ich sie am dringendsten brauchte. Pauline Harris hat mich bei den Recherchen fachmännisch unterstützt. Ken Druckerman hat nicht nur die ersten Kapitel kommentiert, sondern auch Pakete für mich angenommen.

Ein *Merci* auch an die Mütter unter meinen Probeleserinnen, Christine Tacconet, Brooke Pallot, Dietlind Lerner, Amelia Relles, Sharon Galant sowie an die heldenhafte Hannah Kuper, die die Schwangerschaftskapitel las, als sie gerade selbst Wehen bekam.

Für ihre allgemeine Unterstützung, häufig in Form von Kost und Logis, danke ich Scott Wenger, Joanne Feld, Adam Ellick, Jeffrey Sumber, Kari Snick, Patrick Weil, Lithe Sebesta, Adelyn Escobar, Shana Druckerman, Marsha Druckerman, Steve Fleischer und Nancy und Ronald Gelles. Bedanken möchte ich mich auch bei Benjamin Barda und meinen Kollegen aus der *Rue Bleue* für ihre Kollegialität, ihre Erziehungstipps und ihre Lektionen darin, wie man sein Mittagessen genießt.

Ich stehe in tiefer Schuld bei den vielen französischen Familien, mit denen ich Zeit verbringen durfte, sowie bei den Menschen, die sie mir vorgestellt haben: Valérie Picard, Cécile Agon Hélène Toussaint, William Oiry, Véronique

Bouruet-Aubertot, Gail Negbaur, Lucie Porcher, Emilie Walmsley, Andrea Ipaktchi, Jonathan Ross, Robynne Pendariès, Benjamin Benita und Laurence Kalmanson. Bedanken möchte ich mich auch bei der *crèche Cour Debille* und der *crèche Enfance et Découverte*, vor allem bei Marie-Christine Barison, Anne-Marie Legendre, Sylvie Metway, Didier Trillot, Alexandra Van-Kersschaver und Fatima Abdullarif. Besonderer Dank gilt der Familie von Fanny Gerbet.

Es ist deutlich einfacher, einen Erziehungsratgeber zu schreiben, wenn man selbst mit so großartigen Eltern wie Bonnie Green und Henry Druckerman gesegnet ist. Es ist auch ein Geschenk, mit jemandem verheiratet zu sein, der dasselbe macht wie ich, nur besser. Ohne die Ermutigungen und die Geduld meines Mannes Simon Kupfer hätte ich dieses Buch niemals schreiben können. Er hat jeden Entwurf kritisch gelesen und mich dadurch zu einer besseren Autorin gemacht.

Zu guter Letzt danke ich Leo, Joel und Leila: Das also hat Mommy die ganze Zeit in ihrem Büro so gemacht! Ich hoffe, ihr werdet eines Tages finden, dass es das wert war.

Anmerkungen

1 In einer Umfrage aus dem Jahr 2002 stimmten 90 Prozent der Franzosen folgender Aussage zu: »Mitzuerleben, wie die eigenen Kinder groß werden, und ihnen beim Aufwachsen zuzusehen ist das Schönste überhaupt.« In den Vereinigten Staaten waren es 85,5 Prozent, in Großbritannien 81,1 Prozent und in Deutschland 90,2.

2 Joseph Epstein, »*The Kindergarchy: Every Child a Dauphin*«, *Weekly Standard* vom 9. Juni 2008.

3 Judith Warner beschreibt dieses Phänomen in *Perfect Madness: Motherhood in the Age of Anxiety*, Riverhead Books, New York 2005.

4 Alan B. Krueger, Daniel Kahneman, Claude Fischler, David Schkade, Norbert Schwarz und Arthur A. Stone, »Time Use and Subjective Well-Being in France and the US«, *Social Indicators Research* 93 (2009): S. 7–18.

5 Laut den Zahlen der OECD aus dem Jahr 2009 beträgt die Geburtenrate in Frankreich 1,99, in Belgien 1,83, in Italien 1,41, in Spanien 1,4 und in Deutschland 1,36 pro Frau.

6 Aus einem Bericht mit dem Titel *Women on the Front Lines of Health Care: State oft he World's Mothers 2010*, veröffentlicht von *Save the Children*.

7 »Top des Maternités«, www.maman.fr/top_des_maternités-1-1.html

8 Teresa Pinella und Leann L. Birch, »*Help Me Make It Through the Night: Behavioral Entrainment of Breast-Fed Infants' Sleep Patterns*« in *Pediatrics* 91, 2 (1993): S. 436–443

9 Mischels Experimente wurden von Jonas Lehrer im *New Yorker* vom 18. Mai 2009 beschrieben.

10 Mischel gibt zu bedenken, dass auch aus jungen Franzosen, die gut warten können, nicht unbedingt erfolgreiche Erwachsene werden müssen. Sie seien noch vielen anderen Einflüssen ausgesetzt. Und auch wenn Amerikaner nicht von Kleinkindern erwarten, dass sie gut warten können, vertrauen sie doch darauf, dass sie das schon noch lernen werden. »Ich glaube nicht, dass ein undiszipliniertes Kind dazu verurteilt ist, ein undisziplinierter Erwachsener zu werden«, so Mischel. »Nur weil ein sieben-, achtjähriges Kind im Restaurant mit Essen um sich wirft, (...) heißt das noch lange nicht, dass fünfzehn Jahre später kein fantastischer Geschäftsmann, Forscher, Lehrer oder sonst was aus ihm werden kann.«

11 Mischel fand heraus, dass Kinder ganz leicht lernen, sich abzulenken. Bei einem weiteren Marshmallow-Test erzählten die Versuchsleiter den Kin-

dern, dass sie nicht an die Marshmallows, sondern lieber an etwas Schönes wie »auf einer Schaukel sitzen und von Mummy angeschubst werden« denken oder sich vorstellen sollten, das sei nur die Abbildung eines Marshmallows. Nach dieser Anweisung erhöhte sich die Wartezeit dramatisch, und das, obwohl die Kinder wussten, dass sie sich bloß etwas vormachten. Als der Versuchsleiter dann den Raum betrat, verschlangen Kinder, die sich eine Viertelstunde hatten ablenken können, den Marshmallow.

12 Jennifer Steinhauer, »*Snack Time Never Ends*«, aus der *New York Times* vom 20. Februar 2010.

13 National Institute of Child Health & Human Development (NICHD), *Study of Early Child Care and Youth Development,* 1991–2007, www.nichd. nih.gov/research/supported/seccyd/overview.cfm#initiating

14 Eine Studie mit weißen kanadischen Paaren aus der Mittelschicht von 2006 ergab, dass die Eltern in Gegenwart der Kinder – was oft vorkam – keine *quality time* miteinander verbringen konnten. Ein Teilnehmer sagte, wenn er mit seiner Frau spreche, würde er jede Minute unterbrochen. Die Autoren schlossen daraus: »Um sich als Paar zu erleben, mussten sie sich von ihren Kindern trennen.« Vera Dyck und Kerry Daily, »Rising to the Challenge: *Fathers' Role in the Negotiation of Couple Time*«, *Leisure Studies* 25, 2 (2006): S. 201–217

15 Die Psychologin heißt Christine Brunet und wird im *Journal des Femmes* vom 11. Februar 2005 zitiert.

16 Anne-Catherine Pernot-Masson, zitiert in *Votre Enfant.*

17 Elisabeth Badinter, *Die Mutterliebe. Geschichte eines Gefühls vom 17. Jahrhundert bis heute*, München 1991, S. 91–99

18 Ebda.

19 Ebda., S. 72.

20 Marie-Anne Suizzo, »French and American Mothers' Childrearing Beliefs: Stimulating, Responding and Long-Term Goals«, *Journal of Cross-Cultural Psychology* 35, 5 (September 2004): S. 606–626.

21 Dolto, *Une vie pour l'enfance, Télérama hors série,* 2008.

22 Aus den Erinnerungen des Psychoanalytikers Alain Vanier in *Dolto: Une vie pour l'enfance, Télérama hors série,* 2008.

23 Die Psychologin ist Muriel Djéribi-Valentin. Sie wurde von Jacqueline Seelem für einen Artikel mit der Überschrift »*Françoise Dolto: An Analyst who Listened to Children*« interviewt, der in *L'Humanité* auf Englisch erschien und von Kieran O'Meara übersetzt wurde.

24 Marie-Anne Suizzo stellte fest, dass 86 Prozent der Pariser Mütter, die sie befragt hat, »extra betonten, dass sie mit ihren Kindern reden, um mit ihnen zu kommunizieren.« Marie-Anne Suizzo, »*Mother-Child Relation-*

ships in France: Balancing Autonomy and Affiliation in Everyday Interactions, Ethos 32, 3 (2004): S. 292–323.

25 Paul Bloom, »Moral Life of Babies« im New York Times Magazine vom 3. Mai 2010.

26 Alison Gopnik schreibt, dass diese neuen Studien »zeigen, dass Babys und sehr kleine Kinder mehr wissen, beobachten, erkunden, imaginieren und lernen, als wir das je für möglich gehalten hätten.« Gopnik ist eine Psychologin an der University of California in Berkeley und Autorin des Buches Kleine Philosophen: Was wir von unseren Kindern über Liebe, Wahrheit und den Sinn des Lebens lernen können.

27 In einem Bericht des Pariser Bürgermeisterbüros von 2009 steht, dass Betreuer nicht schlecht über die Eltern, über die Abstammung oder das Aussehen eines Kindes reden dürfen, nicht einmal, wenn es sich noch um einen Säugling handelt, und auch nicht, wenn sich die Bemerkung auf jemand anders bezieht. »Die darin innewohnende Bedeutung wird von den Kindern intuitiv verstanden. Je jünger sie sind, desto besser begreifen sie, was sich hinter den Worten verbirgt«, so der Bericht.

28 OECD, »Starting Strong II: Early Childhood Education and Care, 2006.

29 NICHD Study of Early Child Care and Youth Development

30 Jay Belsky, »Effects of Child Care on Child Development: Give Parents Real Choice«.

31 OECD, »France Country Highlights, Doing Better for Children«, 2009.

32 »Je sorgfältiger und öfter Sie sich beobachten, desto besser werden Sie sich beherrschen«, schreiben Roy F. Baumeister und John Tierny in Die Macht der Disziplin: Wie wir unseren Willen trainieren können, Campus, Frankfurt 2012.

33 Ebda.

34 In einer Studie aus dem Jahr 2004, in der französische und amerikanische Mütter die Wichtigkeit der Aussage »Ich stelle die Bedürfnisse des Kindes stets über meine eigenen« bewerten mussten, vergaben die Amerikanerinnen 2,89 von 5 Punkten, die Französinnen dagegen nur 1,26. Marie-Anne Suizzo, »French and American Mothers' Childrearing Beliefs: Stimulating, Responding, and Long-Term Goals«, in Journal of Cross-Cultural Psychology 35, 5 (September 2004): S. 606–626.

35 Violane Belle-Croix, »Géraldine Pailhas, des visages, des figures«, Milk Magazine, September 13, 2010.

36 »Französische Frauen wissen, dass ein Innenleben sexy ist. Es muss genährt, entwickelt, gehätschelt werden...«, so Debra Ollivier in What French Women Know: About Love, Sex, and Other Matters of the Heart and Mind, (G. P. Putnam's Sons, 2009, New York).

37 Wegen des Babybooms und des Mangels an Krippenplätzen zahlt der französische Staat wenigen Müttern 500 Euro im Monat, damit sie sich um ihre Kinder kümmern, bis das älteste drei ist. Mütter sind auch berechtigt, in den ersten drei Jahren Teilzeit zu arbeiten.

38 Amerikanische Mütter empfanden die Kinderbetreuung als doppelt so unangenehm wie französische Frauen. Alan B. Kruger, Daniel Kahnemann, Claude Fischler, David Schkade, Norbert Schwarz und Arthur A. Stone, »Time Use and Subjective Well-Being in France and the U. S.«, *Social Indicators Research 93* (2009): s. S. 7–18.

39 Annette Lareau, *Unequal Childhoods: Class, Race and Family Life* (Berkeley: University of California Press, 2003)

40 Laut Annette Lareau waren die meisten Mittelschichtsfamilien, die sie untersucht hat, schwer beschäftigt: Die Eltern arbeiteten Vollzeit, gingen einkaufen, kochten, überwachten das Baden sowie die Hausaufgaben. Außerdem kutschierten sie die Kinder zu den unterschiedlichsten Aktivitäten. »Ihr Leben ist so hektisch, dass sich Zuhausesein manchmal nur noch anfühlt, wie in einer Warteschleife zwischen den verschiedenen Aktivitäten zu stecken«. In: *»Questions and Answers: Annette Lareau, Unequal Childhoods: Class, Race and Family Life«*, http://sociology.sas.upenn.edu/sites/sociology.sas.upenn.edu/files/Lareau_Question&Answers.pdf

41 Elisabeth Guédel Treussard, »Pourquoi les mères françaises sont supérieures«, *French Morning* vom 24. Januar 2011.

42 Robert Pear, »Married and Single Parents Spending More Time with Children, Study Finds« in der *New York Times* vom 17. Oktober 2006.

43 Debra Ollivier, *What French Women Know: About Love, Sex and Other Matters of Heart and Mind* (New York: G. P. Putnam's Sons 2009.

44 Die Bücher der *Petit Princesse*-Reihe von den Autoren Jacques Beaumont, Fabienne Blanchut und Camille Dubois sind auch auf Deutsch unter dem Titel *Kleine Prinzessin* in einer Übersetzung von Regina Enderle im Fleurus Verlag, Saarbrücken, erschienen, die Titelheldin Zoé heißt hier Julia.

45 Jean M. Twenge, W. Keith Campbell und Craig A. Foster, »Parenthood and Marital Satisfaction: A Meta-Analytic Review« in: *Journal of Marriage and Family* 65, 2 (August 2003): s. S. 574–583.

46 In einer berühmten Studie aus dem Jahr 2004 sagten berufstätige Mütter aus Texas, die Kinderbetreuung gehöre zu den unangenehmsten Alltagspflichten. Sie zögen die Hausarbeit vor. Daniel Kahneman et al., »A Survey Method for Characterizing Daily Life Experience: The Day Reconstruction Method«, in *Science* vom 3. Dezember 2004.

47 Jean M. Twenge et al., »Parenthood and Marital Satisfaction«.

48 Vera Dyck und Kerry Daly, »Rising to the Challenge: Fathers' Role in the Negotiation of Couple Time« in: *Leisure Studies* 25, 2 (2006): S. 201–217.

49 Auf dem *Global Gender Gap Index 2010*, der vom *World Economic Forum* entwickelt wurde, stehen die Vereinigten Staaten auf Platz 19 und Frankreich auf Rang 46, Deutschland auf Rang 11.

50 Laut dem *Institut National de la statistique et des études économiques* (INSEE).

51 In einer Studie von 2008 gaben 49 Prozent der berufstätigen amerikanischen Männer an, dass sie sich genauso viel, wenn nicht mehr um die Kinder kümmern als ihre Partnerin. Aber nur 31 Prozent der Frauen sahen das so ... Ellen Galinsky, Kerstin Aumann und James T. Bond, *Times Are Changing: Gender and Generation at Work and at Home.*

52 Ebda.

53 Denise Auer, *Études et Résultats*, *»Le temps des parents après une naissance«*, *Direction de la recherche, des études, de l'évaluation et des statistiques (DREES)*, April 2006.

54 Nathalie Guignon, Marc Collet und Lucie Gonzalez, »La santé des enfants en grande section de maternelle en 2005–2006«, *Drees études et résultats*, September 2010.

55 *Centers for Disease Control and Prevention*, »Prevalence of Obesity Among Children and Adolescents: United States, Trends 1963–1965 Through 2007–2008«.

56 Lemageur-ocha.com, »France, Europe, the United States: What Eating Means to us«: Interview mit Claude Fischler und Stelle Masson, online gestellt am 16. Januar 2008.

57 In einem Interview mit der Zeitschrift *Enfant* »Comment réussir à se faire obéir?«, Oktober 2009, S. 78–82.

58 Die Umfrage trug den Titel »Les Français et la fessée« und wurde von der Meinungsforschungsfirma TNS Sofres/Logica für *Dimanche Ouest France* vom 11. November 2009 durchgeführt.

59 55 Prozent sagten auch, dass sie das Schlagen verurteilen.

60 Marcel Rufo, ein bekannter Kinderpsychiater aus Marseille, sagt: »Es gibt zwei Generationen von Eltern ... die früheren, die geschlagen und verprügelt wurden und sagen, ›Wir wurden dadurch auch nicht traumatisiert‹, und die heutigen, die ich für deutlich besser halte, weil es ihnen eher darum geht, das Kind zu verstehen, als ihm irgendetwas zu verbieten. Die Aufgabe von Eltern besteht darin, dem Kind beizubringen, die Welt mit Erwachsenenaugen zu betrachten, sie ihm zu erklären. Dann wird das Kind das auch akzeptieren.« *Le Figaro* vom 20. November 2009.

61 Als französische und amerikanische Mütter gebeten wurden, die Bedeutung des Satzes zu bewerten, das Kind solle »nicht zu abhängig von sei-

ner Mutter werden«, vergaben die amerikanischen Mütter für diese Aussage 0,93 von möglichen 5 Punkten, französische Mütter dagegen 3,336 Punkte. Marie-Anne Suizzo, »French and American Mothers' Childrearing Beliefs: Stimulating, Responding and Long-Term Goals«, in: *Journal of Cross-Cultural Psychology* 35, 5 (September 2004): S. 606–626.

62 Raymonde Carroll schreibt in *Cultural Misunderstandings*, dass es amerikanische Eltern möglichst vermeiden, ihre Kinder zu kritisieren, sich über deren persönliche Vorlieben lustig zu machen oder sie zu verbessern.

63 Laut eines Berichts, der von der Prüfungskommission der *University of Cambridge* für britische Universitäten erstellt wurde, sind 16 von 20 Punkten »eine seltene, herausragende Leistung«. Zitiert aus »A Chorus of Disapproval« im *Economist* vom 20. September 2010.

64 Das stellt ein Problem für Sozialwissenschaftler dar, wenn sie versuchen, das Leben in den Vereinigten Staaten mit dem in Frankreich zu vergleichen. »Amerikaner neigen dazu, ausführlich davon zu erzählen, wie gut es ihnen geht«, so die Autoren der Studie mit Frauen in Ohio und Rennes. Amerikaner antworten gern in Extremen wie »sehr zufrieden« oder »überhaupt nicht zufrieden«, während Französinnen das vermeiden. Die Forscher haben ihre Untersuchungsergebnisse entsprechend angepasst, um das auszugleichen.

65 Po Bronson und Ashley Merryman, *10 schockierende Wahrheiten über Erziehung: Was eine Stunde Schlaf mit ADS zu tun hat, warum Sie Ihr Kind besser nicht loben sollten und warum besonders gut gemeinte Erziehung keine »Engel« produziert*, Riemann Verlag, München 2010, 35.

66 »Für Françoise Dolto ist ein Wunsch kein Bedürfnis, deshalb sollte er nicht unmittelbar erfüllt werden. Stattdessen sollten wir ihn anhören und darüber reden, denn das ändert alles«, so Muriel Djéribi-Valentin in »Françoise Dolto: An Analyst Who Listened to Children« in *L'Humanité*.

Literatur

Antier, Edwige. »Plus on lève la main sur un enfant, plus il devient agressif«, in *Le Parisien* vom 15. November 2009.

Auffret-Pericone, Marie. »Comment réussir à se faire obéir?«, in: *Enfant*, Oktober 2009, S. 91–96.

Badinter, Elisabeth. *Die Mutterliebe. Geschichte eines Gefühls vom 17. Jahrhundert bis heute*, München 1991.

– *Der Konflikt, die Frau und die Mutter*, München 2012.

Belsky, Jay. »Effects of Child Care on Child Development: Give Parents Real Choice«, Rede, die im Februar 2009 auf der Konferenz der europäischen Familienminister in Prag gehalten wurde.

Bennhold, Katrin. »Where Having It All Doesn't Mean Having Equality«, in der *New York Times* vom 11. Oktober 2010.

Bloom, Paul. »Moral Life of Babies«, im *New York Times Magazine* vom 3. Mai 2010, www.nytimes.com/2010/05/09/magazine/09babies-t.html?pagewanted=all.

Bornstein, Marc H., Tamis-LeMonda, Catherine S., Pecheux, Marie-Germaine und Charles W. Rahn. »Mother and Infant Activity and Interaction in France and in the United States: A Comparative Study«, in: *International Journal of Behavioral Development* (1991): S. 21–43.

Bronson, Po und Ashley Merryman. *10 schockierende Wahrheiten über Erziehung: Was eine Stunde Schlaf mit ADS zu tun hat, warum Sie ihr Kind besser nicht loben sollten und warum besonders gut gemeinte Erziehung keine »Engel« produziert*, München 2010.

Calhoun, Ada. »The Battle over ›Cry It Out‹ Sleep Training«, in *Salon.com* vom 17. März 2010.

Carroll, Raymonde. *Cultural Misunderstandings: The French-American Experience*, Chicago 1990.

CIA. *The World Factbook*. https://www.cia.gov/library/publications/the-world-factbook/.

Cimpian, Andrei, Arce, Holly-Marie C., Markman, Ellen M., Dweck, Carol S. »Subtle Linguistic Cues Affect Children's Motivation,« in *Association for Psychological Science* 18, 4 (2007).

Cohen, Abby J. »A Brief History of Federal Financing for Child Care in the United States«, in: *The Future of Children: Financing Child Care* 6 (1996): S. 26–40.

Cohen, Michel. *The New Basics*, New York 2004.

Clerget, Stéphane und Laufer, Danièle. *La mère parfaite, c'est vous.* Paris 2008.

Dolto, Françoise. *Les étapes majeures de l'enfance*, Paris 1994.
  – *Lettres de jeunesse: Correspondance 1913–1938*, Paris 2003.

Dolto, Françoise, und Marie Lévy, Danielle. *Parler juste aux enfants.* Paris 2002.

Delahaye, Marie-Claude. *Livre de bord de la future maman*, Paris 2007.

De Leersnyder, Hélène. *L'enfant et son sommeil.*, Paris 1998.

Direction de la recherche, des études, de l'évaluation et des statistiques (DREES), *Le temps des parents après une naissance*, April 2006.

Dyck, Vera und Daly, Kerry. »Rising to the Challenge: Fathers' Role in the Negotiation of Couple Time«, in *Leisure Studies* 25, 2 (2006): S. 201–217.

Eisenberg, Arlene, Murkoff, Heidi E. und Sandee Hathaway. *Ein Baby kommt*, Berlin 1999.

Epstein, Jean. »Parents, faites-vous confiance!«, Interview vom 7. Oktober 2009 auf www.aufeminin.com

Franrenet, Sandra. »Quelles punitions pour nos fripons?«, http://madame.lefigaro.fr

Galinsky, Ellen, Aumann, Kerstin und James T. Bond, *Times Are Changing: Gender and Generation at Work and at Home*, Bericht des *Families and Work Institute*, New York 2009.

Gerkens, Danièle. »Comment rendre son enfant heureux?«, Interview mit Aldo Naori in der französischen *Elle* vom 26. Februar 2010.

Girard, Isabelle. »Pascal Bruckner at Laurence Ferrari: Le mariage? Un acte de bravoure«, in *Le Figaro – Madame* vom 11. September 2010.

Guiliano, Mireille. *Warum französische Frauen nicht dick werden. Lebenslust macht schlank*, Berlin 2004.

Hausmann, Ricardo, Tyson, Laura D. und Zahidi Saadia, »The Global Gender Gap Report 2010« vom Weltwirtschaftsgipfel in Genf 2010.

Hulbert, Ann. *Raising America: Experts, Parents, and a Century of Advice About Children*. New York 2004.

Institut National de la statistique et des études économiques (INSEE). *Evolution des temps sociaux au cours d'une journée moyenne*, 1986 und 1999. www.insee.fr/fr/themes/tableau.asp?ref_id=natccf05519

James, Emily. *ABCs of Parenting in Paris*, 5. Auflage, herausgegeben von der MESSAGE Mother Support Group, Paris 2006. www.messageparis.org.

Kahneman, Daniel und Krueger, Alan B. »Developments in the Measurement of Subjective Well-Being«, in: *Journal of Economic Perspectives* 20, 1 (2006): S: 3–24.

Kamerman, Sheila. »Early Childhood Education and Care: International Perspectives«, Zeugenaussagen für das *United States Senate Committee on Health, Education, Labor, and Pensions*, Washington, D. C., vom 27. März 2001.
– »*A Global History of Early Childhood Education and Care*« Hintergrundpapier der Unesco, 2006.

Krueger, Alan B., Kahneman, Daniel, Fischler, Claude, Schkade, David, Schwarz, Norbert und Stone, Arthur A. »Time Use and Subjective Well-Being in France and the U. S.«, in: *Social Indicators Research* 93 (2009): S. 7–18.

Krueger, Alan B. (Hrsg.). *Measuring the Subjective Well-Being of Nations: National Accounts of Time Use and Well-Being*, Chicago 2009.

Lareau, Annette. *Unequal Childhoods: Class, Race and Family Life*, Berkeley 2003.

– »*Questions and Answers About Unequal Childhoods*«, http://sociology.sas.upenn.edu/a_lareau2

Lemangeur-ocha.com. »France, Europe, the United States : What Eating Means to Us, Interview mit Claude Fischler und Estelle Masson«, am 16. Januar 2008 online gestellt.

Marbeau, J.B.F. *The Crèche or a Way to Reduce Poverty by Increasing the Population*. Übersetzt von Vanessa Nicolai. Montreal, 1994 (das Original wurde 1845 veröffentlicht). PDF der Übersetzung von Larry Prochner, University of Alberta.

Marcelli, Daniel. *Il est permis d'obéir*, Paris 2009.

Melmed, Matthew. Aussage vor dem Committee on Education and Labor vor dem US-Repräsentantenhaus, Anhörung zu *Investing in Early Education: Improving Children's Success*, Washington, D.C., am 23. Januar, 2008.

Mindell, Jodi, et al. »Behavioral Treatment of Bedtime Problems and Night Wakings in Young Children: AASM Standards of Practice«, in *Sleep* 29 (2006): S: 1263–1276.

Mischel, Walter. *A History of Psychology in Autobiography*, hrsg. von G. Lindzey und W.M. Runyan, Washington, D.C., *American Psychological Association*, 2007.

Mogel, Wendy, *The Blessing of a Skinned Knee*, New York 2001.

National Institutes of Health. »Child Care Linked to Assertive, Noncompliant, and Aggressive Behaviors; Vast Majority of Children Within Normal Range« vom 15. Juli 2003.

Organisation for Economic Cooperation and Development. »Éducation et Accueil des Jeunes Enfants.« Mai 2003.

Ollivier, Debra. *What French Women Know: About Love, Sex, and Other Matters of the Heart and Mind,* New York 2009.

Pariser Rathaus. »Mission d'information et d'évaluation sur l'engagement de la collectivité parisienne auprès des familles en matière d'accueil des jeunes enfants de moins de trois ans« vom 5. Juni 2009.

Parker, Kim. »The Harried Life of the Working Mother« Pew Research Center, 1. Oktober 2009. http://pewresearch.org/pubs/1360/working-women-conflicted-but-few-favor-return -to-traditional-roles.

Pernoud, Laurence. *J'élève mon enfant.* Paris 2007.

Pew Global Attitudes Project. »Men's Lives Often Seen as Better: Gender Equality Universally Embraced, but Inequalities Acknowledged.« 1. Juli 2010.

Pinella, Teresa und Birch, Leann L. »Help Me Make It Through the Night: Behavioral Entrainment of Breast Fed Infants Sleep Patterns«, in *Pediatrics* 91, 2 (1993): S. 436–43.

Prochner, Larry. »The American Creche: ›Let's Do What the French Do, but Do It Our Way‹«, in *Contemporary Issues in Early Childhood* 4, 3 (2003): S. 267–285.

Richardin, Sophie. »Surfez sur les vagues du désir!«, in *Neuf Mois* vom Februar 2009, S. 49–53.

Rossant, Lyonel und Rossant-Lumbroso, Jacqueline. *Votre Enfant: Guide à l'usage des parents.* Paris 2006.

Rousseau, Jean-Jacques. *Emil oder Über die Erziehung,* Leipzig (o. J.)
–. *Emil oder Über die Erziehung,* http://www.zeno.org/Philosophie/ M/Rousseau,+Jean-Jacques/Emil+oder+Ueber+die+Erziehung

Sawica, Leslie. *Le guide des nouvelles mamans,* Gratisbroschüre von 2009, die mit Unterstützung des französischen Gesundheitsministeriums produziert wurde.

Senior, Jennifer. »All Joy and No Fun«, in *New York Magazine,* 12. Juli 2010.

Sethi, Anita, Mischel, Walter, Aber, J. Lawrence, Shoda, Yuichi und Larrea Rodriguez, Monica. »The Role of Strategic Attention Deployment in Development of Self-Regulation: Predicting Preschoolers' Delay of Gratification from Mother-Toddler Interactions«, in *Developmental Psychology* 36, 6 (November 2000): S. 767–777.

Skenazy, Lenore. *Free-Range Kids*, San Francisco 2009.

Steingarten, Jeffrey. *Der Mann, der alles isst. Aufzeichnungen eines Gourmets*, Hamburg 2004.

Suizzo, Marie-Anne. »French and American Mothers' Childrearing Beliefs: Stimulating, Responding, and Long-Term Goals,« in *Journal of Cross-Cultural Psychology* 35, 5 (September 2004): S. 606–26.
– »French Parents' Cultural Models and Childrearing Beliefs«, in *International Journal of Behavioral Development* 26, 4 (2002): S. 297–307.
– »Mother-Child Relationships in France: Balancing Autonomy and Affiliation in Everyday Interactions«, in *Ethos* 32, 3 (2004): S. 292–323.

Suizzo, Marie-Anne und Bornstein, Marc H. »French and European American Child-Mother Play: Culture and Gender Considerations«, in *International Journal of Behavioral Development* 30, 6 (2006): S. 498–508.

Talbot, Margaret. »The Devil in the Nursery«, in *New York Times Magazine* vom 7. Januar 2001.

Thirion, Marie und Challamel, Marie-Josèphe. *Le sommeil, le rêve et l'enfant: De la naissance à l'adolescence*, Paris 2002.

Turkle, Sherry, *Psychoanalytic Politics: Jacques Lacan and Freud's French Revolution*, New York 1992.
– »Tough Love«, Einleitung zu Françoise Doltos *When Parents Separate*. Boston 1995.

Twenge, Jean M., Campbell, W. Keith und Foster, Craig A. »Parenthood and Marital Satisfaction«: A Meta-Analytic Review, in *Journal of Marriage and Family* 65, 3 (August 2003): S. 574–583.

Unicef. »Child Poverty in Perspective: An Overview of Childhood Well-Being in Rich Countries«, in *Innocenti Report Card* 7, 2007. UNICEF Innocenti Research Center, Florenz.

U. S. Bureau of Labor Statistics. *American Time-Use Survey Summary, 2009 results.*

Warner, Judith. *Perfect Madness: Motherhood in the Age of Anxiety*. New York 2005.

Zellman, Gail L. und Johansen, Anne. »Examining the Implementation and Outcomes of the Military Child Care Act of 1989.« Santa Monica, 1998.

Zigler, Edward, Marsland, Katherine und Lord, Heather. *The Tragedy of Child Care in America*, New Haven und London 2009.

Register